广西经济金融智库系列项目

GUANGXI-DONGMENG JINRONG
QIANYAN BAOGAO 2019

广西—东盟金融前沿报告 2019

总　编　周建胜　蔡　幸
主　编　叶安照　聂　勇
副主编　黄荣哲　甘海源　赖国勋

中国金融出版社

责任编辑：吕　楠
责任校对：孙　蕊
责任印制：程　颖

图书在版编目（CIP）数据

广西—东盟金融前沿报告 2019 ／ 周建胜，蔡幸总编 .—北京：中国金融出版社，2019.11

ISBN 978 - 7 - 5220 - 0298 - 9

Ⅰ.①广… Ⅱ.①周… ②蔡… Ⅲ.①地方金融事业—经济发展—研究报告—广西—2019　Ⅳ.①F832.767

中国版本图书馆 CIP 数据核字（2019）第 221215 号

广西—东盟金融前沿报告 2019

Guangxi – Dongmeng Jinrong Qianyan Baogao 2019

出版
发行　中国金融出版社

社址　北京市丰台区益泽路2号
市场开发部　（010）63266347，63805472，63439533（传真）
网上书店　http：//www.chinafph.com
　　　　　（010）63286832，63365686（传真）
读者服务部　（010）66070833，62568380
邮编　100071
经销　新华书店
印刷　保利达印务有限公司
尺寸　185 毫米 × 260 毫米
印张　15
字数　305 千
版次　2019 年 11 月第 1 版
印次　2019 年 11 月第 1 次印刷
定价　68.00 元
ISBN 978 - 7 - 5220 - 0298 - 9
如出现印装错误本社负责调换　联系电话（010）63263947

前言

2018年12月，中国人民银行等十三个部委联合印发《广西壮族自治区建设面向东盟的金融开放门户总体方案》。广西建设面向东盟的金融开放门户上升为国家战略。未来几年，广西在面向东盟的金融创新方面将会取得新突破。根据战略规划，国家将在依法合规的基础上，允许非银行支付机构在广西选择有资质的备付金银行开立跨境人民币备付金账户，为企业和个人跨境货物贸易、服务贸易提供人民币结算服务。支持广西银行业金融机构按规定发放面向东盟的境外项目人民币贷款。支持跨国企业集团按规定开展跨境双向人民币资金池业务。开展口岸贸易结算互联互通体系建设。在充分评估的基础上，允许广西银行业金融机构将其持有的人民币贸易融资资产转让给境外银行。推动人民币与东盟货币的银行间市场区域交易，探索完善区域市场交易、清算、敞口管理等机制。在依法合规、风险可控的前提下，允许广西具备人民币与外汇衍生产品业务普通类资格的银行业金融机构，为境外机构办理即期结售汇业务提供远期、掉期和场外期权等人民币与外汇衍生产品服务。允许符合条件的广西地方金融控股公司与东盟金融机构合作，按规定发起设立或参股各类型金融机构。鼓励合格境外战略投资者与广西地方法人金融机构开展股权合作，支持符合条件的外资金融机构入股广西地区城市商业银行。支持广西设立金融开放门户建设专项资金。支持符合条件的银行、保险、证券、资产管理等金融机构在广西组建面向东盟的跨境产品研发、跨境结算、离岸业务、票据保理、灾备、数据、小语种呼叫等中后台运营基地。支持符合条件的东盟金融机构到广西设立合资证券公司、基金公司、期货公司，面向东盟开展跨境投融资、资产管理和财富管理业务。推动境内外交易所市场连接，推进与东盟地区证券交易所品种互认。鼓励通过国内外债券市场融资服务国际陆海贸易新通道等项目建设，允许符合条件的东盟发行人到境内债券市场发行人民币债券（熊猫债），允许符合条件的境内金融机构和企业到新加坡发行人民币债券（狮城债），鼓励东盟企业和投资者购买中国政府债券。鼓励开展人民币海外基金业务，纳入人民币海外基企业务框架管理。

为推进广西建设面向东盟的金融开放门户国家战略的实施，加快构建"南向、北联、东融、西合"全方位开放新格局，广西需要对战略规划进行深入细致的研究。本书主要包含三个部分，即主题报告（1篇）、专题报告（6篇）和附录。其中，主题报告《广西建设面向东盟的金融开放门户报告》由李小好博士、讲师执笔完成。专题报告《广西面向东盟的金融创新报告》由刘慧玲博士、副研究员执笔完成，《广西南宁市建设面向东盟金融开放门户枢纽城市报告》由王水莲博士、副研究员执笔完成，《广西—东盟金融开放合作的风险防范报告》由欧阳青东博士、教授执笔完成，《广西—东盟金融生态环境建设报告》由刘家养博士、教授执笔完成，《中国—越南边境反洗钱合作报告》由李娟博士、讲师执笔完成，《新加坡离岸金融业报告》由陆峰博士、讲师执笔完成。

2019 年 6 月

目录

第一部分 主题报告

1. 广西建设面向东盟的金融开放门户报告 ···················· 3
   一、沿边金改以来广西建设面向东盟金融开放门户的主要措施 ············ 3
   二、沿边金改以来广西面向东盟金融开放门户建设的主要成就 ············ 6
   三、广西建设面向东盟的金融开放门户现状评估 ·················· 11
   四、广西建设面向东盟的金融开放门户主要问题及制约因素 ············ 15
   五、广西加快建设面向东盟的金融开放门户政策建议 ················ 21

第二部分 专题报告

2. 广西面向东盟的金融创新报告 ··················· 29
   一、广西面向东盟的金融创新背景 ·················· 29
   二、广西推进面向东盟的金融创新的现状 ·············· 30
   三、我国部分省（自贸区）金融制度创新的实践与启示 ········ 42
   四、广西面向东盟的金融创新思路 ·················· 44

3. 广西南宁市建设面向东盟金融开放门户枢纽城市报告 ········ 50
   一、相关理论概述 ·························· 50
   二、南宁市金融业发展现状 ······················ 52
   三、南宁建设面向东盟金融开放门户枢纽城市存在的问题 ······ 56
   四、国内推进金融改革开放的经验借鉴 ················ 59
   五、南宁建设面向东盟金融开放门户枢纽城市的总体思路 ······ 67
   六、南宁建设面向东盟金融开放门户枢纽城市的对策 ········ 69

4. 广西—东盟金融开放合作的风险防范报告 ············· 78
   一、中国—东盟的经贸金融发展与金融开放合作 ··········· 78

二、中国—东盟金融合作开放的潜在风险分析 …………………… 83
　　三、面向东盟金融开放合作的历史经验 …………………………… 97
　　四、广西面向东盟金融开放合作的风险防范对策 ………………… 100

5. 广西—东盟金融生态环境建设报告 ………………………………… 111
　　一、金融生态环境的内涵 …………………………………………… 111
　　二、广西东盟金融生态环境建设现状 ……………………………… 114
　　三、广西东盟金融生态环境建设瓶颈 ……………………………… 126
　　四、广西东盟金融生态环境建设的影响因素分析 ………………… 132
　　五、金融生态环境建设的国内外借鉴 ……………………………… 136
　　六、对于完善广西东盟金融生态环境建设的对策建议 …………… 140

6. 中国—越南边境反洗钱合作报告 …………………………………… 146
　　一、中越边境洗钱现状研究 ………………………………………… 146
　　二、中越边境反洗钱合作现状分析 ………………………………… 149
　　三、中国边境地区打击跨国洗钱案例分析 ………………………… 154
　　四、中越边境反洗钱合作有效性问卷调查 ………………………… 158
　　五、反洗钱国际合作的成功经验及其发展趋势 …………………… 163
　　六、加强中越边境反洗钱合作的政策建议 ………………………… 167
　　七、结论及今后工作展望 …………………………………………… 169

7. 新加坡离岸金融业报告 ……………………………………………… 173
　　一、新加坡离岸金融业整体概况 …………………………………… 173
　　二、新加坡离岸银行业发展现状及分析 …………………………… 175
　　三、新加坡离岸保险业发展现状及分析 …………………………… 179
　　四、新加坡离岸人民币业务发展现状及分析 ……………………… 203
　　五、借鉴新加坡模式发展广西离岸金融业的对策建议 …………… 215

第三部分　附录

全球实际 GDP 增长率 ……………………………………………………… 221
亚洲实际 GDP 指数 ………………………………………………………… 221
中国 GDP 指数 ……………………………………………………………… 222
东亚人均国民总收入（GNI） ……………………………………………… 222
东南亚 GDP 增长率 ………………………………………………………… 223
中国人均 GDP ……………………………………………………………… 223
新加坡外汇储备 …………………………………………………………… 224
吉隆坡指数 ………………………………………………………………… 224

新加坡海峡指数 ·· 225
菲律宾证券交易所上市公司总数 ································ 225
全球存贷利差 ·· 226
中等收入国家的偿债率 ·· 226
特别提款权兑换率（RMB/SDU） ································ 227
全球总财富 ··· 227
全球农村人口增长率 ··· 228
中国城市化率 ·· 228
全球国际旅游支出占进口总额的比重 ··························· 229
全球航空运输货运周转量 ·· 229
全球每百人宽带用户人数 ·· 230
马来西亚非金融企业部门的杠杆率 ······························ 230

第一部分 主题报告

1. 广西建设面向东盟的金融开放门户报告

金融开放是我国对外开放的重要组成部分。① 中国—东盟自由贸易区建成和升级以来，我国不断加大面向东盟的金融开放力度。作为与东盟海陆相连的省份，随着中国—东盟博览会和中国—东盟商务与投资峰会国际影响力持续扩大，广西日渐成为中国面向东盟开放合作的新门户、新枢纽、新高地。

一、沿边金改以来广西建设面向东盟金融开放门户的主要措施

2013 年 11 月，中国人民银行等多个部委联合印发《云南省、广西壮族自治区建设沿边金融综合改革试验区总体方案》（以下简称《总体方案》），这标志着国内首个沿边金融综合改革试验区建设正式启动。根据《总体方案》要求，广西壮族自治区政府制定了《关于建设沿边金融综合改革试验区的实施意见》（以下简称《实施意见》）、时间表和工作任务分解表，将 10 项改革任务分解为 152 项具体目标，配套出台了《关于金融支持边境贸易发展的指导意见》《关于加大财政支持力度促进沿边金融综合改革试验区建设意见的通知》和《自治区本级政府性融资担保代偿补偿资金使用管理暂行办法》等文件，中国人民银行南宁中心支行先后下发《广西壮族自治区沿边金融综合改革试验区个人跨境贸易人民币业务管理办法》等文件推动沿边金改落地。沿边金融改革试验区涉及金融开放的内容有：

（一）以人民币跨境业务为载体的金融开放

2008 年国际金融危机以来，国际社会对国际货币体系改革的呼声越来越高，顺应国内外要求人民币国际化的历史潮流，我国政府以非常大的力度，在较短的时间内出台了多项推进人民币国际化的重要措施。人民币国际化的启动及实施，成为广西建设面向东盟金融开放建设的重要推动力量。实际上早在 20 世纪 80 年代，在我国与东盟国家的边境贸易中，就出现了以人民币充当计价结算货币的情况。中国—东盟自由贸易区建设以来，我国与周边相邻国家之间的贸易额越来越大，人民币被作为主要币种大量用于边贸结算，其自发形成的区域性流通规模不断扩大，并在周边国家和地区中呈现区域化发展态势。从地域来看，东盟的老挝、缅甸、越南、中亚国家及蒙古国都是人民币流通较为

---

① 关于金融开放的概念和内涵，目前学术界并无统一定义，本文所称金融开放，主要是指人民币国际化、金融市场开放、资本账户开放、汇率市场化。

活跃的地区。在越南,人民币可以全境流通,越南国家银行较早就开展了人民币存储业务。这些为跨境人民币业务提供了市场土壤。因此,《总体方案》在主要任务中提出了18项人民币跨境业务创新项目,《实施意见》对此进一步细化,主要包括:

1. 扩大人民币跨境使用

《总体方案》提出12项扩大人民币跨境使用的内容。支持和鼓励跨境人民币结算、跨境投融资合作、人民币融资产品创新;推动跨境人民币信贷业务、人民币与周边国家货币的银行间市场区域交易、跨境发行人民币金融产品以及完善扩大货币互换机制和规模。研究探索人民币与非主要国际储备货币的特许兑换业务、人民币现钞出入境携带证制度、个人携带人民币现钞出入境额度、跨境个人人民币结算试点和设立人民币海外投资基金。

为了鼓励金融机构跨境人民币业务创新,对于在试验区内设立并投入使用区域性跨境人民币业务平台或挂牌与东盟国家货币直接交易且参与区域银行间交易的银行业金融机构,自治区财政给予一次性补助50万元。

2. 拓展人民币回流机制

《总体方案》提出的人民币回流机制建设主要包括6点内容:人民币合格境外投资者试点、境外人民币以贷款方式投资试验区重要产业项目、人民币双向贷款试点、人民币购售业务、募集海外人民币资金发起设立证券基金、鼓励东盟和南亚国家财团或法人以人民币购买试验区企业股权。

(二)金融组织体系开放

在间接融资占据融资渠道主要来源的东亚,商业银行长期在中国和东盟国家金融体系中占有重要的位置。不同于资本市场和债券市场日益降低的投资壁垒,大多数国家对银行业都有较为严格的市场准入和监管标准。人民币国际化之前,区域内各国银行业的业务合作和跨境经营都非常有限。人民币国际化的启动,为区域内商业银行拓展跨境人民币业务,实现跨国经营和国际化提供了契机。《总体方案》和《实施意见》在金融组织体系开放方面主要提出两条措施。

措施1:支持金融机构的双向开放。一方面,支持符合条件的东盟和南亚国家金融机构到试验区设立外资金融分支机构或者国际性或区域性管理总部、业务运营总部、后援服务中心和培训基地,自治区财政根据机构类型、组织形式和注册资本情况,给予一次性补助;另一方面,支持大型银行以法人名义到东盟和南亚国家设立机构,对于注册地在试验区的金融机构,到东盟各国设立首家分支机构可以获得自治区财政一次性补助50万元。

措施2:支持银行业金融机构为跨境并购活动提供金融服务,支持政策性银行拓展跨境并购业务。

(三)金融市场开放

金融市场的开放是金融开放的重要内容。《总体方案》和《实施意见》对于金融市场的开放主要包括综合性的金融市场平台建设、期货市场、债券市场、保险市场以及股权基金开放几个方面内容。

（1）提出建设面向东盟和南亚国家的综合金融服务平台，提供挂牌、转让、融资、债券和金融衍生品的交易服务。探索开展国际金融资产交易。

（2）支持试验区企业双向投资境内外证券期货市场，并且允许境外企业参与境内商品期货交易。

（3）鼓励和支持企业、金融机构利用境内外债券市场进行融资，试验区内企业在境外发行人民币债券的融资投入试验区使用的，可以获得自治区财政发行额0.2%的补助。支持东盟和南亚国家在试验区内设立的分支机构进入国内银行间债券市场进行交易。

（4）通过设立外资股权基金的方式推动外资参股创业投资企业。对于试验区内企业在东盟国家等境外市场上市的，自治区财政给予一次性补助300万元。

（5）推进保险市场开放合作。中国—东盟自由贸易区的建成和升级，客观上要求市场为服务中国与东盟国家经济贸易和人员安全提供保障，各级政府对此十分重视。《总体方案》和《实施意见》对保险市场开放提出了多项内容，主要包括：

第一，推动跨境保险业务、产品合作，支持开展沿边特色保险服务、人民币跨境再保险业务等，拓展符合市场需要的跨境保险产品。

第二，加快建立与东盟国家的保险监管对话机制。

第三，支持保险资金参与试验区内跨境重点项目建设。

第四，加大出口信用保险对于试验区建设的服务力度。

第五，为双边保险公司跨境风险评估、资信调查、查勘定损提供便利。

（四）促进贸易投资便利化

为更好地服务于沿边地区和东盟国家的贸易投资便利化，《总体方案》和《实施意见》提出以下几个方面的措施：

（1）推进外汇管理服务便利化。对外汇管理方式进行创新，简化外汇审批、外债登记、外汇资本金登记等手续，提升资金使用效率；改革外商投资管理模式，推动实施投资范围负面清单管理模式。

（2）简化外债管理和登记程序。主要包括两点：第一，逐步扩大短期外债指标规模，争取实现试验区企业能够自主从境外融资；第二，争取试验区内企业外债项下相关业务和手续能够直接在银行办理。

（3）推动个人境外直接投资试点。一方面，适时推动试验区内就业并符合条件的个人开展包括证券投资在内的境外投资；另一方面，争取试点符合条件的境外个人在试验区内开展包括证券投资在内的境内投资。

（五）加强金融基础设施建设的跨境合作

面向东盟的金融开放门户建设离不开金融基础设施。金融基础设施主要包括由支付清算体系、金融服务的法律制度体系和征信与信用评级体系等构成的促进金融发展的基本环境。《总体方案》和《实施意见》主要就跨境征信和跨境支付建设进行了规划：

（1）推进试验区与东盟和南亚国家征信交流与合作，研究推进双向开放征信市场，建立征信信息交流共享机制。

（2）加强跨境支付清算系统的合作。在南宁建立跨境金融信息服务基地，争取政策支持试验区内支付机构建立跨境零售支付平台，或与其他支付机构、银行合作，为跨境电子商务结算提供支持。

（3）就中国—东盟跨境支付清算一体化的实施进行研究。

（六）健全跨境金融合作交流机制

金融开放本质上是跨境金融业务的开展，离不开作为中介的境内外金融机构之间的合作与交流。因此，《总体方案》和《实施意见》提出：一方面，要打造沿边地区与周边国家跨境金融合作交流的平台、机制，促进人员互访，开展相关金融知识培训；另一方面，要加强与周边国家的金融监管合作。通过完善金融管理当局协商沟通机制，在市场准入、审慎监管和维护区域金融稳定等方面加强各国的协调与配合。

二、沿边金改以来广西面向东盟金融开放门户建设的主要成就

沿边金融综合改革试验区的设立和建设，对于加强广西与东盟国家在跨境人民币结算、跨境资金融通、跨境金融业务创新与合作、提高金融合作的制度化水平，发挥了积极作用，也为广西进一步建设面向东盟的金融开放门户夯实了基础。

（一）跨境人民币业务规模不断增长，范围进一步扩大

1. 跨境人民币结算额不断增长

以人民币国际化为契机，加快发展跨境人民币业务，强化面向东盟的人民币跨境结算、货币交易和跨境投融资服务是广西建设面向东盟的金融开放门户的重要内容。早在人民币国际化正式启动之前，在广西与东盟一些国家接壤的边境地区，边贸结算中人民币就是主要的支付结算手段。2009年7月，跨境贸易人民币结算正式启动，试点最早从东盟国家开始。2013年以来，广西人民币结算总量一直在全国8个边境省（自治区）中排名第一位，从2014年起，人民币连续多年成为广西第一大结算币种。2017年广西跨境人民币业务结算总量达到1248.85亿元，广西人民币跨境收支占全部本外币跨境收支的比重为41.57%。

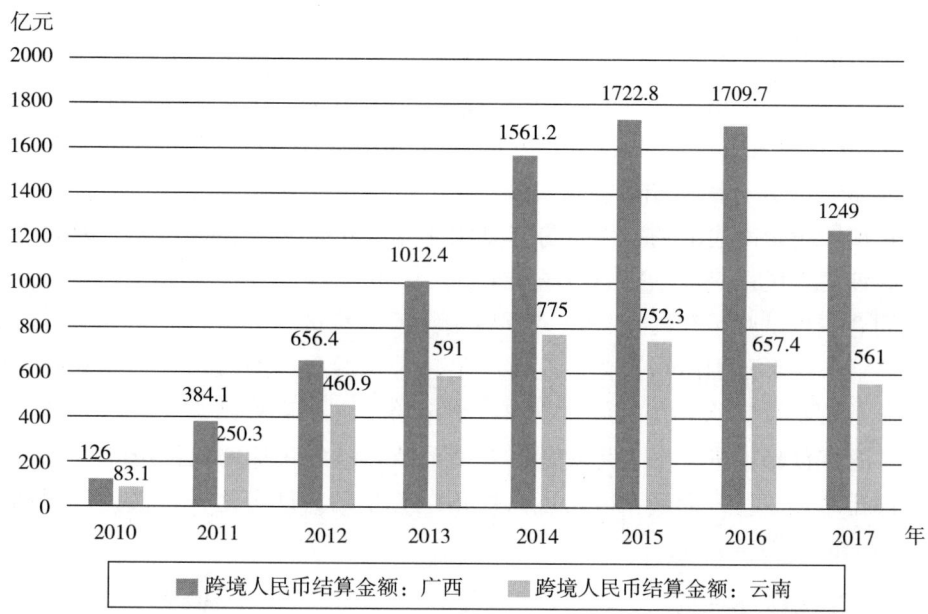

数据来源：Wind。

图 1-1　广西与云南跨境人民币结算金额对比

由图 1-1 可以看出，跨境贸易人民币结算试点以来，广西跨境人民币结算金额快速增长，在 2015 年达到最高。同为沿边金融综合改革试验区的云南相比之下，跨境人民币结算金额则增长缓慢。2010 年广西与云南跨境贸易人民币结算金额相差不多，随后这一差距不断拉大，2014 年人民币成为广西第一大跨境支付货币，当年结算金额达到云南省的两倍。

2. 参与跨境人民币结算的金融机构数量不断增长

2013 年初，广西仅有 15 家银行的 127 家分支机构办理了跨境人民币结算业务，2018 年 9 月，开办跨境人民币结算业务的达到 24 家银行，共 327 家分支机构。

表 1-1　　　　2013—2018 年广西参与人民币结算的金融机构数量　　　　单位：家

时间	参与人民币结算的广西银行数量	参与人民币结算的广西银行分支机构数量	参与跨境人民币结算的企业数量
2013.4	15	127	—
2016.10	22	278	2181
2018.9	24	327	3205

数据来源：根据中国金融新闻网相关报道整理。

3. 建立中越、中泰双边本币回流机制

跨境贸易人民币结算面临的一个突出问题是人民币"出去容易回流难"，这对贸易主体来说是个很大的困扰。2017 年 9 月，中国银行成立广西东盟货币现钞调运中心，先后成功实现越南盾和泰铢现钞的跨境调运，并于 2018 年 2 月成功从越南调运 800 万元人民币现钞入境。通过人民币对东盟国家货币区域银行间交易平台，境内金融机构成功搭建了面向东盟的本外币现钞跨境调运通道，解决了东盟国家货币和人民币现钞来源等问题，人民币"出得去、留得住、回得来"。截至2017年末，各家银行累计调入各类外币现钞折合3400万元人民币，实质性地推动了中越和中泰双边本币业务发展和货币互通。

4. 个人跨境贸易人民币结算业务实现创新

活跃在广西与越南边境的小额贸易活动很多是以个人为主体进行的，为顺应边境地区个人希望使用人民币跨境结算的市场需求，2013年7月10日，中国人民银行南宁中心支行授权同意东兴试验区开展个人跨境贸易人民币结算试点。试点以来，个人跨境贸易人民币结算业务结算范围由东兴拓展至整个沿边金融综合改革试验区，业务种类也从货物贸易、服务贸易及其他经常项目等业务拓展至跨境电子商务结算业务，并进一步简化结算手续。这些创新促进了个人跨境贸易人民币结算量的快速增长，2017年末，个人跨境贸易人民币结算总量占同期全区跨境人民币结算量的近四分之一，极大地便利了边境小额贸易活动的开展。

（二）金融组织体系建设

1. 机构集聚

"金改区"金融机构数量不断增加，初步实现金融组织集聚。广西银行业以沿边金融综合改革试点为契机，提升"一带一路"金融服务水平。截至2017年3月末，广西沿边金融综合改革试验区已有法人机构61家、一级分行34家、银行网点数2600个，从业人员超过4万人，多家银行机构组建了面向东盟的货币清算、结算等跨境业务专营机构，助推边境贸易投资便利化。

2. 跨境合作

境内外金融机构积极开展跨境融资合作。沿边金改以来，广西境内外金融机构积极开展跨国公司外汇资金池和全口径跨境融资业务，帮助企业搭建双向跨境借款资金渠道。相比国内一般融资成本，跨境融资成本优势明显，拓宽了企业融资渠道，降低了企业资金成本。

表1-2　　部分年份沿边金融综合改革试验区金融机构跨境信贷情况

年份	参与金融机构	融资项目	融资金额	备注
2016	区内金融机构	区内企业	累计办理全口径跨境融资业务5.43亿美元	通过海外分行直贷、帮助企业发行境外公募债等方式
2017	区内金融机构	区内企业	全口径跨境融资签约金额累计18.74亿美元，提款金额累计17.23亿美元	
2017	东盟国家新加坡、泰国等境外银行	试验区14家企业	贷款签约项目22个，合同金额59亿元	融入资金成本低于国内

(三) 金融市场开放取得初步成效

1. 构建平台

搭建了人民币对东盟国家货币区域银行间交易平台。通过搭建人民币对东盟国家货币区域银行间交易平台,广西与东盟国家区域金融合作和本币结算日益深化,形成了人民币对越南盾银行柜台挂牌"抱团定价""轮值定价"模式,提供人民币对柬埔寨瑞尔的买卖双向报价。

长期以来,由于正规汇率形成渠道的缺位,广西与越南的边境贸易中,人民币对越南盾汇率主要由"地摊银行"主导。沿边金改以来,在中国人民银行防城港市中心支行的推动下,农业银行广西分行成立了中国—东盟跨境人民币业务中心和中国东盟货币业务中心,挂牌交易文莱之外的其他东盟9个国家的货币汇率,为客户提供清算、结算、融资、投资、资金交易等金融服务。东兴市农行、工行、建行、中行、北部湾银行5家银行人民币和越南盾汇率实行"轮值定价""抱团定价",逐步形成人民币与越南盾汇率的官方定价机制,降低了边贸客户汇兑成本和交易风险。截至2018年5月末,广西已有6家报价行和6家参与行开展人民币对越南盾银行间市场区域交易,交易规模及交易主体数量都在稳步增加。

2017年8~9月,广西首先启动人民币对柬埔寨瑞尔的清算交易,并形成了人民币对柬埔寨瑞尔的银行间市场区域交易,为市场持续提供人民币对柬埔寨瑞尔的买卖双向报价,形成人民币对柬埔寨瑞尔参考价,实现了中柬两国货币的直接兑换。银行间市场区域交易有助于人民币输出,进一步推进人民币国际化,对于丰富人民币外汇市场的交易主体和品种、人民币汇率市场化、降低市场主体的汇率风险和交易成本、促进人民币与柬埔寨瑞尔在双边贸易和投资中的使用具有重要意义。

表1-3　　　　　　　　　中国—东盟货币报价兑换合作情况

时间	具体内容
2017.9	中国银行广西分行推出人民币兑换柬埔寨瑞尔现钞汇率业务
2014.12	农业银行中国东盟货币业务中心越南盾报价首次被中国外汇交易中心采用,作为官方指导价格对外发布,越南盾在全国范围内的挂牌交易初步形成
2014.9	农业银行广西分行发布"农银人民币兑东盟货币汇率指数""农银越南盾指数",并为东盟九国货币汇率挂牌
2014.6	东兴获批开展扩大个人本外币兑换特许业务试点
2014.4	东兴市工行、农行、中行、建行、北部湾银行5家银行共同搭建中国(东兴试验区)东盟货币交易信息服务平台,由各银行轮值报价
2014.3	中国银行广西分行在东兴、凭祥首家挂牌开办越南盾现钞兑换业务

2. 跨境人民币业务创新

跨境双向人民币资金池业务落地,初步打通试验区跨国企业内部境内外资金调剂使用通道。跨境双向人民币资金池是指跨国企业集团根据自身经营和管理需要,在境内外非金融成员企业之间开展的跨境人民币资金余缺调剂和归集业务。开办该业务可以帮助集团客户打通境外资金合规入境渠道，降低集团综合融资成本，实现资金收益最大化。跨境双向人民币资金池最早在上海自贸区试点，广西金融改革综合试验区设立以来，试验区内多家企业如柳工、玉柴、北部湾港务集团等建立起跨境双向人民币资金池，核定跨境人民币资金净流入上限483亿元，企业资金池累计结算金额21.86亿元。跨境双向人民币资金池进一步提升了企业跨境贸易投资便利化程度。

3. 跨境保险业务创新

跨境保险业务创新推动保险市场的对外开放。"一带一路"建设以来，广西边境地区经济快速发展，对跨境保险产生了新的需求。为更好地服务于"一带一路"建设，广西保险业不断创新，构建了跨境保险服务网络。

2014年，东兴试验区成立全国首家跨境保险服务中心——中国东盟跨境保险服务中心。2017年8月，为了给在凭祥市务工的数千越南边民提供人身安全保障，中国人寿崇左分公司在国内首创政府主导、可在边境直接办理的跨境务工意外伤害保险。随后，人保财险广西分公司签发我国第一单机动车出境综合商业保险，并在东兴、凭祥、水口、龙邦等口岸设置了跨境车险服务网点。在此基础上，货物运输保险、跨境旅游意外保险、自驾游综合保险、跨境劳务人员人身意外险等特色保险产品不断被开发出来，为"走出去"的企业和个人提供风险统保平台。

4. 跨境征信合作

中国—东盟自由贸易区建成以来，随着双边金融开放和边贸合作的快速发展，对金融机构和微观主体的信用信息需求日益增加，信息不对称抑制了融资、贸易、投资等活动的进一步发展。中国和东盟国家都意识到共同打造信用市场的重要性，在2012年南宁成立中国—东盟征信研究中心的基础上，近年来双方不断就这一问题进行研究，探索中国与老挝、柬埔寨等国家的跨境征信合作问题。

5. 外汇管理制度改革

试点外汇资本金结汇管理改革，提高贸易便利化水平。国家外汇管理局广西分局率先在中国马来西亚（钦州）产业园区试点外汇资本金结汇管理改革，相关经验目前已在全国复制推广；在全国首创并成功实施边境贸易外汇收支差异化管理、经常项目跨境外汇资金轧差净额结算等试点政策。

（四）金融基础设施建设跨境合作进一步加强

金融基础设施是面向东盟建设金融开放门户的重要依托，没有完善的金融基础设施，金融开放的各种任务就无法落地。沿边金改以来，广西进一步加强金融基础设施的自身建设与跨境合作。

为了促进中国与东盟各国贸易投资便利化，广西各金融机构加快组建面向东盟的货币清算、结算及相关业务中心。2017年4月中国—东盟（崇左）区域性金融服务中心金融贸易平台试运行，其中的"边贸服务平台信息系统"，对边民互市贸易从海关申报到资金结算实现全流程电子化监管，极大地便利了中小型企业跨境贸易投资活动。同时，搭建区域性跨境人民币业务平台（南宁），并编制发布中国—东盟（南宁）货币指数（CAMI）。区域性跨境人民币业务平台依托自身综合业务系统，通过广西金融电子结算中心整合各银行机构跨境人民币业务清算（结算）系统及其境外代理行资源，形成了广西与东盟、南亚国家的人民币资金清算循环圈，标志着辐射港澳、东盟和南亚国家的广西—东盟跨境人民币资金汇划高速路基本建成。中国—东盟（南宁）货币指数（CAMI）发布之后，影响力不断上升，成为东盟与中日韩（10+3）宏观经济研究办公室跟踪研究标的和中国与东盟国家货币交易的重要标尺。

（五）跨境金融交流合作机制不断深化

在沿边金改的过程中，广西政府部门与金融管理当局不断深化金融交流合作机制，为面向东盟的金融开放门户建设进行长期的制度化合作打下基础。

自治区政府和中国人民银行南宁中心支行常态化组团出访越南、柬埔寨等东盟国家，推介金融相关政策，并就扩大金融合作进行交流。积极参与制订广西建设面向东盟金融开放门户总体方案和实施方案，为新时代广西深化金融改革开放再谋新篇。

2015年9月，中国人民银行南宁中心支行正式获批加入广西与越南边境四省联合工作委员会，并组织广西金融访问团于2016年6月访问越南、老挝、柬埔寨，与上述三个国家的中央银行、证券交易所和主要金融机构初步建立起常态化联系。2015年12月，中越两国签订跨境反假货币合作协议，这是中国与周边国家签订的我国第一个跨境反假币合作协议。依托中国—东盟博览会平台，中国—东盟金融合作与发展领袖论坛已连续成功举办9届，征信论坛、黄金论坛以及跨境人民币业务等推介会都扩大了广西面向东盟金融门户开放建设的影响力。

三、广西建设面向东盟的金融开放门户现状评估

（一）金融开放程度的测度方法选择

要研究金融开放相关问题，在对其概念进行界定的基础上，还必须构建一个合理而有效的评价一国（地区）金融开放水平的指标体系，进而对其金融开放水平进行测度，以此作为研究相关问题的前提。金融开放度是衡量一个国家或地区金融对外开放的广度和深度的重要依据，是一个复杂的量化指标。从国内外对这一问题的研究情况来看，金融开放度的测度主要有两种思路：一种是基于名义或者法定规则的测度；另一种是基于实际情况的测度，即事实开放度。

1. 法定开放度测量指标

法定（De Jure）开放度（或称名义开放度）测量指标，是通过考虑一国政府是否或者怎样对资本在跨国界范围内流动权利上的限制来衡量金融开放程度。对法定开放程度

的测度主要是测量一国或地区对于跨境资本流动、价格、数量及外国资产持股的法律法规限制程度。比较有影响的主要是国际货币基金组织（IMF）在《年度汇率安排和汇兑管制报告》中采用二元变量法进行的测度、Miniane（2004）构建的金融开放指数（FOI）、Chinn 和 Ito 于 2008 年利用主成分分析方法构建的资本账户开放指数（KAOPEN）等。法定开放度指标的构建建立在不存在外汇交易限制的前提下，此外对变量的赋值无法克服主观性，也很难客观反映实际情况，一国的法定开放程度和实际开放程度很可能产生很大差异。

2. 事实（De Fact）开放度测量指标

鉴于法定开放度测量方法的以上局限性，事实开放度测量指标常常成为金融开放程度测度的替代方法。目前国内学术界不少学者测度金融市场开放度是通过测算一国或区域金融服务贸易开放度予以反映，通常的做法是根据国际资本类型构成情况将资本划分为 FDI、股权资本、债权资本及总资本，用资本流动占 GDP 的比重作为衡量金融开放度水平的指标。也有的学者认为跨境贸易与投资规模一定程度上映射出双边地区资本流动、跨境提供服务和商业存在服务的情况，间接反映区域间金融开放程度（尹亚红，2012；史龙祥，2015），因此韩越等（2018）采用云南对东盟进出口贸易与东盟对云南 FDI 投资之和占云南当年地区生产总值的比重刻画云南资本账户和金融市场开放度。

关于金融开放程度的测度大多以国家为对象进行，以区域为对象的金融开放测度还较为少见。此外，由于我国区域金融发展的不平衡，区域金融开放水平存在着较大的异质性。综合以上金融开放测度的方法，基于数据可得性，本文参考韩越等（2018）的做法，采用广西对东盟进出口贸易与东盟对广西 FDI 投资之和占广西当年地区生产总值的比重作为衡量广西金融开放程度的方法。

（二）广西面向东盟金融开放测度指标构建及数据来源

1. 指标构建

通过计算 2002—2017 年广西对东盟进出口贸易额与东盟对广西 FDI 投资之和占广西当年地区生产总值的比重衡量广西金融开放程度。具体方法如下：

$$FO_t = \frac{FDI_t + IM_t + EX_t}{GDP_t} \quad (1-1)$$

其中，FO_t 代表 t 时期广西对东盟国家的金融开放度，FDI_t 代表 t 时期东盟对广西的实际投资额，IM_t 代表 t 时期广西从东盟国家的进口额，EX_t 代表 t 时期广西对东盟国家的出口额，GDP_t 代表 t 时期广西地区生产总值。FO_t 指标越大，反映广西对东盟国家的金融开放水平越高，反之则相反。

2. 数据来源及处理

东盟对广西的实际投资额由广西商务厅网站数据整理得出，东盟与广西历年进出口数据、广西地区生产总值数据由历年《广西统计年鉴》整理得出，涉及计价单位不一致的，以当年人民币兑美元平均汇率进行处理。

(三) 广西面向东盟金融开放程度评估

1. 广西面向东盟的金融开放度

图1-2给出了根据式（1-1）计算得到的广西面向东盟的金融开放度走势图。2002—2017年广西面向东盟的金融开放水平有了显著提高。2014—2015年随着沿边金改政策落地，金融开放水平快速提升，然后随着政策红利的释放，金融开放水平的变化趋于平缓。

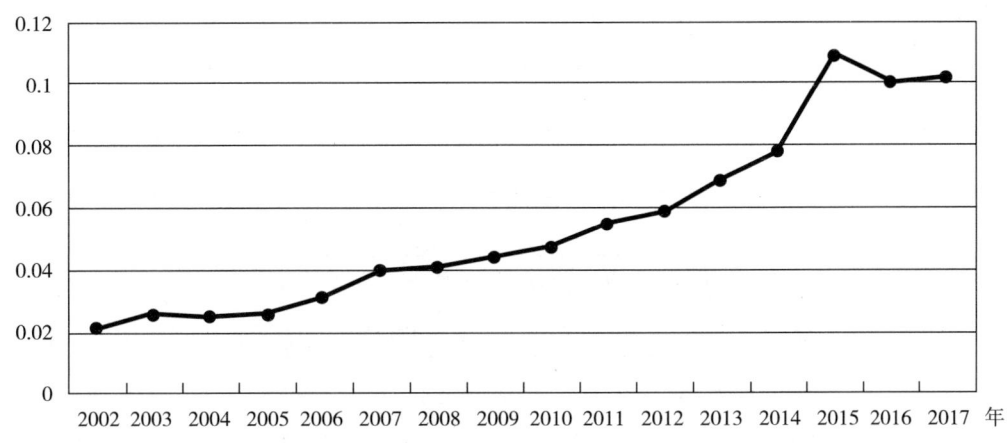

图1-2 广西面向东盟的金融开放度趋势图

2. 广西金融开放度与云南金融开放度的比较

为了更为直观地考察沿边金改以来广西面向东盟的金融开放水平变化情况，本文还计算了一同获批金融综合改革试验区的云南面向东盟的金融开放水平进行横向对比。由图1-3可以看出，2002—2007年云南面向东盟的金融开放水平高于广西，但2008—2017年广西面向东盟的金融开放水平超过了云南，并且在2014年之后，两者的差距进一步拉大。2015年广西面向东盟的金融开放度为0.11，而云南为0.06，这说明，沿边金融综合改革试验区建设以来，广西在面向东盟的金融开放门户建设方面，步伐较快，超过了同为西部地区的云南省。

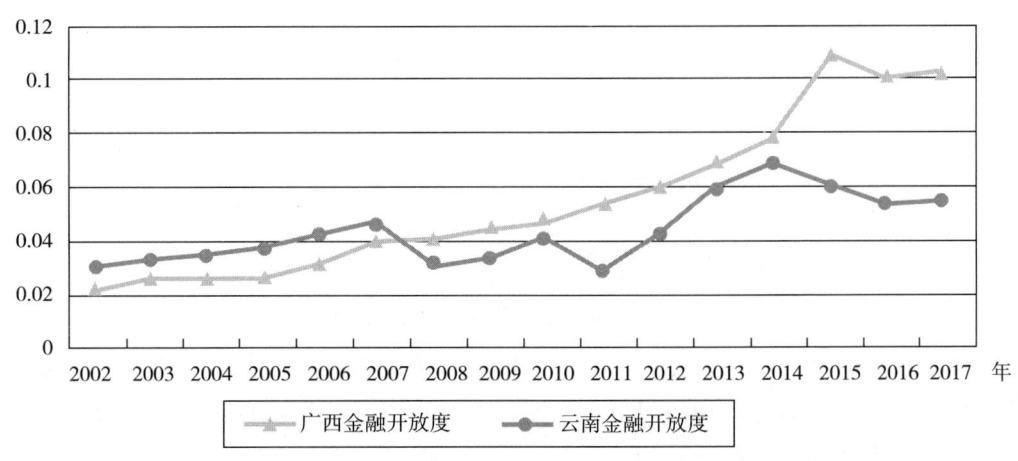

图1-3 广西和云南面向东盟的金融开放度比较

究其原因，一方面，大多数年份，广西在实际利用东盟投资方面都比云南要多，如图1-4所示，2002—2016年的15年间，广西只有2013年实际利用东盟外资低于云南。

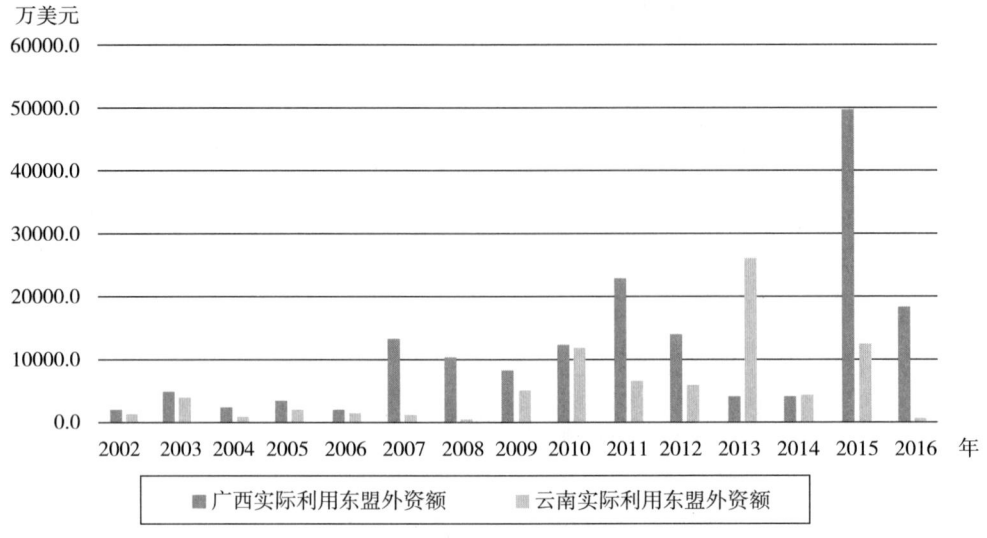

图1-4 广西与云南实际利用东盟外资额比较

另一方面，广西与东盟国家的贸易额在2008年超过了云南与东盟国家的贸易额之后，两者的差距逐渐拉大，广西与东盟国家的贸易额增长更快，如图1-5所示。

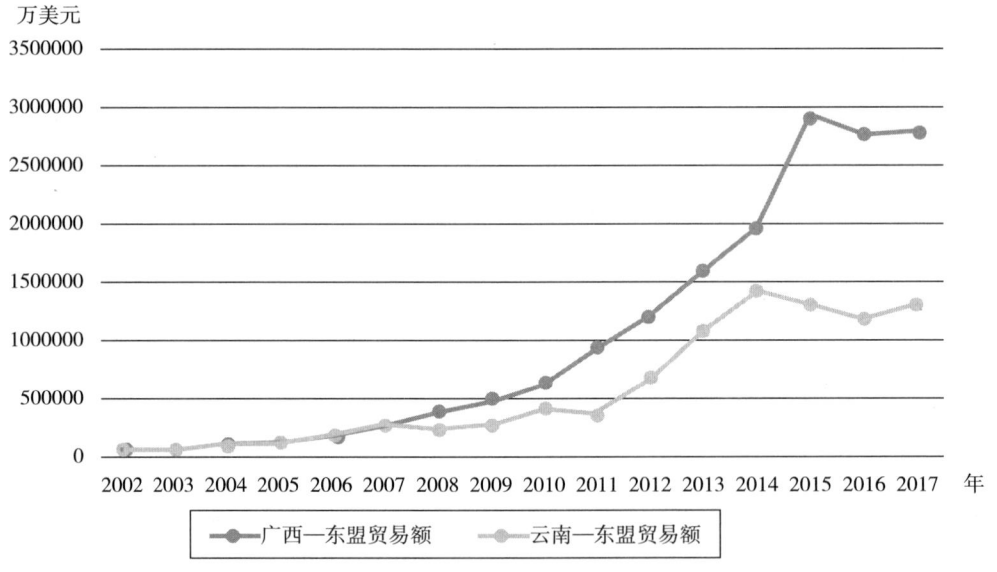

图1-5 广西、云南与东盟的贸易额比较

投资与贸易联系是跨境人民币结算的市场需求基础，是拓展跨境人民币业务的起点，由于广西与东盟之间更为密切的投资和贸易联系，因此，广西面向东盟的金融开放水平整体更高也就不足为奇。

四、广西建设面向东盟的金融开放门户主要问题及制约因素

虽然沿边金改以来,广西在面向东盟的金融开放门户建设方面取得了一定的成绩,在金融开放度方面超过了同为沿边综合金融改革试验区的云南省,但必须看到,广西面向东盟的金融开放门户建设还存在不少突出的问题,整体开放水平还比较低。2018年12月,中国人民银行等13个部委再次联合发布《总体方案》,对广西建设面向东盟的金融开放门户提出了更高的要求。因此,梳理现存问题并深入剖析其制约因素,对于加快广西建设面向东盟的金融开放门户有着重要意义。

(一)广西建设面向东盟的金融开放门户主要问题

1. 金融开放水平整体不高,且出现了停滞

对广西面向东盟的金融开放水平测度显示,虽然沿边金改以来,广西面向东盟的金融开放水平增长较快,但总体上还处于较低水平,2015年,这一指标达到最高值,也才0.11。而且值得注意的是,2016—2017年,这一指标出现了轻微下滑,表明金融开放建设进入了停滞。这一现象是暂时性的还是持久性的,有待进一步观察和分析。与此同时,广西跨境人民币结算也出现了跨境人民币结算试点以来的首次下降。2016年以来,人民币兑美元汇率出现较大幅度贬值,从规避汇率风险的角度来看,这也许可以解释广西跨境人民币结算额和金融开放水平下降的原因。

2. 跨境人民币结算业务增长出现逆转

从图1-1可以看出,2016年以来,广西跨境人民币结算出现下降趋势。推进跨境人民币结算,是广西面向东盟金融开放的重要内容,是人民币国际化的必由之路。成为跨境贸易的计价结算货币,是一国货币走向国际化的起点和基础。从主要货币国际化的历史看,在贸易与投资中作为计价结算货币成为这些货币国际化进程的逻辑起点,正是因为在跨境贸易中作为计价与结算货币,才使这些货币在不断发展的过程中进一步作为可供世界跨境投资与储备选择的货币,成为真正意义上的国际货币。跨境贸易人民币结算对国内的企业来说不仅可以减少对外贸易企业的汇兑费用,大幅降低对外贸易的交易成本,更大的意义在于外汇交易风险的降低。当前,广西跨境人民币结算在与东盟大宗商品贸易、国际产能和装备制造合作中没有大范围较好地使用。广西跨境贸易人民币结算额的下降,是暂时的还是趋势性的?下降的原因是什么?必须引起我们足够的重视,以免影响到面向东盟金融开放门户建设的进程。

3. 跨境保险业务发展缓慢

面对公众日益增长的多元化、多层次保障需求,广西跨境保险产品差异化程度较低,整个市场的产品架构不能满足消费者的多样化需求。一是保险业的技术含量和开发能力较弱。二是缺乏对保险产品创新成果在法律上和监管上的保护,跨境保险产品创新具有很强的外部性,耗费巨资和人力开发出来的新产品,很容易被竞争对手模仿或复制,这

就导致保险市场上很少有保险人花费人力、物力在产品研发上,陷入"劣币驱逐良币"的怪圈。究其原因,首先是产业高集中影响了跨境保险市场主体的进入,不利于保险资本的补充;其次,区域内缺乏信息共享平台,未形成资源共享和发展合力;最后,跨境保险交易面对的风险不确定性以及信息不对称比境内保险要高得多。与广西接壤的区域大多属于该国经济贫穷、发展滞后甚至社会不稳定的地区,使沿边金融管理部门和保险机构对跨境保险业务存在"不敢做""不愿做""不会做"的情况,均持非常谨慎的态度。此外,由于境内外社会、法律、文化等的差异,跨境保险的保险责任认定及损失确认不具备统一标准和规范流程,有效、公正、安全和稳定的跨境保险市场缺失。

4. 金融组织建设缓慢

虽然《实施意见》提出支持东盟金融机构在试验区设立分支机构、支持境内机构到试验区内或东盟国家设立分支机构,支持东盟国家中央银行和国家金融组织在广西设立代表处,推动金融机构"走出去""引进来",完善跨境金融服务体系。但沿边金改以来,东盟国家金融机构来广西设立分支机构的较少,区内金融机构"走出去"到东盟国家设立分支机构的也不多见。银行间市场区域交易缺乏境外银行参与,这对于构建多元化的金融生态环境,促进金融组织体系的对外开放极为不利。

5. 人民币跨境融资规模较小,且以间接融资为主,直接融资业务较少

以人民币跨境信贷为例,跨境信贷市场由三部分组成,一是境内金融机构人民币境外贷款,二是离岸市场人民币贷款,三是跨国公司内部的人民币贷款。沿边金改以来,广西境内外金融机构积极开展跨境信贷融资,降低了企业融资成本,但总体来看,跨境信贷规模还非常小,程序也较为烦琐。根据国际清算银行的测算,美元、欧元、日元和英镑的境外贷款额占其境内贷款额的20%~40%,2016年人民币境外贷款占金融机构贷款总额的比重仅为0.41%,因此,人民币境外信贷市场还有巨大的发展空间。此外,跨境上市股权融资和跨境人民币债券融资发展缓慢,沿边金改以来,尚无区内公司在东盟国家上市或发行债券。开展跨境双向人民币资金池也存在额度限制。

6. 部分金融改革政策未能落地

一些市场需求较大的创新产品、经营模式和资金运用未顺利开展。例如,在融资方面,广西目前正抓紧推进的"一带一路"、中新南向通道基础设施建设资金需求迫切,但是广西和南向通道沿线国家普遍经济欠发达,企业债券申报审核往往达不到全国统一标准。广西作为全国边境贸易第一大省份,对越南贸易占全国的比重最大,但目前在汇率定价和资金清算方面对越南"地摊银行"仍有一定的依赖。

7. 跨境征信发展缓慢

目前中国—东盟跨境征信还停留在研究探索阶段,未能就征信评级标准、投资主体信用数据共享等问题达成实质性合作,这在很大程度上成为跨境债券融资的制约。

(二)广西建设面向东盟的金融开放门户主要制约因素

广西建设面向东盟的金融开放门户,在很大程度上取决于所面临的国内外制约因素。

从国内来看,存在着区域金融业基础薄弱、制度建设缺乏系统性和可操作性,尤其是顶层设计授权不够相关政策落实难、金融综合改革试验区仅限于沿边城市范围太小、高层次金融人才匮乏等问题;从国外来看,东盟国家金融发展不平衡,双方金融合作进展缓慢等都制约了广西作为我国对东盟开放的前沿和"桥头堡"作用的发挥。

1. 广西的金融业发展滞后

规模偏小,规模效益低,金融生态环境和发展水平有待提高。金融机构各项存贷款规模偏低。广西资本市场支持经济发展能力有限,上市公司的数量只有44家,其中境内上市37家,境外上市7家(截至2018年12月),金融工具单一,缺乏业务创新能力,开展业务范围有限,业务量低。跨境金融创新等力度还不够,金融带动实体经济发展乏力。广西的资本市场还不够健全,法人机构少,难以形成市场的主导地位。金融招商和开放力度都不大,制约了有效的社会融资和金融合作交流。

表1-4　　　　　　　　2018年12月广西金融业主要指标统计表

序号	项目名称	数额	备注
1	当月社会融资规模增量(亿元)	304.1	
2	本外币各项存款余额(亿元)	29789.78	
3	本外币各项贷款余额(亿元)	26688.31	
4	上市公司数量(家)	44	境内上市37家,境外上市7家
5	新三板挂牌企业数量(家)	76	
6	小额贷款公司数量(家)	379	
7	融资性担保公司数量(家)	108	法人公司87家(获得长期证83家,临时证4家),分公司21家

2. 金融开放体制不够完善

面向东盟的金融开放政策制度缺乏一定的系统性和操作性,顶层设计授权不够。从《总体方案》的具体任务来看,涉及扩大人民币跨境使用的12项条款中,有4项属于"研究""探索"类,"鼓励""支持""推动"类的有8项;涉及拓展人民币回流机制的6项条款中,只有1项是"鼓励",其他5项则是"研究""探索"。此外,就《总体方案》的具体实施来看,多种制度安排分别出自不同性质、不同地位的部门和机构,协调和监管的难度也很大。

3. 综合改革试验区的实施范围较小

就广西来看,仅包括桂中和桂南部分地区,作为广西重要工业城市和经济实体的柳州、桂林、玉林等都未包括在内,这在很大程度上使得建设面向东盟的金融开放门户市场驱动力不够。面向东盟的金融开放,既需要政府进行积极的制度供给,提供相关的政策导向,更需要市场主体基于竞争的内在驱动,没有足够多的市场主体参与,金融开放门户建设的各项具体措施就无法落到实处。

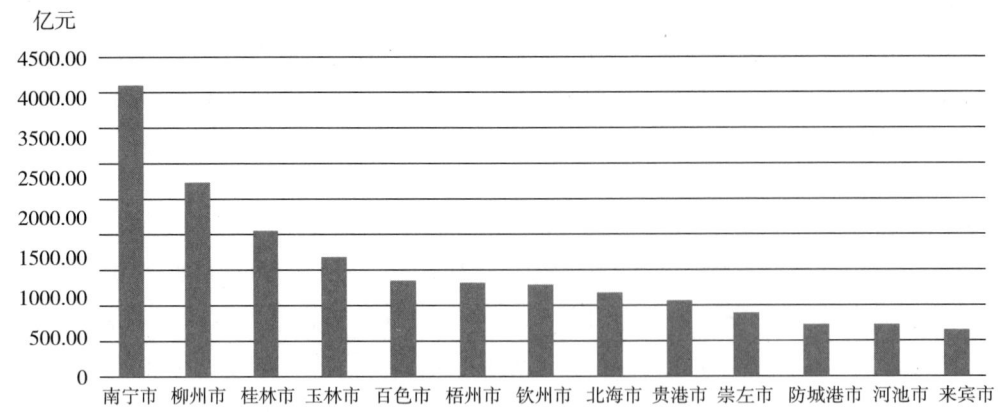

数据来源:《广西统计年鉴(2018)》。

图1-6　2017年广西地区生产总值

4. 沿边金融改革配套政策还不够完善

首先,沿边金改的很多具体事项,国家层面的政策授权不够,缺乏操作细则,仍需相关部委支持才具备可操作性。

其次,地方金融机构没有自主权,对参与建设沿边金融综合改革工作积极性不够高,缺乏相关金融政策的配套实施细则,一些市县仍停留在用一般的金融工作来谋划试验区建设,缺乏强有力的领导机构、工作机制和实际措施。比如除自治区层面外,大多数地市缺乏系统具体的鼓励金融创新、分散改革风险、吸引高端金融人才的财政支持政策。

5. 跨境金融基础设施亟待进一步完善

(1) 沿边口岸金融基础还很薄弱,边民互市点金融便利化设施配套不够健全,难以将贸易金额纳入银行结算,大量资金体系外流动,不利于对跨境资金进行有效的监测与分析,存在一定的流动风险和安全隐患。

(2) 金融基础设施建设的中间环节交易成本高,金融基础设施的专业化细分程度高,业务环节较为繁杂。

(3) 业务效率相对不足。与广泛推行证券无纸化发行的新兴市场相比,欧美传统金融市场交易后业务处理的自动化程度具有较大差距,操作风险整体较高。

(4) 信任成本总体较高。目前的全球金融市场后台体系建立在身份验证的信任机制基础上,由金融基础设施作为唯一信任的中心,集中维护支付结算账本并存储数据。一般而言,除了满足监管机构等的特定需要,金融基础设施的业务数据一般不对外公布,也不相互共享。投资者、发行人等市场参与者无法对金融基础设施账本数据进行审计,需要承担相应的道德风险。

(5) 具有对东盟结算业务的银行数量还是较少。各银行应该积极创新对东盟结算等业务,并且简化办理手续等便利人民币在东盟国家的使用。跨境基础设施的滞后使面向东盟的金融开放门户建设很多措施处于"研究""探索"阶段,即便是"推动""鼓励""支持"的业务,也很难开展。例如,2017年,柬埔寨人民币业务全面流通,柬埔寨人民币现钞的回调通过香港进行，这很大程度上是因为香港拥有更为完善的金融基础设施。

6. 金融合作有待深化

广西与东盟大多数国家的贸易规模较小，金融交流合作层次较低。沿边金改提出的金融开放政策虽然是面向整个东盟和南亚地区，但除越南外，广西与东盟其他国家的贸易额较小，相互投资额度也不高，这从根本上制约了跨境人民币业务面向整个东盟地区的开拓，双方的金融交流合作层次的提高缺乏足够的市场激励。此外，广西开展跨境人民币业务主要集中在与越南的边境贸易，但是越南与我国目前尚未达成货币互换协议，人民币在越南境内的流通也受到限制，这些都限制了双方的金融交流合作。

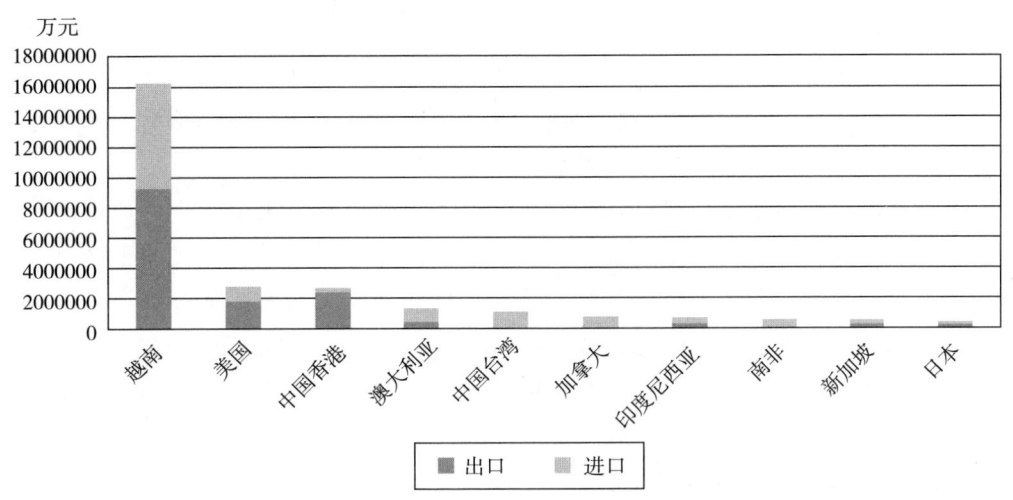

图1-7 广西主要贸易伙伴

7. 高层次金融人才匮乏

面向东盟的金融开放门户建设，最大的制约是缺乏学金融、懂金融、用金融的人才，尤其是国际金融方面的高端经营与管理人才，往往有了金融政策工具和改革创新授权，却没能落地生根。因此，如何吸引和留住高端金融人才事关面向东盟金融开放门户建设的成败。

（1）引才机制和人才建设力度还有待提高。近几年，随着西部大开发及广西人才小高地建设等一系列战略措施的实施，广西在高层次人才集聚上取得了显著成效，但是由于历史和现实等多种原因，依然存在高层次人才不足、与经济资源匹配度差等问题。尽管广西从"人才强桂"战略实施以来，通过出台一系列优惠政策、创新人才工作机制、建设一批高层次人才载体等措施优化了广西人才环境，集聚了一批高层次人才，使得广西人才总量、人才结构及人才层次都有了不同程度的改善，但广西高层次人才总量不足和结构不合理的现状并未得到根本的改变，与东部发达地区相比仍有较大差距，甚至与全国平均水平相比也相对落后。

（2）广西人才流失严重。以高校毕业生为例，全国广西籍高校毕业生，特别是重点院校广西籍毕业生,多流向北京、上海、广州、深圳等核心城市和东部沿海发达省市甚至国外。

(3)广西人才小高地作为集聚高层次人才的主要形式,虽然已初见成效,显示了较强的生命力和发展前景,但是由于人才小高地建设也存在着很多的制约因素,没有可参考的建设范本,加上前瞻性的预见力不足,相关配套制度未能及时跟进,出现了一系列问题,在一定程度上影响了人才小高地聚才效能的发挥。

第一,人才小高地开放程度不高。广西现有人才小高地以进出口为主要市场导向的外向型载体很少,就人才储备、技术研发等与国际接轨的程度较之发达国家和地区的水平还有很大的差距。人才小高地的开放程度与广西目前的开放态势是不匹配的。开放程度不高削弱了人才小高地聚集人才的能力。

第二,人才小高地产业关联度低。多层次、有规模的经济共生关系的产业群是人才小高地得以健康、持续发展的基础。目前,人才小高地载体的选择受制于广西现有经济布局,在产业、部门及地域空间上分布不均问题突出。

第三,人才小高地载体构建模式不合理。人才小高地通过集中同一产业中的优势企业整合资源从而扩大产业的聚集优势来吸引人才。但是在关联的载体之间未必具有直接的共生关系,如果是属于一个行业并且实力相当的企业,那么有可能存在竞争关系,导致缺乏合作的热情,难以使得资源整合,从而制约了人才小高地的发展。

第四,人才小高地资金不足,仅靠政府拨款难以保障人才小高地的运作,也在一定程度上影响了人才小高地工作的开展。

8. 周边许多国家金融基础设施落后

一些国家对外汇使用存在不同程度的管制,本币不可自由兑换,对人民币跨境流通造成一定障碍。一些东盟国家存在严格的外汇管制,人民币无法自由进出其国境。金融开放程度和金融体系存在差异。开放程度的不一致会导致在金融合作措施上、防范金融风险的措施及能力上、金融合作步伐上有着不同的要求。一国经济开放度包括贸易开放度和资本开放度。

9. 一些国家面临较高的国家风险

周边跨境国家不稳定因素较多,周边国家多属于落后贫穷的发展中国家,基础设施落后,政局不稳定,经济金融发展缓慢,很多国家都面临着复杂的社会矛盾,政策缺乏透明性,优惠政策长期不能兑现,政局动荡,制约着金融合作交流。许多周边国家主权信用评级属于"投资级""投机级"或没有评级,当地政治、经济等存在不稳定性,为双边经济金融合作、人民币业务的推广带来较大风险。

10. 周边国家在法律法规方面仍对人民币使用存在限制

例如,越南、缅甸货币当局未认可人民币在其境内使用,人民币仅可在与中国的边境贸易中使用。这使得人民币在国际货币功能的进一步拓展方面受制于这些国家的法规,无法进入其国内金融市场发挥重要作用。

11. 在政治、经济、文化体制上存在差异

如边界问题敏感。从自己的经济利益出发，难以在短时间内形成共识，难以形成合作关系。

五、广西加快建设面向东盟的金融开放门户政策建议

广西建设面向东盟的金融开放门户，是党的十九大以来国家批准实施的重要金融开放战略，表明其已上升为国家战略。广西作为中国的西南边境，在面向东盟的金融开放发展中作用不容忽视，进一步巩固我国与东盟国家的经贸关系，对于服务"一带一路"和西部陆海新通道建设、推动中国—东盟自由贸易区和湄公河次区域合作意义重大、作用深远。因此，广西建设面向东盟的金融开放门户应以人民币国际化战略为导向，以建设具有区域影响力的人民币离岸市场为核心，在金融机构双向设立、跨境人民币金融产品创新、高层次金融人才队伍建设、金融风险防范等方面有所作为。

（一）大力发展区域金融市场，推进人民币周边化

建设面向东盟的金融开放门户，根本的立足点是境内要有一个具有广度和深度的发达的金融市场。成熟发达的金融市场，往往更具开放性。一个有广度的金融市场能够同时有多个不同类型的参与者入市，如机构投资者、长期投资者和投机者等。参与者的类型和数量越多，被少数人操纵的可能性就越小，市场价格就越能充分反映供求情况和对未来的预期。金融市场的深度主要是指市场中是否存在足够大的经常交易量，从而可以保证某一时期、一定范围内的成交量变动不会导致市价的异常波动。一个有深度的市场必须拥有相当规模的市值。杨小凯（1999）指出，市场交易网络的扩展过程，实质上受到国内分工程度深化所推动，这一分工程度的深化源于国内市场规模的迅速扩大和交易效率的提高。人民币国际交易网络的扩展，需要一个有一定广度和深度的国内金融市场来支撑。

1. 加大金融创新，丰富人民币产品

近年来我国虽然在金融创新方面取得了可喜的成绩，但是众多国际金融市场上常见的产品仍然缺位，现有产品的市场流动性普遍过低，市场功能难以发挥。所以，要在风险可控的前提下加大金融创新力度，丰富金融市场层次和产品。鼓励境内外银行开展跨境人民币结算金融创新。支持境内银行开展境内外联动，不断创新跨境贸易人民币结算产品，进一步提高境内外企业以人民币结算的积极性。鼓励境内银行开展人民币贸易融资，扩大贸易融资服务范围，拓宽贸易融资服务渠道，不断提高人民币贸易融资在整体贸易融资中的比重。进一步完善境外项目人民币贷款管理方式，鼓励境内银行积极开展境外项目人民币贷款，为跨境贸易人民币结算提供更好的资金环境。积极引导境内银行不断健全内部考核机制，努力实现跨境贸易人民币结算与中间业务收入考核"两结合、两促进"。

2. 逐步放开资本账户管制

在风险可控的前提下，逐步实现人民币的完全可自由兑换。坚持自主、有序、平等、安全原则，把握好金融改革、发展、稳定之间的平衡。汲取拉美、东南亚等国家和地区金融开放的教训，合理安排资本账户进一步开放的顺序、掌控开放节奏。完善与金融开放相适应的宏观审慎监管框架，有效化解各类风险。尊重国际市场规则和惯例，实现金融市场更高层次的开放。

3. 完善人民币业务的法律法规

在《跨境贸易人民币结算时点管理办法实施细则》等制度安排的基础上，为使人民币在境外计价、结算和流通，我国驻东盟金融机构从事人民币结算、存贷款业务以及完善审批权限方面应清理和修改相关法规，为扩大人民币的流通和适用范围创造更适宜的法律环境。

（二）在现有合作框架内积极推进区域金融合作

金融开放，包含着金融资源和要素的双向流动，建设面向东盟的金融开放门户，必须加强广西与东盟国家的金融合作。

1. 强化经贸金融合作和政策协调，营造区域合作的良好氛围

利用中国—东盟自由贸易区的平台和制度框架，完善高层和工作层次的定期会晤机制。努力促进政治磋商与合作，强化亚洲地区的危机预警、救援和重建机制，稳步推进《清迈协议》多边化，加快建设区域外汇储备库等，扩大人民币在区域外汇储备库中的作用。

2. 积极参与亚洲债券市场建设

采取多种措施，推动在区域内更多使用本币交易，加强其官方和民间层面的交流，进一步发展亚洲债券市场。借助香港发达的基础设施及其与东盟其他国家以及全球金融体系的联系，为人民币和其他货币的银行同业支付交易设立即时支付系统。

3. 加强金融机构及业务合作

通过金融业的双边合作，促进人民币资产在区域内流通使用。一是互设分支机构，构建合作金融机构；二是加强金融机构之间业务的战略合作，促进中国银行业"走出去"进行跨境金融业务；三是鼓励扩大金融机构开展对外人民币贸易融资，充分利用中国金融资源，为"走出去"企业提供包括统一授信、拓展项目融资、国际结算、贸易融资、出口信贷、跨境现金管理等金融产品，为企业海外项目融资和项目收购提供金融服务；四是积极推进货币合作，推动人民币业务和跨境人民币结算，扩大货币互换规模，建立和完善货币支付结算系统，为经贸合作的开展提供便利。

4. 加强区域资本市场合作

为人民币的金融交易搭建平台，扩大人民币资产的境外投资者基础。在沪港通、深港通的基础上，探索建立沪新通、深新通，搭建与东盟其他国家资本市场的合作框架，促进互联互通。根据人民币离岸业务发展情况，考虑在东盟国家建立更多的人民币离岸市场。培育境内人民币外汇期货市场,提供丰富的人民币衍生产品抵消汇率风险,为人民币区域主导性货币的广泛使用提供条件,促进各国民间金融机构的跨行汇率期货交易。

5. 加强金融体系、规则和制度的协调与合作

金融业发展需要规则,应强调法律和制度的作用。区域金融合作必须重视制度和规则协调,为更高层次的合作奠定良好的基础。同样重要的是,各国金融政策选择,因为仍然存在立法、监管和税收方面的障碍,阻碍跨境投资,从而影响整个区域金融市场的发展。应努力推动东亚地区有关金融交易的法律、税收体系以及交易惯例的趋同,建立统一、完善的金融基础设施,特别是加快建立东亚地区统一、便捷的支付清算体系,同时努力发展整个金融体系,使之更发达、更完善,抵御各种冲击的能力更强。

6. 构建人民币交易网络

借助"一带一路"倡议、亚洲基础设施投资银行、丝路基金等区域金融机构,加大人民币在境外基础设施投资中的使用,形成人民币交易网络,提升人民币的使用频率和交易量,扩大人民币在"一带一路"沿线国家贸易金融交易网络中的影响力。

7. 构建区域金融信息共享机制

以金融科技发展为依托,建立统一的交易平台、结算平台,加强金融信息的交流等。加强双方对资本流动和金融机构跨国往来业务的监管合作,防范和打击金融机构非法经营活动,规避金融业务的非系统性风险,提高应对金融危机的能力。

8. 推进区域汇率合作机制建设

首先,加强汇率政策对话,就重大的汇率政策调整进行通报;其次,就汇率协调政策的收益进行研究,比较、发现各成员国货币之间汇率的合理水平;再次,设计稳定汇率的政策或机制,以及可能需要的资金支持机制;最后,可以根据实际条件,分步骤地稳定成员国之间的汇率。

(三) 扩大金融服务业对内对外开放

1. 适当降低准入门槛

放宽广西—东盟金融机构互设准入限制,促进金融机构在南宁集聚。金融机构集聚是优化金融服务的前提。在吸引国内各主要金融机构区域总部落户南宁的基础上,进一步放宽广西—东盟金融机构互设准入限制。一方面,争取金融主管部门授权,放宽东盟国家金融机构境内设点的限制,吸引东盟国家主要金融机构来广西设立分支机构。另一方面,加快广西金融机构在东盟主要国家布局设点,与东盟金融机构合作,拓展人民币业务。

2. 先行先试汇率管理体制改革

在面向东盟的金融业务开放方面,以跨境人民币业务为依托,通过"小步先行"进行探索,总结经验,然后在此基础上实现"小步快进",不断拓展和丰富金融业务开放的范围、种类。

(1) 继续推进跨境贸易人民币计价结算。贸易结算的人民币作为国际货币功能发挥的起点，通过完善金融基础设施，降低人民币兑换交易成本，提供优质服务，吸引跨境贸易企业采用人民币计价结算，逐步扩展人民币在东盟地区的交易网络。产业升级和结构优化事关经济结构调整全局，是一项长期工程，在短期内难以实现。当前，加快跨境贸易人民币结算的最有效方法依然是金融手段。加快推进人民币资本项目可兑换进程，进一步完善人民币汇率形成机制和利率市场化改革，打消境外投资者政策顾虑，推进人民币跨境有序流动，进一步健全境外投资者人民币保值、增值和投资渠道，形成人民币交易惯性。

（2）创新跨境人民币金融产品供给，强化人民币金融交易功能，把广西打造成具有区域影响力的境内人民币离岸市场。人民币金融交易功能不足是东盟国家在资产配置和大额交易中使用人民币频率较低的主要原因。探索在南宁或东兴建立面向东盟国家的境内人民币离岸市场，形成有一定影响力的区域人民币金融资产交易平台，为贸易结算回流、贸易企业融资和汇率风险对冲等提供渠道，强化人民币金融交易功能的发挥。初期可以设计和发售面向东盟的人民币理财产品、人民币债券、人民币汇率风险对冲产品等为主，待发展到一定程度，可从市场需求出发，扩展金融资产交易币种、金融资产交易产品种类。市场定位应以服务实体经济为主，产品设计应与香港离岸人民币市场业务形成错位竞争。

（3）进一步拓展和完善人民币与东盟的非储备货币定价、交易业务。在现有区内金融机构开展人民币与周边非储备货币直接挂牌交易的基础上，进一步拓展直接交易的币种，完善汇率定价和交易机制，以各金融机构的报价主导市场交易行情。

（4）加强面向东盟的跨境保险合作。在符合条件的前提下，研究设立自营保险公司、相互保险组织、互联网保险公司等新型保险机构和责任保险、健康保险、养老保险等保险机构。设立面向东盟的保险企业对保险机构的对接机制，提供承保、分包活动及保单质押等衍生金融服务，形成东盟区域国际保险交易市场，拓展与东盟国家金融交流合作层次。

（5）金融业务开放实施负面清单模式。借鉴上海自贸区金融开放负面清单模式，在对金融机构和贸易企业调研的基础上，研究和制定建设面向东盟金融开放门户的负面清单，进一步提高金融业开放的透明度和可操作性。

3. 完善金融监测体系

依托高校、科研机构等智库，探索构建广西金融发展指数、广西金融生态指数、中国—东盟（南宁）货币指数、面向东盟金融开放门户评价指数和中国—东盟金融舆情指数等，提高广西金融软实力。通过建立"广西金融开放门户建设成效及制度创新成果"定期评估制度，总结金融开放门户建设的经验和存在的问题。具体可以定向委托的方式，由广西经济与金融研究院等有经验的重点智库负责，或者是区内外智库合作等方式完成，对金融开放门户建设的政策效果实行实时监测，促进金融开放门户建设的可持续性。

（四）加强金融人才队伍储备和建设

努力建设一支高素质的金融人才队伍，是提高广西金融业创新能力和核心竞争力，建设面向东盟的金融开放门户面临的一项重大而紧迫的战略任务。

1. 出台面向金融人才的支持政策

（1）政策应该具备可操作性，覆盖多个细节。在医疗保障、子女就学、住房等方面给予相应的服务和便利。

（2）完善地方金融机构薪酬制度。支持地方金融机构建立平等、公开、竞争的金融人才价格机制，对高层次金融管理人才实行和规范年薪制，可按国家有关规定逐步推行股票期权制、职工持股等多种分配方式。

（3）建立对有突出贡献的金融人才的奖励制度。对于金融机构连续聘用2年以上、为当地经济社会发展作出较大贡献的高层次金融人才，根据金融人才的不同级别和贡献大小制定不同的奖励标准。

2. 加大金融人才队伍培养力度

深化金融人才的教育培训，加大教育金融人才的资金投入。在人才培训基地开设金融专业和相关的课程，同时也可以选择优秀的金融人才到全国乃至全世界著名的高校访问或者进修。

3. 拓宽引进金融人才的渠道

吸引越来越多的海内外金融机构入驻广西，壮大广西的金融市场主体。不仅要鼓励当地大学生留在广西实习，还应该多多鼓励外地大学生来广西实习，这有利于解决广西毕业生外流的问题。金融机构可以通过市场手段，以集体引进、核心人才带动引进等多种方式引进金融人才。

在当前高层次金融人才匮乏、短期内难以大量引进的情况下，可以考虑"引智入桂"。

第一，设立面向区内外高端金融人才的"金融开放门户建设专家人才库"，每年以课题招标、"金融开放门户建设"论坛等方式为广西建设面向东盟的金融开放门户建设提供政策思路。

第二，在现有的中国—东盟金融合作与发展领袖论坛等官方金融合作基础上，支持和推动民间金融合作、学术交流活动，构建多层次跨境金融合作交流机制。例如，推动广西与东盟各国金融机构、高校、智库等定期举办国际研讨会，就中国—东盟自由贸易区内金融业发展和合作进行交流。

第三，与国内其他自由贸易区进行金融人才交流、培训，借鉴学习其他自由贸易区金融开放方面的实践经验。在金融开放、金融创新的实践方面，我国上海自贸区、深圳前海自贸区等走在全国其他地区之前，尽管经济基础、发展定位等存在着较大差异，但借鉴和学习其在金融开放和金融创新方面的具体做法，能为广西在金融开放门户建设方面提供有益经验。

（五）金融开放门户建设与防范金融风险并重

金融开放、金融创新总是与金融风险如影相随，因此，在建设金融开放门户的过程中，必须注重金融风险的防范。防范金融风险一是要通过监管协调，加强对广西—东盟跨境资本流动的实时监测,尽可能将其纳入国家宏观审慎监管框架体系内;二是要构建金融开放门户建设风险预警系统。在金融开放门户建设的过程中,运用大数据分析、区块链等金融科技手段开发设计金融开放门户建设风险预警系统,加强对金融开放门户的风险管理。

参考文献

[1] 陈胜良. 加快推进沿边金融综合改革研究——以广西百色市为例 [J]. 农村金融研究, 2016 (3): 37-42.

[2] 陈斯雅. 沿边金融改革的"广西实践" [J]. 当代广西, 2018 (21): 48.

[3] 陈煜兰. 关于广西沿边金融综合改革的问题分析和建议——以崇左市为例 [J]. 农村经济与科技, 2017, 28 (12): 89-91.

[4] 韩越, 方俊智, 郭秋平. 沿边金融开放的区位影响分析——以中国云南省与东盟为例 [J]. 新金融, 2018 (8): 15-21.

[5] 李丹. 面向东盟建设金融开放门户——访全国人大代表、人民银行南宁中心支行行长崔瑜 [J]. 中国金融家, 2018 (3): 102-103.

[6] 李晓露, 伍坚. 上海自贸区对标金融开放高标准进阶研究 [J]. 海南金融, 2018 (1): 19-24.

[7] 李岩, 高西. 上海自贸区建设对我国金融开放的影响 [J]. 中外企业家, 2018 (29): 98-99.

[8] 刘文娟. 沿边金融改革试验区破解期货市场发展困境的思考——基于广西的调查 [J]. 桂海论丛, 2016, 32 (4): 71-76.

[9] 卢光盛, 田福敏. 云南、广西与东盟国家的投资关系比较研究 [J]. 东南亚纵横, 2008 (7): 58-62.

[10] 沈伟. 自贸区金融创新:实践、障碍及前景——以上海自贸区金融创新立法为切入点 [J]. 厦门大学学报(哲学社会科学版), 2017 (5): 39-47.

[11] 吴光豪. 金融开放的内涵、国际经验及启示 [J]. 北方金融, 2018 (10): 95-98.

[12] 谢寿琼, 潘长风. 金融开放的测度及其经济增长效应研究述评 [J]. 福建金融管理干部学院学报, 2018 (3): 18-24.

[13] 徐洪才. 我国金融业对外开放:回顾及展望 [J]. 金融发展研究, 2018 (9): 38-42.

[14] 詹小颖. 金融生态与广西沿边跨境金融创新研究 [J]. 金融经济, 2015 (18): 38-40.

[15] 钟碧兰, 申韬. 广西沿边金融改革试验区金融生态环境优化研究 [J]. 经济与社会发展, 2015, 13 (5): 23-28.

(执笔人:李小好)

第二部分 专题报告

2. 广西面向东盟的金融创新报告

建设面向东盟的金融开放门户是党中央、国务院赋予广西的重要任务和重大使命。广西面向东盟的金融创新工作是建设面向东盟的金融开放门户的核心要义。广西应该秉持以"和平合作、开放包容、互学互鉴"为核心的丝路精神,深化与东盟各国的金融合作,稳步推进人民币东盟化,开拓与东盟各国的各项金融创新,实现构建中国—东盟命运共同体的目标。

一、广西面向东盟的金融创新背景

广西面向东盟的金融创新工作可追溯至2008年。2008年1月,国务院批准实施《广西北部湾经济区发展规划》,在该规划中提到"鼓励广西在金融、投融资、涉外经济等方面改革先行先试"。2008年末,国务院决定对我国与东盟国家的货物贸易开展人民币结算试点工作,试点省份包括广西和云南两省(自治区)。在此背景下,广西在中央及国家相关部门的大力支持下开始了面向东盟各国的金融创新探索活动。

2009年12月《国务院关于进一步促进广西经济社会发展的若干意见》(国发〔2009〕42号)批准实施,重申"鼓励广西在金融、投融资、涉外经济等方面改革先行先试"。鼓励金融改革先行先试,使广西经济金融发展环境发生了重大变化,为区域金融发展及其政策创新拓展了空间。

2010年1月1日,中国—东盟自由贸易区全面启动,广西作为参与中国—东盟自由贸易区建设的前沿阵地,得到了中央的高度重视并委以重任,中央希望广西在与东盟的金融创新和金融合作发展方面有所作为,以配合我国人民币国际化的各项工作。

2013年11月21日,中国人民银行等11个部委联合印发《云南省 广西壮族自治区建设沿边金融综合改革试验区总体方案》,这是党的十八届三中全会之后,我国批准的第一个专项金融综合改革方案,由此拉开了广西沿边金融综合改革试验区建设的大幕。沿边金融综合改革推进的过程,也是广西积极推进面向东盟金融创新的过程。

2018年12月,经国务院批复,中国人民银行等13个部委联合印发《广西壮族自治区建设面向东盟的金融开放门户总体方案》(银发〔2018〕345号),这是继广西沿边金融综合改革后,广西金融业开放发展的又一重要机遇。该方案赋予了广西九大任务,包括:推动面向东盟的跨境金融创新,支持融出人民币资金和人民币贸易融资资产转让,支持建设离岸人民币市场,便利人民币在东盟国家的使用等。

综上所述,经过10年来的实践探索,广西面向东盟的金融创新与金融合作日益深化,但在金融创新过程中也遇到了不少问题和困难,目前这些问题和困难在很大程度上影响着广西金融创新的发展。本课题组采取实地调研、座谈等调查方式,在掌握第一手资料的基础上,对广西面向东盟的金融创新情况进行分析,总结广西面向东盟的金融创新的经验教训,提出在"广西建设面向东盟的金融开放门户"这一历史背景下,广西开展面向东盟的金融创新活动的思路,并针对发展过程中出现的问题提出相关对策建议。

二、广西推进面向东盟的金融创新的现状

(一)主要措施及成效

广西面向东盟的金融创新活动包括两种模式,即"自下而上"模式和"自上而下"模式,"自下而上"模式是广西在长期的金融实践活动中探索形成的,"自上而下"模式是在中央和相关部门通过制度安排推动形成的,两种模式的形成都离不开广西壮族自治区党委、政府的大力支持、鼓励与推动。为促进广西开展面向东盟的金融创新活动,广西壮族自治区党委、政府主要采取了下面几项措施。

1. 构建多维联动的工作机制

广西壮族自治区政府面对"一带一路"倡议、人民币国际化及国家推进沿边金融改革的重大历史机遇,创造性地提出"开山铺路、搭建平台"的战略构想,构建了纵横统筹、合力推进的面向东盟的金融创新工作格局。

(1)认真贯彻中央精神,与中央部委充分互动

近年来,我国以五大发展理念为引领,通过践行"一带一路"倡议、分批设立自由贸易区等渠道,持续深化和拓展各项金融创新活动。广西作为"'一带一路'有机衔接的重要门户"和我国沿边金融综合改革的重要省份,除了认真贯彻落实中央关于金融创新的工作部署之外,还通过发挥沿边区位优势和中央给予的政策优势,通过各项机制体制创新深化与东盟的金融合作关系,在此过程中,对于突破现有法律规定的金融创新,则通过请示汇报的方式向相关部委反映。例如,2014年,广西东兴国家重点开发开放试验区曾就推进个人本外币兑换特许业务的金融创新问题向国家外汇管理局提出请示。2014年5月,国家外汇管理局出台《关于在广西东兴国家重点开发开放试验区扩大个人本外币兑换特许业务试点的批复》(汇复〔2014〕126号),该政策针对越南盾项下个人本外币兑换特许业务实现了"四项突破",当时属于"全国首次":一是放宽了客户范围限制,范围从个人扩大到个人和注册地在东兴试验区的境内企业和个体工商户;二是放宽业务范围,特许机构可办理真实交易背景的经常项下兑入兑出业务;三是放宽兑换额度限制,特许机构为具有合法资格的个人办理边境贸易项下的兑换业务不受个人结算年度5万美元和单日5000美元额度限制;四是放宽备付金账户开立限制,特许机构可根据需要在中越两国边境银行开立人民币和越南盾账户办理兑换业务。广西东兴国家重点开发开放试验区扩大个人本外币兑换特许业务活动为其他省份开展相似业务提供了很好的

借鉴。

（2）自治区政府与地方政府、各职能部门密切配合

广西在推进与东盟的金融创新工作中，如遇重大创新活动，在战略上必须由自治区政府统一做部署与规划，在操作上形成自治区政府与地方政府、相关职能部门密切配合的工作局面。例如，2014年2月26日，为了更好地推进沿边金融综合改革工作，广西决定成立小组成员以南宁、北海、防城港、钦州、百色、崇左相关领导为主，包括自治区金融、发改、公安、财政、工信、商务、外事、国资、海关和"一行三局"（人民银行南宁中心支行、广西银监局、广西证监局、广西保监局）在内的广西沿边金融综合改革试验区工作领导小组，在广西推动面向东盟的金融创新活动中形成由政府纵向统筹、机关单位横向联动的工作局面，各成员单位在领导小组统一领导下，各司其职、加强沟通、密切配合、形成合力。

2. 积极构建金融创新的制度体系

针对国家出台的金融创新政策文件，广西出台一系列框架性政策举措或实施细则，基本形成具有地方特色、可操作性强的金融创新制度体系。

例如，按照2008年1月国家批准实施的《广西北部湾经济区发展规划》和2009年12月《国务院关于进一步促进广西经济社会发展的若干意见》（国发〔2009〕42号），2010年广西出台《中共广西壮族自治区委员会广西壮族自治区人民政府关于促进我区金融业更好更快发展的若干意见》（桂发〔2010〕7号），明确提出"加快推进跨境贸易人民币结算试点，提高我区企业对外竞争能力，为推进人民币的区域化、国际化创造条件""进一步提升边境地区双边银行合作层次，优化边境贸易结算、货币兑换服务"等金融创新和金融开放政策。

又如，按照中国人民银行等部委2013年11月出台的《云南省广西壮族自治区建设沿边金融综合改革试验区总体方案》（银发〔2013〕276号），广西制定了《关于建设沿边金融综合改革试验区的实施意见》（桂政发〔2014〕3号）、《关于印发广西建设沿边金融综合改革试验区工作任务分解表的通知》（桂金改发〔2014〕2号）等，将10项改革任务分解为152项具体目标，配套出台了《中国人民银行南宁中心支行关于金融支持边境贸易发展的指导意见》《广西壮族自治区人民政府办公厅转发财政厅关于加大财政支持力度促进沿边金融综合改革试验区建设意见的通知》（桂政办发〔2014〕113号）和《广西壮族自治区财政厅　广西壮族自治区金融工作办公室关于印发广西壮族自治区本级政府性融资担保代偿补偿资金使用管理暂行办法》（桂财规〔2017〕11号），充分发挥财政金融联动效益，推动沿边金改落地。

再如，围绕2018年12月28日中国人民银行等13部委联合印发的《广西壮族自治区建设面向东盟的金融开放门户总体方案》（银发〔2018〕345号）所提出的主要目标和九大任务，广西迅速行动，于2019年1月细化总体方案，制定了《广西建设面向东盟的金融开放门户五年实施规划》《广西建设面向东盟的金融开放门户三年行动计划》《广西建设面向东盟的金融开放门户2019年工作要点》《广西建设面向东盟的金融开放门户金

融集聚区规划》《广西建设面向东盟的金融开放门户财政支持若干政策》《广西关于加强金融人才队伍建设的实施意见》等，提出具体的金融改革实施路径、配套规划和政策。

这一系列的金融创新政策制度、文件，为广西推进面向东盟的金融创新实践指明了方向。

表2-1　　　　　　　广西出台的相关制度文件实施细则（部分）

序号	制定和发布部门	制度文件名称	文号
1	中共广西壮族自治区委员会 广西壮族自治区人民政府	《中共广西壮族自治区委员会 广西壮族自治区人民政府关于促进我区金融业更好更快发展的若干意见》	桂发〔2010〕7号
2	广西壮族自治区人民政府办公厅	《广西壮族自治区人民政府办公厅转发财政厅关于加大财政支持力度促进沿边金融综合改革试验区建设意见的通知》	桂政办发〔2014〕113号
3	广西壮族自治区人民政府	《广西壮族自治区人民政府关于建设沿边金融综合改革试验区的实施意见》	桂政发〔2014〕3号
4	广西壮族自治区人民政府办公厅	《广西壮族自治区人民政府办公厅关于成立广西沿边金融综合改革试验区工作领导小组的通知》	桂政办发〔2014〕23号
5	广西崇左市保险	《关于印发〈崇左市跨境劳务人员人身意外保险实施意见〉的通知》	保协崇发〔2017〕11号
6	广西银监局	《中国银监会广西监管局关于广西银行业支持"一带一路"建设的指导意见》	桂银监发〔2017〕29号
7	中国人民银行南宁中心支行	《金融业支持广西参与"一带一路"建设的指导意见》	南宁银发〔2017〕215号
8	广西金融工作办公室	《广西壮族自治区金融工作办公室 广西壮族自治区财政厅关于撬动资本市场资源服务实体经济发展的通知》	桂金办资〔2018〕3号
9	中共广西壮族自治区委员会，广西壮族自治区人民政府	《广西壮族自治区党委办公厅 广西壮族自治区人民政府办公厅关于服务实体经济防控金融风险深化金融改革的实施意见》	桂发〔2018〕5号
10	广西南宁市人民政府办公厅	《南宁市人民政府办公厅关于印发南宁市建设沿边金融综合改革试验区实施方案的通知》	南府办〔2014〕28号
11	中国人民银行南宁中心支行	《广西壮族自治区沿边金融综合改革试验区个人跨境贸易人民币业务管理办法》	南宁银发〔2014〕113号
12	中国人民银行南宁中心支行	《广西沿边金融综合改革试验区跨境人民币贷款业务试点管理办法》	南宁银发〔2014〕308号

续表

序号	制定和发布部门	制度文件名称	文号
13	广西南宁市人民政府	《南宁市人民政府关于印发南宁市沿边金融综合改革试验区建设加快金融业发展扶持政策的通知》	南府规〔2017〕12号
14	广西壮族自治区人民政府办公厅	《广西壮族自治区人民政府办公厅转发财政厅关于加大财政支持力度促进沿边金融综合改革试验区建设意见的通知》	桂政办发〔2014〕113号

资料来源：根据相关资料整理而得。

3. 推出一系列创新跨境金融产品和服务

在以上相关制度和政策的指引下，广西陆续推出一系列创新跨境金融产品和服务。广西面向东盟的金融创新主要是中观层面的金融创新，包括金融监管部门的政策制度创新和金融机构的金融工具创新、产品及服务创新。

（1）跨境人民币业务创新

第一，跨境贸易人民币结算业务。经国务院批准，中国人民银行、财政部、商务部、海关总署、国家税务总局、银监会六部委于2010年6月22日正式对外公布，将我国跨境贸易人民币结算试点扩大到包括广西在内的20个省份。2010年6月23日，广西跨境贸易人民币结算试点在凭祥市中国—东盟自由贸易区凭祥物流园启动。经过将近十年的发展，广西跨境贸易人民币结算业务不断得到拓展。从结算金额来看，呈现不断增加的趋势。据统计，广西跨境贸易人民币结算金额已从2010年的126亿元增加到2018年的1303亿元，累计总金额达到9700亿元（各年跨境贸易人民币结算金额详见图2-1），结算量排名全国第十，其中与东盟各国的结算量占比约为80%[1]。自2012年起，广西跨境贸易人民币结算量就领衔西部12个省份、8个边境省份。自2014年起，人民币超过美元成为广西跨境收支第一大结算币种。从业务涵盖国家来看，涉及国家众多且有主攻区域。广西跨境贸易人民币结算业务涉及欧美、日本、南美等103个国家和地区[2]，其中"已涵盖东盟所有国家"[3]，从而使东盟各国成为广西跨境贸易人民币结算的主战场。从结算渠道来看，广西跨境贸易人民币结算有"地摊银行"和正规银行两个渠道。其中，广西中越之间的边境小额贸易人民币结算很多是依靠"地摊银行"以现金方式完成的，截至目前依然如此，为了克服"地摊银行"结算带来的风险，在中国人民银行南宁中心支行的支持下，广西整合了各商业银行的资源，搭建了跨境贸易人民币结算业务平台，截至2018年末，该平台共连接广西区内近2500个银行网点和境外近1000家代理行，共处理

---

[1] 徐友仁. 先试先行：广西跨境人民币业务步入收获期 [EB/OL]. http：//www. financialnews. com. cn/qy/dfjr/201806/t20180616_ 140339. html.
[2] 中国人民银行南宁中心支行货币政策分析小组. 广西壮族自治区金融运行报告2018 [R].
[3] 周珂，魏恒. 深化金融合作 共建"一带一路"[N]. 广西日报，2017-09-14 (01).

跨境人民币业务61199笔，清算金额为3.61亿元。①"形成广西—东盟跨境贸易人民币资金汇划'高速路'"。② 从贸易类别来看，跨境人民币结算业务从试点初期的边境贸易拓展到全部经常项目和资本项目投融资领域。从结算主体来看，已经从企业延伸至普通个人，而且个人跨境贸易人民币结算业务已成为广西十分有地方特色的金融创新实践。总之，广西跨境贸易人民币结算业务对促进广西外贸和经济稳定增长发挥了重要作用。

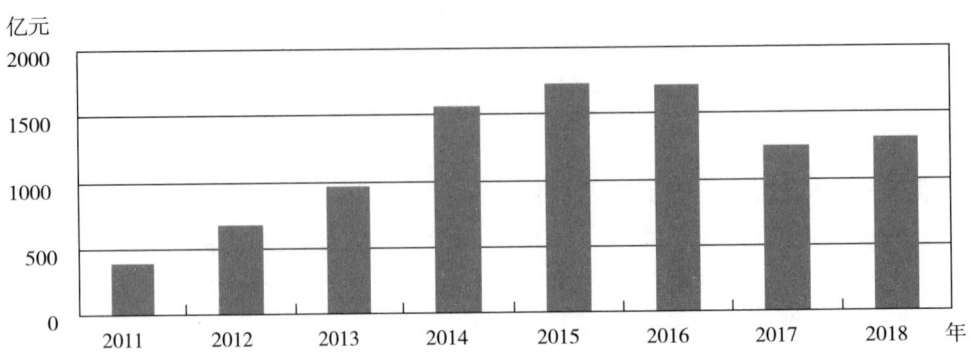

资料来源：根据相关资料制作而成。

图2-1 2011—2018年广西跨境贸易人民币结算金额

第二，个人跨境贸易人民币结算。广西个人跨境贸易人民币结算是十分有地方特色的金融创新实践。2013年7月，广西东兴国家重点开发开放试验区获中国人民银行批准开展个人跨境贸易人民币结算试点工作，成为继浙江义乌之后全国第二个个人跨境贸易人民币结算试点地区，广西是全国边境省份中率先开展此项工作的省份。根据该项试点工作的规定，在我国境内外自然人仅凭个人身份证即可办理个人边境贸易人民币结算。2014年4月30日，中国人民银行南宁中心支行出台《广西壮族自治区沿边金融综合改革试验区个人跨境贸易人民币业务管理办法》，对广西个人跨境贸易人民币结算做了规定。在区域上，将个人跨境贸易人民币结算试点区域由东兴国家重点开发开放试验区拓展至整个沿边金融综合改革试验区；在业务种类上，将业务种类由一般结算种类拓展至跨境电子商务结算业务，并进一步简化结算手续；在适用贸易种类上，跨境贸易人民币结算业务由最初单一的边境贸易人民币结算，拓展为一般贸易和服务贸易的人民币结算。③ 从2013年试点以来，广西个人跨境贸易人民币结算量大幅增长。据统计，"从2013年7月试点开始至2017年末，广西个人跨境贸易人民币结算量达到1613亿元，截至2018年9月末，广西个人跨境贸易人民币结算量达到1891亿元，占同期广西跨境贸易人民币结算量的24%"。④

---

① 崔瑜. 2018年广西金融业发展回顾及2109年展望［J］. 区域金融研究，2019（3）.
② 周珂，魏恒. 深化金融合作 共建"一带一路"［N］. 广西日报，2017-09-14（01）.
③ 数据来源于东兴国家重点开发开放试验区（实地调研）.
④ 覃星星. 数说广西：广西跨境人民币结算量居全国边境省区第一［EB/OL］. http：//www.gxjrb.gov.cn/html/2018/yw_1128/1932.html.

(2) 客户服务渠道及清算渠道创新

广西各商业银行是参与面向东盟金融创新活动的主力军。在长期与东盟各国开展金融业务活动中，它们善于总结来自实践的需求，并依托本集团的资金、品牌和渠道，因地制宜地开发出丰富多样的金融产品和金融服务，加大对边境贸易、企业"走出去"的金融支持力度。

中国农业银行充分发挥其服务特色和优势，率先在广西成立中国—东盟人民币业务中心和中国（东兴）东盟货币业务中心，创新推出"边民互市结算"模式。"截至2018年末，中国农业银行与东盟国家100多家金融同业开展了业务合作，累计有11家东盟国家银行在农业银行广西分行开立跨境人民币清算账户，累计办理跨境人民币结算量达1221.69亿元"。①

中国银行广西分行推出"中银东兴互市边贸专用卡"，这是广西边贸结算领域的第一张联名信用卡，它的使用标志着东兴互市交易正式实现了电子化支付。

针对边民互助组融资难的问题，中国建设银行广西分行设计研发了"边贸市场贷"创新产品。该产品自2016年投放市场之后，获得了广大边民的喜爱，大大促进了边贸的发展。2017年，中国建设银行广西分行又开通了"跨境e+"服务平台，从而实现了跨境金融服务电子化，其业务包括汇款、结算、结售汇等跨境金融服务，大大提高了跨境金融办理效率②。

桂林银行发挥作为国内为数不多的全面开办正贸、边贸、小币种业务的商业银行领先优势，在已与全球30多个国家220家银行（其中有39家东盟国家商业银行）建立代理行关系的基础上，依托本行中国—东盟货币跨境业务中心，以"平台创新+产品创新"推动跨境人民币贸易结算业务发展，服务人民币国际化战略。同时针对落地企业生产需要和边民互助组采购互市商品的需要，按照供应链金融思维新推出"惠边贷"和"互市贷"两款互市产业链信贷产品。

4. 创新融资渠道，服务实体经济

（1）人民币"双向"贷款业务

人民币"双向"贷款指跨境人民币贷款和人民币境外放款。

第一，跨境人民币贷款。跨境人民币贷款是国家给予广西沿边金融综合改革试验区建设的一系列先行先试政策之一，也被誉为最具"含金量"的政策。根据《云南省广西壮族自治区沿边金融综合改革试验区总体方案》的精神，中国人民银行南宁中心支行于2014年11月出台了《广西沿边金融综合改革试验区跨境人民币贷款业务试点管理办法》（南宁银发〔2014〕308号），该办法规定：在广西沿边金融综合改革试验区内注册成立并在试验区实际经营或投资的企业可以从东南亚和南亚区域的银行借入人民币资金。

---

① 王光强. 建设面向东盟的金融开放门户——中国农业银行投资银行业务广西推介会在南宁举办［EB/OL］. http://www.gx.xinhuanet.com/qy/2019-02/26/c_1124163981.htm.

② 庞革平. 广西推出多项创新举措 打造面向东盟的金融开放门户［N］. 人民日报（海外版），2018-08-08（01）.

自从该办法实施以来，广西各商业银行充分发挥地域优势和政策优势，及时向企业宣传该项政策，大力推动跨境人民币业务发展。目前已有包括中国银行泰国分行、中国建设银行新加坡分行、中国工商银行新加坡分行等多家银行给广西沿边金融综合改革试验区的企业提供人民币贷款。据统计，"广西自 2014 年 11 月启动跨境人民币贷款业务以来，截至 2017 年 6 月末，广西沿边金融综合改革试验区已有 14 家企业从新加坡、泰国等东盟国家境外银行融入资金，贷款签约项目 22 个，合同金额为 59 亿元，提款金额为 57 亿元，主要投向港口贸易、基础设施建设、清洁能源等符合宏观调控和产业政策导向的领域"。①

跨境人民币贷款突破了"原来仅允许有投注差的外商投资企业和有外债额度的中资企业从境外借入人民币资金的政策限制，拓宽了企业的融资渠道，为企业发展提供更加充裕的资金来源，跨境人民币贷款综合融资成本比境内同期基准利率约低 1 个百分点"②，有助于企业节约财务成本。

第二，人民币境外放款。根据中国人民银行 2011 年 1 月 13 日颁布的《境外直接投资人民币结算试点管理办法》，广西与全国其他 19 个省份一起，成为我国首批试点省份。依据该办法，试点省份的银行可以为企业境外投资发放人民币贷款。自该项工作开展以来，广西政府和各商业银行积极宣传政策，简化办事程序，为广西企业"走出去"、到东盟国家投资、与东盟国家企业开展经贸合作提供了强大的融资支持，尤其是在国家将广西定位为"'一带一路'有机衔接的重要门户"之后，广西银行业金融机构主动对接"一带一路"海外项目，为企业参与"一带一路"建设提供更多的人民币境外放款。据统计，"截至 2017 年 6 月，广西全辖境外贷款余额达到 245.78 亿元，近两年增幅达 20%"③。其中大部分款项投放给广西"走进"东盟各国的项目。目前，广西已有中国银行广西分行、中国人民建设银行广西分行、中国进出口银行广西分行、中国农业银行广西分行等多家金融机构受理了该业务，受益的企业（项目）包括：马中关丹产业园 350 万吨钢铁项目（6.64 亿美元及 20 亿元人民币）、中国港湾科伦坡港口城有限责任公司（8.05 亿美元）、柬埔寨加华银行（2 亿元人民币）、广西柳工机械股份有限公司、广西玉柴机器股份有限公司、广西北部湾港务集团等。

（2）成立面向东盟的产业基金

为支持广西与东盟各国的产业合作，调动各方积极性，广西在政府层面和企业层面分别成立了面向东盟的产业基金。在政府层面，如前所述，广西于 2018 年 4 月成立广西东盟"一带一路"产业投资基金，此基金重点是投向广西和东盟具有合作前景的行业。在企业层面，最典型的代表是中马钦州产业园成立的各类基金。中马钦州产业园是中国

---

① 闫磊，覃星星，徐海涛. 中国—东盟金融合作"叠加效应"明显 [EB/OL]. http://jjckb.xinhuanet.com/2017-09/06/c_136589398.htm?from=singlemessage.

② 中国人民银行南宁中心支行. 广西沿边金改：开启跨境金融新"棋局" [EB/OL]. http://www.gxzf.gov.cn/mlgx/gxgkzl/gxjr/jrdt/20150615-473429.shtml.

③ 吴婧. 对接"一带一路"广西银行业境外贷款余额逾 245 亿 [N]. 国际金融时报，2017-06-22（003）.

与马来西亚共建的工业园区,自中马钦州产业园成立以来,园区管委会围绕习近平总书记提出的建设"中马两国投资合作旗舰"项目和"中国—东盟合作示范区"的战略定位,通过实施财政资金资本化战略,更多带动社会资本投入,先后成立了清控东盟产业基金(50亿元)等,还与马来西亚、以色列等的基金公司合作,探索成立国际产能基金。另外,金融机构也在园区设立了各类基金,例如,中国工商银行广西分行于2015年在中马钦州产业园设立了广西首个国际园区产业建设基金——"工银瑞投—中马钦州产业园建设基金",还为负责园区建设的企业办理了8亿元"园区产业建设基金"业务。①

5. 外汇管理制度创新取得新突破

根据《国家外汇管理局关于在部分地区开展外商投资企业外汇资本金结汇管理方式改革试点有关问题的通知》(汇发〔2014〕36号),广西根据本地需要,进行多项外汇管理改革和创新。对这些外汇管理"新政"的执行,可以在很大程度上帮助企业降低财务成本,避免汇率风险。

(1)跨境外汇资金轧差净额结算

2015年10月26日,经国家外汇管理局批准,广西成为全国首个开展经常项目下跨境外汇资金轧差净额结算试点地区。实施跨境外汇资金轧差结算政策,不仅可以降低企业的汇兑成本,减少企业外汇资金占用量,提高企业资金运行效率,而且还可以节省企业频繁到银行办理结算业务的"脚底成本",进一步提升贸易便利化。"据中国人民银行南宁中心支行统计,截至2018年6月末,广西辖区共有7家企业开办经常项目跨境外汇资金轧差净额结算试点业务,通过轧差结算企业减少了92.9%的资金汇兑量,极大地降低了企业的经营成本"。

(2)实施边境贸易外汇收支差异化管理

边境贸易外汇收支差异化管理也是被列入可复制推广的"广西经验"之一。边境贸易外汇收支差异化管理是通过对边境小额贸易企业设置特殊标识,允许企业的货物贸易监测指标与广西全区平均水平有较大偏离度,使边贸企业免予多次到外汇局解释进出口情况和收付汇情况,进一步便利企业的结算行为。"截至2018年6月末,广西共对626家符合条件的边贸企业实施外汇收支差异化标识管理,占边境地区名录企业总数的21.54%"。②

(3)个人本外币特许兑换业务

2014年5月,国家外汇管理局批复在广西东兴试验区试点个人本外币特许兑换业务政策。2017年,广西将个人本外币特许兑换业务试点范围扩大至试验区内的重点口岸,使其成为边贸企业、边民办理货币兑换的重要渠道。个人本外币特许兑换业务开展以来,业务量不断扩大。据统计,"2018年1~12月,东兴试验区内有4家个人本外币兑换特许机构开办了人民币与越南盾项下兑换业务,共办理货币兑换业务10470笔,金额合计

---

① 谭卓雯. 广西融通"一带一路"资金大道 [N]. 广西日报, 2017 - 06 - 16 (01).
② 庞革平. 沿边变"金边" 激发新活力 [N]. 人民日报(海外版), 2018 - 08 - 08 (11).

29826.17 万元人民币；其中越南盾兑换业务 10415 笔，合计 29812.75 万元人民币，越南盾兑入 476 笔，合计 748.28 万元人民币；越南盾兑出 9939 笔，合计 29064.47 万元人民币"①。

6. 加强跨境金融创新基础设施建设

（1）打造人民币对东盟国家货币区域银行间交易平台

2014 年，中国人民银行南宁中心支行按照"成熟一个、推出一个"的原则，以市场化的方式推动人民币对东盟国家货币银行间区域交易市场建设。② 首先推动的是人民币与越南盾、柬埔寨瑞尔两个国家货币的区域银行间交易市场建设。自该项工作开展以来，交易规模及交易主体数量稳步增加。截至 2018 年 5 月末，广西已有 6 家报价银行和 6 家参与银行开展人民币对越南盾银行间市场区域交易，包括中国银行广西分行在内的 7 家金融机构成为人民币对柬埔寨瑞尔的买卖双向报价行。③

（2）搭建面向东盟的本外币现钞跨境调运通道

2016 年 10 月 12 日，中越两国正式启动人民币/越南盾现钞跨境双向调运业务。此后，为了更好地推进本外币现钞跨境调运工作，中国人民银行南宁中心支行出台了《关于金融支持广西边境贸易发展的指导意见》，该文件的落实推动了中国银行广西东盟货币现钞调运中心的成立，中心的成立标志着东盟货币、人民币现钞供应与回笼的双向通道正式打通。目前，获批开展外币现钞跨境调运业务的银行包括中国银行广西分行、中国农业银行广西分行、桂林银行等多家金融机构。

本外币现钞跨境调运通道的建设具有三个方面的重要意义：一是打破了以往广西银行业过去调运外币现钞需经由香港和广东转口调运的模式，在广西边境地区建立起人民币现钞供应与回笼的直接通道和主要渠道，使人民币"出得去、留得住、回得来"；二是通过广西边境地区向东盟国家直接供应和回笼人民币现钞，实现了广西区域性金融服务中心对东盟地区金融机构的辐射；三是以本外币现钞跨境调运为基础，今后可为广西与东盟两地提供多币。据统计，2017 年，广西累计调入 117 亿越南盾和 15509 万泰铢等东盟国家货币现钞，金额折合 1003400 万元人民币。④

（3）跨境反假货币工作（南宁）中心挂牌运行

为加强中越以及与东盟各国的金融交流合作，提升金融风险监测、预警和处理能力，有效防范化解金融风险，维护金融稳定，2015 年 12 月，中国银行东兴支行与越南西贡商业信贷银行广宁分行在东兴签订了《中越边境银行反假货币合作备忘录》，这是中国与周边国家签订的第一个跨境反假货币合作协议。2017 年 10 月，广西成立了"跨境反假货币工作（南宁）中心"。中心的主要职能"是加强与周边国家和地区反假货币合作，加大对境外假人民币监测力度，及时掌握境外制贩假币特点与犯罪动向，因地制宜防控

---

① 张冠年. 东兴：金融改革激发新活力 [N]. 广西日报，2018 - 12 - 20（01）.
② 谭卓雯. 广西跨境人民币业务：在家门口就能换越南盾泰铢 [N]. 广西日报，2017 - 10 - 06（01）.
③ 谭卓雯，孙喜扬. 广西与东盟国家区域金融合作日益深化 [N]. 金融时报，2018 - 06 - 23（03）.
④ 中国人民银行南宁中心支行货币政策分析小组. 广西壮族自治区金融运行报告 2018 [R].

假币，严厉打击假币犯罪活动"。① 在此基础上，广西又成立了跨境反假货币工作防城港分中心和东兴工作站。

（4）搭建中国—东盟金融服务平台

为更好地服务于我国与东盟的金融合作、创新工作，2014年4月1日，广西搭建了中国（东兴试验区）东盟货币服务平台中国—东盟金融服务平台。该平台的职责包括：办理人民币与越南盾兑换、提供越南盾汇率报价、人员培训、为各类服务行业和经济体提供资金交易服务等，其中最重要的创新工作是建立了中越两国本币直接结算机制，实现了人民币对越南盾的直接报价兑换。最先探索该项服务工作的金融机构是中国农业银行广西东兴分行，后来，中国工商银行、中国银行、中国建设银行、北部湾银行也加入这个行列中，形成了当前人民币对越南盾"抱团定价"（一周一次）、"轮值定价"（工行、农行、中行、建行四大行）的"东兴模式"。

目前，由中国—东盟金融服务平台编制发布的中国—东盟（南宁）货币指数（CAMI）已经成为东盟与中日韩（10+3）宏观经济研究办公室跟踪研究标的和中国与东盟国家货币交易的重要标尺。上海外汇交易中心已挂牌建立越南盾交易子系统，将该平台形成的汇率作为上海外汇交易中心的官方汇率。截至2018年6月，东兴试验区各商业银行依托服务平台实现人民币越南盾交易共计19461笔，交易金额合计248.35亿元人民币（折合85万亿越南盾）②。该平台除了发布人民币与越南盾汇率报价之外，还相继完成了人民币与印度尼西亚卢比、马来西亚林吉特、菲律宾比索、新加坡元、泰铢、老挝基普、缅甸缅元、柬埔寨瑞尔等9个东盟币种的汇率挂牌交易，有效地促进了人民币跨境双向流通和与东盟货币的交易兑换。

（5）互市贸易区"收银台"——边民贸易结算服务中心

边民贸易结算服务中心是随着中越两国边贸的日益兴旺而发展起来的。在该中心成立之前，边民贸易结算曾长期依赖"地摊银行"，不仅效率低下，而且风险极大。边民贸易结算服务中心通过引入正规金融服务，不仅让边民省去了以往要携带大量现金以及兑换现金的麻烦，还降低了边民分散结算的时间成本、资金成本和风险，因而获得了"互市贸易区'收银台'"的称号。另外，边民贸易结算服务中心通过"边贸服务平台"实现了与海关互市进出口数据的对接，解决了对边民银行真实性审核的难题，大大提升了边民互市贸易结算的便利化和规范化。

（6）成立中国—东盟征信研究中心

为了探索中国与东盟各国的跨境征信合作，2012年9月22日，在第四届中国—东盟金融合作与发展领袖论坛上，成立了"中国—东盟征信研究中心"。中心的主要任务是研究在坚持互惠互利和国家信息安全的基础上，中国与东盟各国如何从政府层面推动征

---

① 王仕洋，杨喜孙. 跨境反假货币工作（南宁）中心成立 [EB/OL]. http：//www.gxnews.com.cn/staticpages/20171031/newgx59f7f55c-16632757.shtml.

② 张冠年，李映武. 东兴市沿边金融改革速写：五年探索创下五个"全国第一" [N]. 广西日报，2018-11-20（03）.

信数据共享。中心最初是探索中国与老挝、柬埔寨等国家的跨境征信合作,未来,将结合东盟各国金融发展的差异性和个性化特点,实施分层、分批试点,逐步推广。

从金融实践来看,跨境征信平台建设将至少可以在以下三个方面促进中国与东盟各国的金融合作:一是有利于金融机构为中国与东盟各国的企业及个人提供更多优质服务。二是有利于金融机构加快产品和服务创新。例如,有利于银行在统一标准的基础上管控风险,开发包括货物贸易中衍生工具的利用在内的有针对性的创新产品,促进中国与东盟的贸易发展。三是有利于中国与东盟各国的金融机构深入开展交流合作。通过建立统一的征信市场,实现区域内银行业的信息整合,直至资源整合和区域优势整合,有效控制风险,为跨境金融合作奠定良好的业务基础。

7. 深化跨境交流合作机制

广西充分利用好中国—东盟博览会每年定期在南宁举办的优势,加强与东盟各国的密切交流,推动境内外金融机构之间紧密合作。到目前为止,广西已经连续成功举办9届中国—东盟金融合作与发展领袖论坛和3届中国—东盟保险合作与发展论坛。今后,广西将会继续利用这一平台,充分发挥南宁的主渠道作用,与东盟各国开展更多的金融合作与金融创新。

此外,广西金融管理部门与东盟国家金融监管部门之间的常态化联系已经启动。最先与广西金融管理部门建立常态化联系的国家是老挝、柬埔寨、越南,此后,其他东盟国家的金融监管部门也与广西金融管理部门达成了协议或共识,共同致力于金融监管协作,共同防范金融风险,维护金融秩序的安全与稳定。

8. 强化督查保障改革进度

广西相关职能部门围绕金融改革创新方案制订计划、明确职责、逐项落实,对进展情况定期通报,通过审计、评估、考核等方式,保证广西金融创新工作稳步推进。

(二) 存在的问题

1. 跨境金融服务与配套产品单一

广西面向东盟的金融创新呈现出品种单一、新型业务品种不足的特点,品种目前仅涵盖跨境支付、贸易融资、跨境保险等几个方面,但在离岸金融、资产托管、境外理财、大宗商品融资、金融租赁、个人境外金融服务以及资本项目下的跨境金融业务等诸多银行中间业务领域极少涉及,配套跨境金融服务产品与市场需求明显不足。在直接融资方面,离岸人民币债券发行以及境内发行"熊猫债"还没有实现"零"的突破。

2. 跨境金融缺乏双边互动的制度安排

广西与东盟的金融合作多依靠有限的组团访问和中国—东盟金融合作与发展领袖论坛的形式展开,可利用的跨境交流互访渠道十分有限。这种"访问"和"论坛"是非规范性的制度安排,而且对于整个东盟而言,是非统一性的制度安排,这种低层次的合作导致广西在面向东盟发展跨境金融时完全依赖于与各国通过谈判形成的个性化的流动性援助机制而缺乏制度化的监督机制,面临置信度缺乏的问题。

3. 金融服务体系不够健全

近年来,广西不断创新金融服务理念和管理模式,大力实施"引金入桂"工程,基本构建了以国有商业银行、地方性商业银行为主体,政策性银行、外资银行以及保险、证券、基金、小额贷款公司等非银行金融机构并存和分工协作的现代金融机构体系。但与经济社会发展需求相比,与我国沿海发达地区相比,广西金融发展较为落后,金融资源供给明显不足。① 由于金融机构准入实行全国统一标准,广西是一个经济欠发达地区,财政实力相对较弱,组建合资金融机构、吸引外资和多边金融机构面临着吸引力不足的困境,不利于形成多元化的金融服务体系来更好地服务于金融对外开放。

4. 跨境金融基础设施与市场环境亟待完善

在跨境金融基础设施方面。一是广西没有形成完善、统一的人民币支付清算网络体系。目前,广西与东盟国家的跨境结算依然呈现"各自为政"的局面,即国有四大银行使用各自开发的系统,不能实现跨行清算,造成资源的浪费和效率的低下。同时,在汇率定价和资金清算方面对越南"地摊银行"仍有一定的依赖。二是跨境贸易结算互联互通体系没有建立健全。目前,商务、海关、税务、金融等部门之间数据仍不能共享,不便于跨境贸易结算和监管。三是没有建立广西建设面向东盟的大数据分析中心。广西面向东盟的金融创新涉及金融领域的方方面面,但目前,广西对东盟各国金融状况的了解是分散而不系统的,因而面向东盟的金融创新工作在一定程度上呈现出"碎片化"及缺乏战略性的特点。

在金融秩序方面,边境地区仍有违法犯罪行为的发生。边境地区现存的如现钞交易、"地摊银行"、以出顶进、易货贸易、对打结算等结算方式,不仅效率低下,而且极易滋生洗钱、贩毒、走私等违法犯罪活动,不利于边境地区的金融稳定。

5. 高层次金融人才匮乏

习近平总书记指出要牢固确立人才引领发展的战略地位,全面聚集人才。广西推进沿边金融改革,最大的制约是缺乏学金融、懂金融、用金融的人才,尤其是领军人才,往往有了金融政策工具和改革创新授权,却没能落地生根。目前广西范围内高等教育资源缺乏,相应的职业教育机构和培训机构也不成熟。因此目前金融创新所需人才只能从外地引进,而目前广西在吸引高级人才方面不管是政策机制、生活环境还是薪资水平都缺乏一定的优势,即使通过一定的奖励政策留住他们,然而正所谓"人以群分",没有大量相同学识、志趣及工作偏好的人一起聚集居住,会造成这些高级人才的精神需求缺乏,这也成为广西引才的关键瓶颈。

---

① 李世泽. 广西金融创新发展的路径选择 [J]. 当代广西, 2016 (17): 34 - 35.

三、我国部分省（自贸区）金融制度创新的实践与启示

（一）我国部分省（自贸区）金融制度创新的实践

1. 上海自贸区金融创新实践

上海自贸区自成立以来，金融领域的开放创新日新月异。上海自贸区金融开放主要经历了五个阶段，即金改1.0版（总体政策框架落地）、金改2.0版（建立FT账户系统）、金改3.0版（全面放开本外币境外融资）、"金改40条""金融开放25条"。其中，2013年9月推出的金改1.0版促进了上海自贸区金融改革总体政策框架的落地，2014年5月推出的金改2.0版，侧重点是建立FT账户系统。FT账户体系的不断建设与完善，也为后续金融改革奠定了基础。到2017年底，有56家金融机构直接接入自由贸易账户监测管理信息系统，开立自由贸易账户7万个，累计办理跨境结算折合人民币超过15万亿元，涉及130多个国家和地区，以及3万多家境内外企业，企业通过自由贸易账户获得的本外币融资总额折合人民币1.1万亿元，很好地支持了实体经济发展。2015年2月推出的金改3.0版，核心是全面放开本外币境外融资，使资本项目可兑换得到全面有序实施。2015年10月推出的"金改40条"，以服务实体经济、促进贸易投资便利化为出发点。2018年推出的"金融开放25条"，涵盖吸引外资金融机构集聚、便利外资金融机构落户、全面深化金融改革创新、金融服务科创中心建设、集聚发展高层次金融人才、构建与国际规则接轨的金融法治环境六个方面，体现了上海自贸区在扩大金融开放中的"试验田"作用。直到目前为止，上海自贸区的金融改革所涉及的品类非常齐全，项目涵盖了银行、证券、保险、基金、支付、评级等，几乎涉及金融业所有的领域，另外，开放的国别也非常广泛。

2. 广东自贸区金融制度创新实践

2015年12月，中国人民银行分别发布金融支持广东、天津和福建自贸区建设的指导意见（以下简称"金改30条"），内容涉及扩大人民币跨境使用、深化外汇管理改革、拓展金融服务、深化区域金融合作和完善金融监管等方面，但具体任务上仍各有侧重。广东自贸区的主要任务是推动自贸区与港澳地区金融市场的对接与合作。广东自贸区充分发挥改革试验田、先行地作用，已经试验探索出跨境支付工具创新、外商投资股权投资企业试点（QFLP）、粤港电子支票业务、跨境电子商务支付系统与海关系统对接、外汇业务办理流程简化等金融制度改革创新经验成果，并在广东各地推广实施。

3. 天津自贸区金融制度创新实践

在"金改30条"中，天津自贸区的主要任务是促进租赁业发展和对接京津冀协同战略。为此，天津自贸区设立了融资租赁资产交易功能平台，并依靠该平台开展了各种租赁业务，如利用国家外汇储备开展各种大型设备租赁业务；允许租赁公司在境外开立人民币账户用于跨境人民币租赁业务；允许租赁公司在一定限额内同名账户的人民币资金

自由划转等系列政策支持等。截至2017年上半年,天津各类融资租赁一级法人公司已近500家,租赁机构资本金规模约占全国的1/4,租赁机构的资产规模约占全国的1/3,天津自贸区的租赁业目前在全国优势最为明显。[①]

4. 云南省沿边金融综合改革实践

云南省是与广西同年获批开展沿边金融综合改革的省份。在开展沿边金融综合改革的过程中,云南省突出沿边金融、跨境金融、地方金融特色,着力发展国际金融、产业金融、基础设施金融、科技金融和普惠金融五大金融,并且大胆探索,勇于创新,创造了一个个"全国第一""全国首家",如率先启动银行间区域市场交易、全国首批开展个人经常项目结算试点业务、成立全国首个跨境反假货币工作中心、开辟全国首家对老挝的人民币和老挝的基普现钞调运渠道、推出全国首家地方性商业银行为主体的"外币零钱包业务"等,大大提升了云南对外开放水平和贸易投资便利化程度。

(二) 经验启示

1. 完善制度体系,激发创新活力

从上海自贸区自金融改革以来经历的几个阶段可以看出,每一个阶段都有标志性的制度出台,从最初的金改1.0版的"一行三会"出台的支持自贸区建设的51条意见和十余项实施细则,共同构成了上海自贸区前两个阶段金融改革的总体政策框架,到后来2015年2月12日中国人民银行上海总部发布的《中国(上海)自由贸易试验区分账核算业务境外融资与跨境资金流动宏观审慎管理实施细则》(金改3.0版),以及2015年10月30日的《进一步推进中国(上海)自由贸易试验区金融开放创新试点加快上海国际金融中心建设方案》("金改40条"),和2018年6月21日的《中国(上海)自由贸易试验区关于扩大金融服务业对外开放进一步形成开发开放新优势的意见》("金融开放25条"),形成了一整套完善的金融创新制度体系,使上海自贸区的金融创新活动在每一个阶段都有法律依据支撑。

2. 循序渐进,稳步推进

上海自贸区的金融创新是循序渐进的。最初是先制定框架性的制度,是原则性和粗线条的,随着改革的不断推进和深入,金融创新的范围不断扩大,内容不断增多。例如,金融改革内容从刚开始只适用于上海自贸区部分区域,到后来拓展至上海自贸区全部区域;改革内容从刚开始的部分领域,拓展至金融的所有领域,形成了目前的金融产品和金融工具、融资、金融生态、金融监管、人才支撑等全方位的金融改革活动。

3. 紧扣发展定位,注重突出重点

上海、广东、天津自贸区及云南金融创新都有自己明确的定位,例如,广东重点推动自贸区与港澳地区金融市场的对接与合作,天津侧重于促进租赁业发展和对接京津冀协同战略,云南省突出沿边金融与跨境金融创新,在金融创新过程中,它们都紧紧围绕

[①] 周爱军. 自贸区金融制度创新的经验与路径选择 [J]. 知识经济, 2017 (24): 48-49.

自己的发展定位,有的放矢地进行创新,形成了特色鲜明的金融创新实践。

4. 立足市场需求,服务经济发展

金融创新的出发点和目的是深化我国新时期全面改革和提升我国对外开放水平。因而,在金融改革过程中,坚持市场经济的发展方向,顺应金融产业发展规律,以服务实体经济为导向,同时全方位、多层次融入国家战略、服务全局的理念,协调中央与地方、市场与政府的利益,扎实推进。

四、广西面向东盟的金融创新思路

(一)战略定位

明确战略定位是推动广西面向东盟金融创新可持续发展的首要前提。根据2018年12月28日中国人民银行等13部委印发的《广西壮族自治区建设面向东盟的金融开放门户总体方案》,广西金融创新的战略定位是"建设面向东盟的金融开放门户"。该方案提出,"经过5年左右努力,广西基本构建面向东盟的经济金融合作大通道,完善跨境金融合作交流机制和金融风险防控机制,强化面向东盟的人民币跨境结算、货币交易和跨境投融资服务"。

广西面向东盟的金融创新工作应紧紧围绕"建设面向东盟的金融开放门户"开展,主要是侧重于建设三大中心:一是建立区域性人民币跨境结算中心,大力发展跨境人民币业务。二是探索建立区域性货币交易中心,争取更多东盟、南亚国家货币开展银行间市场区域交易。三是探索建立跨境投融资服务中心,促进跨境金融服务投融资便利化。

(二)基本原则

1. 市场主导、政府引导原则

党的十八届三中全会决定指出:"经济体制改革是全面深化改革的重点,核心问题是处理好政府与市场的关系,使市场在资源配置中起决定性作用和更好发挥政府作用"。对于广西面向东盟的金融创新而言,应该做到:(1)政府为金融创新提供系统的制度安排、提供完善的软硬件基础设施(如金融、信息等平台服务)、营造规范法治的金融监管和金融生态环境等;(2)激发市场各类主体的积极性,充分尊重它们的创新精神和实践探索。

2. 体现国家战略原则

国家战略是为实现国家总目标而制定的总体性战略的概括,是对国家未来长期发展有重要作用、惠及全国各族人民的战略。广西推进面向东盟的金融创新活动,关乎国家政治、经济、金融安全与稳定,理应从国家的整体利益去落实。在进行金融体制和机制的创新中,应旨在解决目前全国普遍存在的问题,或者对全国具有试验、可复制效果的创新,把广西打造成区域性人民币跨境结算中心、区域性货币交易中心和跨境投融资服务中心。

3. 稳妥有序、风险可控原则

金融创新存在对金融稳定产生负面冲击的可能性。广西面向东盟的金融创新活动应营造健康、持续发展的金融生态环境，准确把握创新与风险的边界，保证金融秩序稳定、风险可控，遵循循序渐进的工作进度依次展开，不可盲目冒进。

4. 突出重点、彰显特色原则

金融创新内容众多，但广西面向东盟的金融创新不应该贪大求全，而应该紧紧围绕"建设面向东盟的金融开放门户"这一战略定位，多层次、多渠道、多方式推进与东盟各国的金融合作和与交流，侧重于建立"区域性人民币跨境结算中心、区域性货币交易中心、跨境投融资服务中心"三大中心，积极开发符合东盟各国实际的金融产品和金融服务。

（三）总体思路

在广西沿边金融综合改革试验区建设取得显著成效，广西与东盟国家在资金互融、监管互动、人员互联、信息互通等方面合作不断深化的历史背景下，要充分整合广西金融资源，加强金融基础设施建设，优化金融生态环境，加强与东盟各国的全方位金融交流与合作，本着稳中求进的总基调，积极探索面向东盟的各项金融改革创新，全方位优化人民币面向东盟的资金融通、贸易结算、货币循环等渠道，逐步增强人民币在东盟和南亚国家的竞争力、影响力和辐射力，为我国全面深化金融改革探索可推广可复制的经验。

（四）重点领域

结合广西金融创新的战略定位和工作重点，广西应当主要在以下几个领域开展金融创新工作，从而在我国金融创新的格局中形成独特的竞争优势。

1. 加快跨境人民币业务创新，打造区域性人民币跨境结算中心

一是跨境支付方面，可适度降低跨境贸易企业在商业银行办理人民币跨境支付业务时的手续费，提高跨境贸易企业退税收入比例，提升商业银行办理跨境支付业务的效率。

二是跨境结算方面，鼓励在与东盟大宗商品贸易、国际产能和装备制造合作中使用人民币计价结算；推动广西银行业金融机构与东盟商业银行建立人民币代理行关系，为东盟商业银行开立人民币同业往来账户，畅通人民币结算清算渠道；在依法合规的基础上，允许非银行支付机构在广西选择有资质的备付金银行开立跨境人民币备付金账户，为企业和个人跨境货物贸易、服务贸易提供人民币结算服务；支持广西依托境外机构境内人民币结算账户开展跨境人民币业务创新；探索在宏观审慎管理框架下，广西银行业金融机构向东盟商业银行融出人民币资金；推动东盟商业银行开办人民币业务，为其境内机构、个人开立人民币账户，提供人民币存款、贷款、汇款、资产托管和汇率挂牌等金融服务；在充分评估的基础上，允许广西银行业金融机构将其持有的人民币贸易融资资产转让给境外银行。在依法合规、风险可控的前提下，允许广西具备人民币与外汇衍生产品业务普通类资格的银行业金融机构，为境外机构办理即期结售汇业务提供远期、掉期和场外期权等人民币与外汇衍生产品服务。

2. 推动开展银行间市场区域交易，打造区域性货币交易中心

一是推动人民币与东盟货币的银行间市场区域交易，探索完善区域市场交易、清算、敞口管理等机制。

二是建立广西区域性银行间人民币对东盟国家货币挂牌交易市场，活跃人民币对东盟、南亚国家货币的银行间市场区域交易。

三是允许广西银行业金融机构与东盟商业银行通过对开账户、对存双边本币的模式，完成外币现钞跨境调运业务资金头寸清算。

四是允许东盟和南亚国家金融机构在广西设立分支机构进入银行间债券市场，并予以降低准入备案，简化审批程序。

3. 强化面向东盟的金融市场合作，建立具有中国—东盟区域特色的开放金融市场

一是设立广西境外人民币直接投资试点，支持广西银行业金融机构按规定发放面向东盟的境外项目人民币贷款，支持跨国企业集团按规定开展跨境双向人民币资金池业务，为"走出去"企业和项目提供资金支持以及跨境结算、汇兑等服务。

二是支持广西沿边地区地方法人金融机构探索开展面向边境贸易的金融业务，鼓励商业银行发展主要为边境贸易服务的分支机构，提升跨境投融资服务能力。

三是支持广西期货经营机构依法合规代理东盟投资者参与中国特定品种期货交易，支持期货交易所在广西或东盟设立交割仓库，在综合保税区等南宁海关特殊监管区域推动期货保税交割业务。

四是支持符合条件的东盟金融机构到广西设立合资证券公司、基金公司、期货公司，面向东盟开展跨境投融资、资产管理和财富管理业务。

五是推动境内外交易所市场连接，推进与东盟地区证券交易所品种互认。

六是鼓励通过国内外债券市场融资服务国际陆海贸易新通道等项目建设，允许符合条件的东盟发行人到境内债券市场发行人民币债券（熊猫债），允许符合条件的境内金融机构和企业到新加坡发行人民币债券（狮城债），鼓励东盟企业和投资者购买中国政府债券。

4. 扩大金融服务业对内对外开放，打造跨境投融资服务中心

一是支持和鼓励境内金融机构与东盟金融机构之间以互设机构、股权合作、债权合作等多种形式，实现共同发展。

二是允许符合法律法规及相关部门规定条件的机构在广西设立与东盟合资的金融机构。

三是鼓励合格境外战略投资者与广西地方法人金融机构开展股权合作，支持符合条件的外资金融机构入股广西地区城市商业银行，实施内外一致的股权投资比例规则。

四是鼓励东盟地区中央银行和国际金融组织在广西设立代表处。

五是允许符合条件的东盟银行业金融机构和保险公司等到广西开设分支机构。

六是鼓励具有离岸经营资格的中外资银行授权其广西分支机构开展离岸业务。

七是鼓励中外资银行在依法合规、风险可控、商业自愿原则下在广西设立与跨境金融相关的配套服务专营机构。

八是支持全国性金融租赁公司在广西设立面向东盟业务的专业子公司。

（五）保障措施

1. 推动面向东盟的金融基础设施建设

一是开展口岸贸易结算互联互通体系建设，依托国际贸易"单一窗口"，推动商务、南宁海关、税务、金融等部门之间数据交换共享，建立基于大数据的口岸贸易结算信息服务平台和高效监管模式，为跨境贸易和跨境电子商务提供服务。

二是不断增加东盟国家货币现钞跨境调运币种和口岸，完善外币现钞跨境调运体系。

三是以助推人民币东盟化为目标，完善中国—东盟支付清算系统一体化建设。

四是在广西建设面向东盟的大数据分析中心，通过自主研发、合作研究、项目招标、数据服务外包等灵活多样的方式，适时推出如面向东盟的金融开放综合评价指数、人民币"一带一路"东盟指数、广西金融生态指数等一系列量化评估指数，提升广西面向东盟的金融开放水平与跨境风险防控管理软实力。

五是支持符合条件的银行、保险、证券、资产管理等金融机构在广西组建面向东盟的跨境产品研发、跨境结算、离岸业务、票据保理、灾备、数据、小语种呼叫等中后台运营基地。

2. 完善中国—东盟多双边金融合作交流机制

一是完善中国—东盟金融合作与发展领袖论坛，发起中国—东盟"10+1"中央银行对话合作机制。推动中国—东盟保险合作与发展论坛升级纳入亚洲保险监督官论坛的整体机制。

二是扩大中央金融管理部门、国有大型企业驻桂分支机构与东盟国家的交流便利。

三是推动中国与东盟国家签订双边货币互换协议，增强境外人民币借贷、支付、保值、投资功能。

四是推进中国—东盟跨境征信合作，推动跨境评级市场发展。

五是加强跨境金融监管协调合作，加强跨境金融信息合作，探索建立中国—东盟跨境重大项目信息平台。

3. 加强金融生态环境建设强化门户风险防控

一是加快建立金融监管协调机制，加强跨境风险预警、评估和化解合作。

二是推动建立涵盖财政、金融、商务、海关、税务等多部门信息的大数据平台，推动广西金融系统社会组织与东盟国家金融系统社会组织跨部门、跨行业、跨市场金融监管合作。

三是强化反洗钱、反恐怖融资、反假货币、反逃税以及打击非法集资等违法的跨境合作机制，构建优良的金融生态环境。

4. 完善金融市场建设

一是健全地方金融机构体系。继续实施"引银入桂"工程，重点引进国内大型金融机构设立区域总部或面向东盟的职能总部、运营机构和服务平台；建议成立广西边贸银行，促进与东盟国家的资金清算、现钞调运和跨境投融资，降低汇兑成本、提高经贸便利，进一步发挥金融稳边固边、兴边富民功能。

二是支持鼓励广西金融机构到区外、境外设立机构、开展业务。

三是积极发展其他金融企业。针对牌照空白领域，加快推进民营银行、消费金融公司、汽车金融公司等地方法人金融机构设立工作，支持广西有实力的企业收购区外金融牌照。积极引进区外优质基金管理机构、证券公司、中介服务机构、知名金融科技企业。持续推动设立桂港合资证券公司、桂港合资公募基金公司。

四是推动地方法人金融机构高质量发展。推动实施数字融合、人才提升、网点覆盖三大工程，支持地方法人金融机构与领先金融科技公司的战略合作。

5. 积极做好金融人才工作

一是创造公平有序的人才发展环境。《关于进一步激励广大干部新时代新担当新作为的意见》指出，要营造"有为者有位、吃苦者吃香"的人才发展环境。要激发广大干部实在实干、想为愿为的内生动力，让付出得到回报，让耕耘得到收获。

二是建立健全人才激励机制。党的十九大报告指出，在人才管理上应该"坚持严管和厚爱结合、激励和约束并重"。建立正向激励与负向激励相结合的人才长效激励机制。正向激励机制应该坚持物质激励、精神激励、感情激励相结合的原则，用物质激励让人才"过得好"、用精神激励让人才"有目标"、用感情激励让人才"感觉爱"，三者一起，促使人才不断迸发出创新的火花，刺激人才不断推陈出新，壮大人才队伍。用负向激励促进个人知错能改、知耻后勇。在使用频度上，要多使用正向激励，少使用负向激励。

三是完善人才评价机制。建立以质量为标准的人才评价体系，打破年龄、资历等因素的限制，以人才的实际贡献为人才评价的标杆，建立以岗位职责要求为基础、以品德、能力和业绩为导向，符合各类金融人才特点的评价标准。

四是加大引进培养力度，优化金融人才结构。牢固树立人才是第一资源的理念，建立良好的人才引进机制。制定和落实自治区相关人才引进和配套服务政策，多层次、多渠道、多形式地引进人才，努力做好引进人才的户口管理及养老、医保、失业等配套的社会保障服务，解除他们的后顾之忧，为广西金融创新提供人才支撑和智力保证。

五是统筹抓好教育培训工作。通过各种培训渠道，加强地方金融监管部门干部职工综合素质和专业能力培训。加强与高校院所的合作。可与广西财经学院等高等院校签署人才培养合作框架协议，联合举办高端学术论坛，建设人才培养基地，推动高端师资到金融监管部门、金融机构挂职和跟班学习。

参考文献

[1] 阮震. 金融创新概论 [M]. 北京：中国财政经济出版社，2010.

[2] 王达. 论全球金融科技创新的竞争格局与中国创新战略 [J]. 国际金融研究，2018（12）：10-20.

[3] 王燕. 中国—东盟自由贸易区背景下的广西金融创新研究 [D]. 南宁：广西大学，2013.

[4] 刘洪槐，谢谦. 上海自由贸易区金融开放创新实践及制约因素辨析 [J]. 经济纵横，2017（12）：56-66.

[5] 农飞龙，徐中星. 基于边境贸易的金融改革与创新研究——广西东兴案例 [J]. 区域金融研究，2015（4）：83-87.

[6] 杨金凌. 沿边金融综合改革背景下广西跨境贸易人民币结算研究 [D]. 南宁：广西大学，2015.

[7] 中国人民银行南宁中心支行货币政策分析小组. 广西壮族自治区金融运行报告2018 [R]. 2019.

（执笔人：刘慧玲）

3. 广西南宁市建设面向东盟金融开放门户枢纽城市报告

2018年12月28日，中国人民银行、国家发展改革委、教育部、科技部、工业和信息化部、财政部、人力资源和社会保障部、自然资源部、商务部、海关总署、银保监会、证监会、国家外汇管理局联合印发了《广西壮族自治区建设面向东盟的金融开放门户总体方案》（银发〔2018〕345号）。这是党的十九大以后国家批复的第一个省级全域金融开放战略，也是唯一面向东盟的金融开放战略。南宁是广西首府，是中国与东盟对接的重要枢纽和重要平台。作为全区金融机构的集聚区和金融业发展的重点区域，打造广西建设面向东盟的金融开放门户枢纽城市是发挥其在广西建设面向东盟金融开放门户中核心地位的必然选择，也是作为广西首府城市的担当，对南宁未来自身产业发展、经济转型以及城市化进程都具有重要意义。南宁市需要加快金融要素培育、扩大金融业改革和开放、优化金融发展环境、强化金融人才支撑，加快建成面向东盟金融开放门户核心城市，助推广西金融开放门户建设。

一、相关理论概述

（一）相关概念

广西建设面向东盟的金融开放门户是2018年12月刚刚提出的，因此在对其进行全面研究之前，有必要对与门户建设相关的一些金融概念进行梳理。

1. 沿边金融综合改革试验区的内涵

沿边金融综合改革试验区即云南省广西壮族自治区沿边金融综合改革试验区。2013年11月27日，中国人民银行联合多部委印发《云南省广西壮族自治区建设沿边金融综合改革试验区总体方案》，将云南省的昆明市、保山市、普洱市、临沧市、红河州、文山州、西双版纳州、德宏州、怒江州9个州市以及广西壮族自治区的南宁市、钦州市、北海市、防城港市、百色市、崇左市6个市划定为云南省广西壮族自治区沿边金融综合改革试验区。该试验区区域面积为31.77万平方公里，涵盖人口4419万。

云南省广西壮族自治区沿边金融综合改革试验区建设主要涵盖推动跨境人民币业务创新、完善金融组织体系、培育发展多层次资本市场、推进保险市场发展、加快农村金融产品和服务方式创新、促进贸易投资便利化、加强金融基础设施建设的跨境合作、完善地方金融管理体制、建立金融改革风险防范机制、健全跨境金融合作交流机制十个方面的具体内容，主要目的是通过5年左右的努力，初步建立与试验区经济社会发展水平相匹配的多元化现代金融体系，金融创新能力进一步增强，金融开放水平进一步提升，金融市场体系进一步完善，金融生态环境进一步优化，金融支持沿边经贸发展的广度和深度进一步拓展，金融服务实体经济的能力进一步提高，云南省、广西壮族自治区与东盟和南亚国家经贸金融合作关系更加紧密，对周边地区国际影响力不断增强。[①]

2. 建设面向东盟的金融开放门户的内涵

2018年12月28日，中国人民银行、国家发展改革委等13部委联合印发了《广西壮族自治区建设面向东盟的金融开放门户总体方案》，标志着广西建设面向东盟的金融开放门户进入实施阶段。方案包括推动面向东盟的跨境金融创新、扩大金融服务业对内对外开放、强化面向东盟的金融市场合作、加强面向东盟的跨境保险合作、加强金融服务实体经济、推动跨境金融基础设施完善、完善跨境金融合作交流机制、构建良好金融生态环境、完善人才引领金融发展机制九个方面的重点内容，提出用5年时间，建立与经济社会发展相协调的多元化现代金融体系，在广西打造形成中国面向东盟的金融运营服务基地、财富管理服务基地、金融信息服务基地和金融交流培训基地，进一步提高人民币东盟区域化水平，进一步提升中国—东盟自由贸易区实施水平，为我国全面深化金融改革开放探索可复制可推广的经验。

（二）南宁市建设面向东盟金融开放门户枢纽城市的重要意义

南宁是广西首府，广西建设面向东盟的金融开放门户对南宁来讲意义重大，南宁如何及时抓住机遇，打造成为广西面向东盟的金融开放门户枢纽城市，对未来南宁产业结构调整和经济转型升级等具有重大意义。

1. 有利于全市金融业的快速发展

广西建设面向东盟的金融开放门户作为国家层面战略，伴随着一系列重大金融发展政策利好，南宁市作为广西首府，打造面向东盟的金融开放门户枢纽城市，可以充分发挥首府城市优势，积极争取全区未来5年一些重大金融项目、金融改革和创新政策的布局和落地，带动金融要素快速在南宁集聚，从而推动实现本市金融业的快速发展。

2. 有利于推动产业结构优化升级

在市场竞争环境下，银行信贷通过利率来影响贷款，实现资金向高效企业和行业的集聚，达到资源的优化配置，进而促进产业结构调整。政府也可以通过信贷倾斜、差别利率等政策性金融引导、推动产业结构的调整。广西建设面向东盟的金融开放门户明确指出要在南宁促进金融集聚，打造万亿级金融产业集群，这些将对南宁本地的产业尤其

---

① 云南省广西壮族自治区建设沿边金融综合改革试验区总体方案［Z］. https://baike.baidu.com/item/云南省广西壮族自治区建设沿边金融综合改革试验区总体方案/12631383? fr = aladdin.

是新一代信息技术、生物医药等高新技术产业形成强大的资金支持,从而带动整个南宁的产业结构实现转型升级。

3. 有利于"南宁渠道"升级版打造

随着中国与东盟合作的不断升入,南宁利用中国—东盟博览会永久举办地优势形成的中国与东盟合作的"南宁渠道"进一步畅通。广西建设面向东盟的金融开放门户,将与东盟国家在金融基础设施、金融开放创新等领域进一步深化合作。南宁可以充分利用区位优势,借助中国—东盟博览会以及中国—东盟信息港的平台,充当广西与东盟金融开放合作的先行先试者,建立金融领域的系列协调合作机制,从而推动"南宁渠道"升级版的打造。

4. 有利于推动整个广西金融开放门户建设

广西金融开放门户建设是在沿边金融综合改革试验区的基础上,广西对东盟金融领域开放创新的进一步深化和提升。南宁作为广西首府,是广西沿边金融综合改革试验区的成员之一,同时也是经济体量最大的城市,其未来5年的金融改革发展成效是关系广西面向东盟的金融开放门户建设的重中之重。因此,南宁要充分发挥枢纽城市作用,在门户建设中争当表率,尽快形成一系列金融改革开放的重大突破,加快推进金融门户建设进程。

5. 有利于南宁市区域性国际金融中心城市的打造

南宁市提出打造区域性金融中心城市以来,受自身经济实力、金融体量的限制,其进展一直较为缓慢。南宁通过打造广西面向东盟的金融开放门户枢纽城市,可以积极争取金融创新政策,加快金融机构集聚,加快金融信息共建共享,实现弯道超车,实现本市金融和经济的跨越式发展,助推区域性金融中心建设。

二、南宁市金融业发展现状

(一) 金融总体规模发展情况

南宁市金融总体规模不断扩大,金融业增加值由2011年的166.27亿元增长到2018年的500亿元,年均增长17%。金融业增加值占服务业、地区生产总值的比例稳步攀升,对经济增长的贡献突出,金融业增加值占服务业增长值的比重由2011年的15.5%增长到2018年的21.9%,占地区生产总值的比重由2011年的7.5%增长到2018年的11.5%,成为仅次于工业的第二大经济助推器。主要金融指标表现良好,人民币存款余额由2011年的4728.14亿元增长到2018年的10093.13亿元,年均增长11.44%;人民币贷款余额由2011年的4845.07亿元增长到2018年的12052.13亿元,年均增长13.9%;保费收入由2011年的67.39亿元增长到2018年的204.29亿元,年均增长17.17%。

表 3-1　　　　　南宁市金融业增加值发展情况（2011—2018 年）

年份	金融业增加值（亿元）	金融业增加值增速（%）	占服务业增加值的比重（%）	占地区生产总值的比重（%）
2011	166.27	17.9	15.5	7.5
2012	211.99	23.2	17.4	8.5
2013	241.11	12.4	18.0	8.6
2014	307.64	13.2	20.0	9.8
2015	369.05	19.8	21.8	10.8
2016	406.12	9.5	21.6	11.0
2017	450.57	7.7	21.3	10.9
2018	500	7.4	21.9	11.5

数据来源：各年《南宁市统计年鉴》、南宁市统计公报。

表 3-2　　　　　南宁市金融业相关指标发展情况（2011—2018 年）

年份	人民币存款余额		人民币贷款余额		保费收入	
	总量（亿元）	增速（%）	总量（亿元）	增速（%）	总量（亿元）	增速（%）
2011	4728.14	17.92	4845.07	16.93	67.39	17.61
2012	5627.18	19.01	5501.28	13.54	77.30	14.70
2013	6483.53	15.22	6115.88	11.17	100.85	30.47
2014	7064.49	8.96	7091.46	15.95	107.65	6.74
2015	8257.77	15.51	8228.66	16.04	122.92	14.18
2016	8901.72	7.8	9423.79	14.52	146.98	19.57
2017	9367.53	5.2	10470.44	11.1	181.66	23.6
2018	10093.13	7.75	12052.13	15.11	204.29	10.9

数据来源：各年《南宁市统计年鉴》、南宁市统计公报。

（二）金融组织体系发展情况

截至 2018 年底，南宁市共有银行业金融机构 32 家（其中，政策性银行 3 家、国有商业银行 5 家、全国性股份制商业银行 9 家、城市商业银行 3 家、外资银行 4 家[①]、村镇银行 8 家）、保险公司 42 家、证券分公司 27 家（含筹建）、法人金融租赁公司 1 家、法人财务公司 1 家、法人地方资产管理公司 2 家。各类金融机构和组织加速集聚，中国进出口银行广西分行开业运营，中国信保南宁营业管理部已升格为广西分公司；平安银行南宁分行开业运营；渤海银行南宁分行设立规划获中国银保监会批准；与中银香港签订合作意向书，推动在五象新区设立中银香港东南亚业务营运中心。南宁金融集团挂牌开

---

① 4 家外资银行分别为汇丰银行南宁分行、星展银行南宁分行、南洋商业银行南宁分行和东亚银行南宁分行。

业，注册资本为15.93亿元，资产总额为26.95亿元，拥有全资子公司7家、控股公司5家、参股公司8家，并受托管理3只政府引导基金及1家国有企业。地方法人金融机构建设取得突破，广西首家法人寿险公司国富人寿保险股份有限公司正式开业；广投资产管理公司经原中国银监会公布，成为广西第二家地方资产管理公司。地方金融组织稳步发展，全市共有小额贷款公司108家，注册资本为182亿元；融资性担保公司33家，注册资本为118亿元，南宁金融资产交易中心、广西黄金投资有限责任公司等相继组建运营。政府性担保体系建设稳步推进，"4321"新型政银担合作业务提量增效，截至2018年底累计发生额为5.07亿元，其中，2018年累计发生额为4.34亿元，期末在保余额为4.29亿元，同比增长484.22%。

（三）资本市场发展情况

2018年，南宁市新增上市和新三板挂牌企业7家，累计上市企业16家，通过资本市场累计直接融资520.69亿元；有新三板挂牌企业31家，累计直接融资6.26亿元。区域性交易平台综合服务功能不断完善，广西北部湾股权交易所和南宁股权交易中心实现合并，广西北部湾股权交易所挂牌服务企业2769家，累计为中小企业实现私募融资8.31亿元，成功受理股权转让金额4.64亿元。南宁金融资产交易中心累计融资23.47亿元。债券市场融资规模进一步扩大，全市企业（含区直企业）通过债券市场累计融资1082.98亿元。政府性引导基金投资加快，南宁城市发展基金累计到位资金84.67亿元，南宁产业发展基金累计到位资金19.34亿元，南宁市创业投资引导基金累计到位资金2.1亿元；华润商业物业服务（南宁）基金完成设立，中关村协同创新创业投资基金落地运作，注册地在南宁市的经中国证券投资基金业协会备案的基金公司及股权投资机构有65家，占广西总数的77%。

（四）保险市场发展情况

截至2018年底，南宁市保险业金融机构共有42家（其中，人身险公司18家、财产险公司24家）。2014—2018年，南宁市累计实现保费收入为763亿元，2018年保费收入为204.29亿元，同比增长10.9%。农业保险保障水平不断提高，2018年南宁市政策性农业保险业务实现保费收入17652万元。小额贷款保证保险试点稳步开展，从2015年试点工作开展至2017年10月试点结束，南宁市小额贷款保证保险累计开展业务17笔，发放贷款1302万元。科技保险试点积极推进，从2016年试点开始至2018年底，南宁市各承保保险机构累计受理科技保险业务24笔，保费689万元，发放财政补贴资金约188万元。

（五）金融改革开放推进情况

依托毗邻东盟的区位优势，在人员交流、机构互设、金融基础设施建设等多方面深入推动多层次、宽领域金融合作，并抢抓沿边金融综合改革试验区建设政策契机，启动跨境人民币业务创新、跨境金融信息服务基地等工作，提高了金融国际化水平。沿边金融综合改革试验区建设取得较好成效，跨境人民币业务稳步开展，2018年跨境金融取得新突破，全年跨境人民币结算量为204.45亿元，同比增长20%。积极推进辖区企业争取跨国公司外汇资金集中运营试点资格，全市共有5家企业获得跨国公司外汇资金集中运营备案资格，进一步促进贸易投资便利化，便于企业降低融资成本。南宁市与新华社中国经济信息社广西中心合作共建中国—东盟（南宁）金融服务平台，该平台的资讯库、政策法规库、金融数据库等模块已建成，人民币离岸交易平台系统已完成基本功能搭建，进一步提升南宁跨境金融信息服务基地功能。中国—东盟（南宁）货币指数于2015年12月首发，首发后该指数按日公布，按季度发布运行报告，已成为东盟与中日韩（10+3）宏观经济研究办公室（亚洲版IMF）跟踪研究标的和中国与东盟国家货币金融往来的重要旗帜。

（六）金融支持政策情况

南宁市相继制定出台《南宁市人民政府办公厅印发关于促进五象新区金融街建设发展暂行规定的通知》（南府办〔2013〕40号）、《南宁市人民政府关于印发南宁市鼓励和扶持企业上市（挂牌）若干规定的通知》（南府规〔2017〕13号）、《南宁市人民政府关于印发南宁市沿边金融综合改革试验区建设加快金融业发展扶持政策的通知》（南府规〔2017〕12号）、《南宁市人民政府办公厅关于印发进一步促进五象新区总部基地金融街持续健康发展若干措施（试行）的通知》（南府办〔2016〕43号）等一系列政策文件，加大对南宁市金融改革发展的精准扶持力度，为支持引金入邕、推动跨境金融等创新业务发展壮大、支持符合条件的企业通过上市挂牌及债券、并购等方式在资本市场进行融资提供了政策引导。

（七）金融集聚区建设情况

根据《南宁市现代服务业集聚区发展规划（2016—2020年）》，南宁市规划建设五象新区金融集聚区（五象新区总部基地金融街）、青秀区金湖金融中心集聚区、东盟商务区互联网金融集聚区、南宁经开区金融街产业集聚区四大金融服务业集聚区。其中，五象新区总部基地金融街规划面积为2.6平方公里，是唯一经自治区政府同意建设的金融街，也是唯一的自治区级金融商务服务业集聚区，入驻有兴业银行、邮储银行、太平保险等43家金融机构，其中包括邮储银行、兴业银行、太平保险、生命人寿、前海人寿、北部湾银行、国海证券、桂林银行、平安寿险、平安财险、平安普惠、中国人寿财险、人寿保险销售广西分公司、大地保险等总部及省级（一级）分支机构27家，自治区已明确将五象新区金融集聚区（五象新区总部基地金融街）建设成为面向东盟金融开放门户核心区、区域性国际CBD及金融中心。东盟商务区互联网金融产业基地范围内互联网金融产业集聚集群发展态势十分明显，吸引了190多家企业（包括从事基金、资产管理、P2P网络借贷等金融业务的企业）入驻，推动互联网金融产业集聚发展。南宁经开区金融街产业集聚区已引进北京、上海、深圳等地各类金融机构31家（其中，证券类2家、金融控股类3家、股权投资类13家、融资租赁类2家、资产管理类7家、融资担保类1家、互联网金融类1家、交易平台类2家），管理基金规模超过100亿元。此外，南宁综合保税区现代金融服务区正在依托产业发展需求加速崛起。

专栏3-1　南宁市金融集聚区发展定位

五象新区金融集聚区：着力引进银行及中后台运营中心、保险、证券以及数字金融、基金、小额贷款、融资担保、股权投资等金融机构和企业入驻，推进金融监管机构迁入，形成专业化、特色化的国际金融功能区，加快建设成为面向东盟的金融开放门户核心区，打造具有国际水准的中国—东盟金融城。

青秀区金湖金融中心集聚区：重点支持各类金融机构发展与金融业配套的培训、商务、会展等业态，吸引更多国内外金融机构和大型企业总部入驻，并使之成为区域金融机构聚集中心、金融交易中心、资产管理中心、财富管理中心。

东盟商务区互联网金融集聚区：以中国—东盟商务区为中心，以互联网金融产业基地为载体，培育壮大第三方支付、移动支付、电商金融，打造互联网金融集聚区。打造金融产品网络销售、电商金融、资金融通、支付、结算等相关金融服务功能完备的区域性国际互联网金融中心。

南宁经开区金融街产业集聚区：充分利用在税收优惠、开办补助、办公用房补助、经营贡献奖励等方面的扶持政策，重点吸引区内外证券、股权投资、融资租赁、交易平台等非银行新型金融机构和知名企业总部，促进金融与实体经济融合发展，打造成为以服务实体经济为核心的金融集聚区。

南宁综合保税区现代金融服务区：以南宁综合保税区为中心，以跨境金融为主，引入实力雄厚的外资银行或中外资商业银行的分支机构集聚，推动金融工具创新，支持金融机构开展保税仓单质押、跨境本外币结算、贸易融资、跨境担保、跨境贷款、跨境投行、外汇避险交易、网络金融服务、境内外政策和信息咨询、个人跨境业务等一揽子金融服务。

三、南宁建设面向东盟金融开放门户枢纽城市存在的问题

（一）金融改革创新力度需要加强

由于南宁市经济发展基础相对薄弱，产业规模总体偏小，产业链尚不完整，金融抑制比较明显，金融创新缺乏有效载体。金融改革和创新能力不足，跨境金融创新力度不大，体制机制创新不多。南宁市在推进沿边金融综合改革试验区建设方面虽然取得了一定成效，但大部分工作仍停留在具体业务推进方面，金融改革创新力度不够，可复制、

可推广的金融改革创新经验少之又少。《广西壮族自治区建设面向东盟的金融开放门户总体方案》（银发〔2018〕345号）提出了推动面向东盟的跨境金融创新、扩大金融服务业对内对外开放、强化面向东盟的金融市场合作、加强面向东盟的跨境保险合作、加强金融服务实体经济、推动跨境金融基础设施完善、完善跨境金融合作交流机制、构建良好金融生态环境、完善人才引领金融发展机制九大任务，但南宁市匹配面向东盟金融开放门户需求的金融改革创新意识、举措及其能力等都需要进一步增强，国家、自治区、南宁市三级层面系统化的金融创新机制有待建立。

（二）金融对外开放水平比较低

入驻南宁市的国际金融机构较少，外资银行数量偏少，47家在华设立分支机构的外资银行中，仅有5家在南宁市设立分支机构（其中，港资4家、新加坡1家）。金融机构走出国门不是十分理想，金融机构开展跨境金融业务动力不足，跨境金融业务推进进程缓慢，已开展跨境金融业务的金融机构业务范围相对狭窄，业务规模不大，影响十分有限。中国—东盟金融合作的专业化平台欠缺。此外，中国与东盟国家在金融体制、货币制度等方面存在的差异以及国家金融市场稳定的战略考量，对南宁市扩大金融开放、建设面向东盟的金融开放门户枢纽城市产生了不利影响。

（三）金融发展竞争优势不明显

南宁市金融业发展总体规模较小，与周边城市差距明显。南宁市金融机构存贷款规模不大，金融贷款的产出率不高、证券化率较低、上市公司偏少等问题突出。从金融业发展情况来看，南宁市在金融机构拥有量、银行存贷款、保费规模等方面排名均靠后，2017年南宁市银行贷款余额仅为成都市的27.21%、长沙市的54.65%、昆明市的69.56%，充分说明南宁市金融业发展不够充分。利用资本市场融资不足，与发达城市和其他西部省会城市相比，南宁市区域性股权交易市场功能有待加强，企业利用资本市场融资不足，上市（挂牌）企业数量少、发展后劲不足，上市（挂牌）企业整体质量也不高，资本市场直接融资规模较小，直接融资占社会融资比重偏低，上市企业再融资、并购重组等资本市场运作能力较弱。全市金融组织体系需要加快完善，总部及省级（一级）分支机构、地方法人金融机构数量非常少，是全国少数几个没有法人证券公司、期货公司的省会城市之一，且无市本级地方法人银行。保险业发展不足，2017年南宁市保费规模仅为成都市的19%、长沙市的54.77%、昆明市的73%，保险业规模和发展质量有待提升。由于云南和广西两省区的地理位置相近，区域金融特色与改革都主打东盟牌，在开展面向东盟的金融开放合作方面不可避免地存在竞争，尤其是在吸引外商投资和建设区域国际金融中心方面，南宁与昆明的竞争更加直接和激烈，且南宁并不具有竞争优势。

表 3-3　　　　　南宁市与周边主要城市金融业发展对比（2017 年）

城市	金融业增加值（亿元）	地区生产总值（亿元）	金融占地区生产总值的比重（%）
成都	1604	13889	11.55
长沙	686	10536	6.51
南宁	451	4119	10.94
昆明	420	4858	8.65
贵阳	382	3538	10.78
南昌	362	5003	7.24

数据来源：各城市统计年鉴。

表 3-4　　　　　南宁市与周边主要城市金融机构发展对比（2017 年）

城市	金融机构情况	各项存款余额（亿元）	各项贷款余额（亿元）	保费规模（亿元）
成都	证券期货和证券投资咨询公司 10 家、证券基金公司分公司 56 家、证券营业部 206 家、期货营业部 47 家	34423.30	28359.30	952.20
长沙	各类银行机构 41 家；共有 126 家证券营业部；全市上市公司累计达到 66 家	17141.83	16027.07	331.65
昆明	银行业金融机构共有 14 类，网点总数 1489 个，证券分支机构 110 家，保险法人机构 1 家，保险省级分公司 40 家	13466.56	14789.35	248.83
贵阳	上市公司 19 家，证券公司 2 家，证券营业部 76 家、期货营业部 10 家	10908.27	10506.14	140.99
南昌	证券分支机构 125 家，保险分支机构 46 家	10137.34	10364.58	191.27
南宁	金融机构 42 家，营业网点 1236 个；各类保险公司分支机构 40 家	9367.53	10470.44	181.66

（四）国家、自治区层面支持指导有待加强

由于地方政府金融监管权责不匹配，南宁市层面具有的金融改革创新权限十分有限，缺乏上海、深圳前海等试验区相关先行先试优惠政策，相类似的一些审批程序上海、深圳前海实行"一站式"而南宁市还需通过"一行两局"进行审批。广西在推进建设面向东盟的金融开放门户方面提出了包括打造金融集聚区、完善金融基础设施、丰富股权融资体系、研究设立保险创新综合试验区、推动贸易投资便利化、争创绿色金融改革创新试验区、推动完善跨境园区金融服务体系、优化金融生态环境、强化金融人才队伍建设、编制广西金融空间布局规划十大重点工程，但南宁市在推进建设面向东盟的金融开放门户政策措施方面自主权很少。自治区、南宁市相关部门缺少政策沟通，创新权限下放、

创新指导方面的力度有待加强，先行先试的优惠政策需要国家、自治区加大支持力度才能落地并取得实实在在的效果。

（五）金融领域相关人才缺乏

面向东盟的金融开放门户建设需要集聚一批有国际视野、有创新思路、有专业能力的人才，但南宁市制定的相关人才政策扶持力度不足、政策落地困难重重，对人才的吸引力不强，在与其他城市人才政策大比拼的大潮中不具有竞争力。南宁市金融实务部门、金融机构（企业）人才储备不足，具备全球视野的高端金融人才严重不足，金融管理和技术人才比较少，尤其是金融资历、管理经验丰富的复合型人才短缺，不能满足建设面向东盟的金融开放门户对人才的强大需求，人才短板成为重要制约瓶颈。

四、国内推进金融改革开放的经验借鉴

（一）上海自贸区金融改革开放实践

1. 深化金融改革与制度创新

深化金融改革与制度创新是上海自贸区金融改革的重点内容，先行先试的领域包括投融资便利汇兑、人民币资本项目可兑换、人民币跨境使用、利率市场化和深化外汇管理体制改革等方面。人民币资本项目可兑换就是在风险可控的前提下，在区域内先行先试人民币资本项目，与贸易投资有关的本外币资金可自由使用和转移。人民币资本项目可兑换有利于提高试验区对外开放的程度，促进企业"走出去"。利率市场化是上海自贸区试点最为期待的金融改革内容之一，在方案中明确表示在区域内实现金融市场利率市场化，金融机构资产价格实现市场定价。利率市场化的实施需要整体市场的参与，利率的改革应该按照宏观审慎的金融管理原则，根据试验区内实体经济的发展需求、金融市场主体的培育目标以及市场环境建设的情况，结合金融抗风险状况稳步推进。

2. 扩大金融服务对外开放

上海自贸区积极推进金融服务领域的对外开放，具体包括支持中资银行入区发展、区内设立非银行金融机构、民间资本进入区内银行等内容。率先扩大金融服务业对外开放，支持外资银行加入自贸区开展经营活动；允许开展设立外资专业健康保险机构试点，鼓励在试验区设立专业从事境外股权投资的项目公司。支持境内金融机构利用自贸区平台发展对外业务。

3. 强化金融政策支持

上海自贸区金融改革离不开政策的支持，为推进上海自贸区金融改革顺利开展，国务院、中国人民银行、中国银监会、中国证监会、上海市人民政府等积极出台相应的支持政策，形成了完善的金融改革开放政策体系。

表 3-5　　　　　　　　　上海自贸区金融改革开放支持政策

设立时间	公布单位	政策法规	主要内容
2013年9月18日	国务院	《关于印发中国（上海）自由贸易试验区总体方案的通知》	明确提出加快金融制度创新、增强金融服务功能的具体措施
2013年9月29日	中国银监会	《关于中国（上海）自由贸易试验区银行业监管有关问题的通知》	明确对中外资银行入区经营发展、区内设立非银行金融公司以及区内开展离岸业务等八项内容
2013年9月29日	中国证监会	《资本市场支持促进中国（上海）自由贸易试验区若干政策措施》	明确资本市场支持上海自贸区建设的五项政策措施
2013年12月2日	中国人民银行	《关于金融支持中国（上海）自由贸易试验区建设的意见》	探索投融资汇兑便利化；扩大人民币跨境使用；稳步推进利率市场化；深化外汇管理改革
2014年2月19日	中国人民银行	《关于上海市支付机构开展跨境人民币支付业务的实施意见》	在中国（上海）自由贸易区启动支付机构跨境人民币支付业务
2014年2月20日	中国人民银行	《关于支持中国（上海）自由贸易试验区扩大人民币跨境使用的通知》	对试验区人民币境外借款、经常项下跨境人民币集中收付业务、跨境双向人民币资金池等操作给出了规定
2014年5月19日	中国保监会	《关于进一步简化行政支持中国（上海）自由贸易试验区发展的通知》	包括三项保险业监管新举措，涉及机构、高管、业务等重要领域
2014年11月17日	自由贸易试验区管委会、上海市商务委、金融办	《中国（上海）自由贸易试验区大宗商品现货市场交易管理规则（试行）》	推动上海自贸区大宗商品现货市场健康规范发展
2015年10月29日	"一行三会"、商务部、国家外汇管理局、上海市政府	《进一步推进中国（上海）自由贸易试验区金融开放创新试点　加快上海国际金融中心建设方案》	计划在自贸区内率先实现人民币资本项目可兑换。拓宽人民币投资回流渠道、拓展自由贸易账户功能、扩大人民币跨境使用，以及合格境内个人境外投资试点的细则和操作方案

（二）深圳前海金融改革开放

1. 深化金融创新开放试验

研究制订打通境内与境外、在岸与离岸、本币与外币的金融创新试点方案，试验跨境金融、离岸金融、货币金融制度创新；探索建立自由贸易账户新模式，开展跨境投融资创新业务；简化金融机构准入方式，为境外金融机构在前海设立国际性或全国性管理总部、业务运营总部提供创新服务支持。创新跨境人民币业务合作，鼓励引进一定规模、具有符合相关资格规定的金融机构入驻深圳蛇口片区,以增强市场功能,形成开展创新业务合作的主体基础。在 CEPA 框架下,推动前海蛇口片区金融服务业对港澳地区进一步开放,加快组建深港两地合资的全牌照证券公司、合资基金管理公司。加大招商引资力度,鼓励符合条件的各类金融机构设立国内总部及其分支机构;以市场为导向,综合未来经济、金融消费的潜在发展点,积极引进汽车金融、融资租赁、消费金融以及小额贷款等领域公司。促进以金融机构战略转型和深港金融深度合作为核心的银行领域创新合作,增强金融服务实体经济的活力和效果。

2. 全面拓宽投融资渠道

前海试验区为推动形成双向人民币融资渠道,不仅创新管理服务,简化自贸试验区企业在境外发行人民币债券的审批程序,还在政策上给予政策支持,允许所筹资金根据需要调回区内使用;支持在前海试验区注册企业的境外母公司或控股子公司按规定在境内发行人民币债券,推动前海蛇口片区与港澳地区形成以熊猫债、点心债为代表的双向人民币跨境融资渠道;开展个人投资者境外投资试点,允许自贸试验区合格个人投资者通过区内金融机构相关业务平台直接参与香港资本市场股票、债券及其他有价证券的投资;深入开展以香港为重点的外商投资股权投资企业试点(QFLP);推进合格境内投资者境外投资试点(QDIE)。

3. 深化拓展跨境人民币业务

在深化跨境人民币业务方面进行积极探索,积极推广在跨境贸易与投资结算领域使用人民币,支持外商投资企业开展人民币跨境直接投资试点;依托以人民币计价交易结算的大宗商品交易平台、金融资产交易平台及其他面向港澳地区和国际的新型要素平台,推动以人民币作为前海蛇口片区与港澳地区及国外跨境大额贸易和投资计价、结算的主要货币。在金融机构层面,探索进一步拓宽跨境人民币借贷主体,分别放宽至区内的银行和非银行金融机构、香港的非银行业金融机构;在金融业务层面,探索在深港企业间开展跨境委托贷款业务,以及在前海金融机构与香港同业开展跨境人民币信贷资产转让业务。

4. 强化政策支持

充分利用国务院以及国家发展改革委、国家税务总局、中国人民银行等在跨境人民币贷款、赴港发债、股权投资母基金、外债宏观审慎管理试点等方面的支持政策,并结合自身需求,深圳市在集团内双向人民币资金池、融资租赁方面也出台了相关支持政策,形成强大的政策支持体系。

表 3-6　　　　　　　　深圳前海金融改革开放支持政策

颁布时间	颁布机构	政策名称	支持条款
2014 年 12 月	国务院	《关于印发中国(广东)自由贸易试验区总体方案的通知》	支持注册在自贸试验区内的中外资企业、非银行金融机构以及其他经济组织按规定从境外融入资金

续表

颁布时间	颁布机构	政策名称	支持条款
2015年1月	国务院	《关于印发中国（广东）自由贸易试验区总体方案的通知》	探索进一步拓宽跨境人民币借贷主体，探索将放款主体放宽至香港的非银行业金融机构，借款主体扩大至区内的银行和非银行金融机构
2012年5月	国家发展改革委	《关于境内非金融机构赴香港特别行政区发行人民币债券有关事项的通知》	中央管理企业可直接向国家发展改革委提出申请，地方企业向注册地省级发改委提出申请，经审核后报国家发展改革委
2015年11月	中国人民银行	《中国人民银行关于跨国企业集团开展跨境人民币资金集中运营业务有关事宜的通知》	跨国企业集团可以在境内外非金融成员企业之间进行跨境人民币资金余缺调剂和归集及可以对境内外成员企业的经常项下跨境人民币收付款进行集中处理；对规范开展跨境双向人民币资金池业务的跨国企业集团设定了资格要求
2012年12月	中国人民银行深圳市中心支行	《前海跨境人民币贷款管理暂行办法》	规范跨境人民币贷款申请要求及流程；推动人民币信贷资产跨境转让；开展跨国公司双向人民币资金池、第三方支付机构跨境电商等业务创新；开展个人跨境人民币结算试点
2012年12月	中国人民银行深圳市中心支行	《前海跨境人民币贷款管理暂行办法实施细则》	贷款期限、贷款利率可由借贷双方按照贷款实际用途在合理范围内自主确定，在贷款发放前向人民银行备案，跨境贷款无额度限制
2014年1月	深圳市人民政府	《关于充分发挥市场决定性作用全面深化金融改革创新的若干意见》	完善金融资产市场化定价基础，提高金融资源配置效率；提高金融市场开放程度，加速构建跨境资本自由流动机制；拓宽产融结合新路径，实现金融与实体经济的有效对接；建立健全金融监管创新和协同工作机制，营造国际一流的金融发展环境
2014年1月	深圳市人民政府	《全面深化金融改革创新的若干意见》	推动跨境人民币业务创新，支持符合条件的企业集团开展双向人民币资金池业务试点

（三）天津滨海新区金融改革开放实践

1. 推动金融集聚集群发展

滨海新区的于家堡金融区距离北京金融街约180公里，为此，天津提出差别化金融发展道路，即建立多元化金融机构体系，提出于家堡金融区按照"一个基地、五个中心"（金融改革创新基地和股权基金中心、融资租赁中心、要素市场中心、商业保理中心、结算中心）的定位，推动私募基金、金融租赁、产业基金、离岸金融等新型业态集聚发展，打造成24小时运营的国际金融活力半岛，成为创新型金融企业聚集地。

2. 积极探索外汇改革

开展意愿结汇试点,意愿结售汇落户中新天津生态城是滨海新区乃至全国在外汇管理制度改革上率先跨出的重要一步。2010年3月,吉宝鸿达(天津生态城)房地产开发有限公司在中国银行天津分行办理的1500万美元资本金意愿结汇业务成为中新天津生态城也是全国的第一笔意愿结汇业务。跨境人民币贷款,中国银行天津分行和中国银行新加坡分行合作,已成功为中新天津生态城内的中新天津生态城投资开发有限公司签约发放一笔期限为3年、金额为5000万元人民币的跨境人民币贷款,这是首笔跨境人民币贷款业务,标志着生态城开展跨境人民币创新试点改革进入实质阶段。开展跨境贸易人民币结算,2014年,在围绕自贸区申请进行金融改革的背景下,中国人民银行批准中新天津生态城与新加坡银行机构开展跨境人民币创新业务试点,包括生态城内企业发行人民币债券、个人对外直接投资跨境人民币业务等。开展外汇管理改革试点,国家外汇管理局正式批准渤海银行实行结售汇综合头寸正负区间管理,使其成为全国第一家试点银行,该政策为渤海银行灵活管理结售汇头寸、降低资金成本、运用多种金融工具提供了极大的便利。

3. 强化政策支持

滨海新区是全国继深圳特区和上海浦东新区之后的第三个能够"先行先试"的国家级改革试点基地,有着全国几乎所有的先进体制和特殊政策。《天津滨海新区综合配套改革试验总体方案》明确指出滨海新区在金融创新等十大领域可以先行先试,使滨海新区的金融创新能够有足够的试验积累。天津开发区管委会出台了支持现代服务业发展的相关政策,支持领域涉及市场准入简化、初期运营补助、地方税收支持、个人所得税奖励、办公用房补助、人才引进支持等方面。滨海新区出台了《鼓励支持发展现代服务业的指导意见》,对金融企业总部核心业务、新设立的金融服务机构(企业)给予资金补助,对新设立的独立核算的金融企业给予营业税全额或50%补助等。

表3-7　　　　　　　　　　天津滨海新区金融改革开放支持政策

发布时间	颁布机构	政策名称	主要内容
2006年5月	国务院	《关于推进天津滨海新区开发开放有关问题的意见》	提出鼓励天津滨海新区进行金融改革和创新。在金融企业、金融业务、金融市场和金融开放等方面的重大改革,原则上可安排在天津滨海新区先行先试。本着科学、审慎、风险可控的原则,可在产业投资基金、创业风险投资、金融业综合经营、多种所有制金融企业、外汇管理政策、离岸金融业务等方面进行改革试验
2007年11月	中国保监会	《关于加快天津滨海新区保险改革试验区创新发展的意见》	支持天津滨海新区保险改革发展创新,优化市场主体结构,推进保险业务创新,拓宽资金运用领域,完善政策支持体系

续表

发布时间	颁布机构	政策名称	主要内容
2009年6月	国家发展改革委	《天津滨海新区综合配套改革试验金融创新专项方案》	在金融企业、金融业务、金融市场和金融开放等方面的重大改革，原则上可安排在天津滨海新区先行先试
2008年3月	天津市政府	《天津滨海新区综合配套改革试验总体方案》	要求把金融改革作为首要任务，搞好改革创新和先试先行
2008年4月	天津市政府	《天津市第一批金融改革创新重点工作计划》	部署第一批金融改革创新10项重点工作
2008年7月	天津市政府	《关于推进天津滨海新区保险改革试验区发展的意见》	旨在又好又快地推进天津滨海新区保险改革试验区创新发展
2012年9月	天津市政府	《天津市第三批金融改革创新重点工作计划》	部署第三批金融改革创新20项重点工作
2011年5月	滨海新区政府	《天津滨海新区综合配套改革试验第二个三年实施计划（2011—2013年）》	要求创新金融业务和防范金融风险，健全创新型市场体系，深化金融对外开放，建设金融改革试验区
2011年10月	滨海新区政府	《关于推进于家堡金融区金融创新和招商政策体系建设的意见》《关于推进于家堡金融区金融创新和招商政策体系建设的实施方案》	明确于家堡金融区金融改革创新核心区的定位

（四）云南沿边金融改革试验实践

1. 细化沿边金融改革开放任务

《云南省广西壮族自治区建设沿边金融综合改革试验区总体方案》颁布后，云南省为充分用好用活国家赋予的政策机遇，省政府在一个月内迅速出台了具体实施意见，着力发展国际金融、产业金融、基础设施金融、科技金融、普惠金融五大金融，部署2014年重点实施的40项任务和26项创新突破任务，并真抓落实牵头单位和责任单位。其中，开展跨境人民币双向贷款试点，人民币与周边货币直接挂牌兑换交易，建立金融工程研发试验中心，推动中国与东盟、南亚国家跨境保险业务合作，发行跨境专用非现金支付工具等，都是云南沿边金融综合改革试验区的创新点。以上举措的实施，充分发挥了金融对资源配置的效用。

2. 加强跨境金融合作

云南省借助沿边优势，启动经常项下个人跨境人民币结算；根据实际需要放宽人民币现钞携带限制；在东盟和南亚国家与试验区开展人民币双向贷款试点；支持与东盟和南亚国家人民币融资合作，推动境内银行为境外项目提供人民币贷款业务；鼓励银行开展境内外联动的人民币融资产品创新；搭建越南盾、缅元、老挝基普、泰铢4种非主要货币报价与兑换平台，开辟人民币跨境清算的新渠道。其中，特许机构缅币经常项目兑换成为全国首创。此外，成功设立了依托POS机和E—ATM支付工具的首个非现金跨境支付服务点，为中缅双方企业、商人、居民、游客提供小额存取、刷卡消费等跨境支付服务。

3. 搭建跨境金融资源与信息平台

云南省认识到信息时代推进智慧金融建设的重要性，先行先试，组建专家团队、博士后工作站及金融人才工作站，打造泛亚区域金融智库、金融产品研发平台、金融工程实验基地、金融信息枢纽和金融开放合作窗口，吸引高端人才参与试验区的改革。组建了沿边金融工程研发实验中心（泛亚金融研究院），与新华社共同组建新华泛亚金融信息商品交易中心，这些金融信息平台为现代金融服务业和金融监管提供大数据，为实时、准确地预测及规避各类金融风险构筑软环境。

4. 积极推动金融机构入（出）滇

积极吸引恒丰银行、汇丰银行、东亚银行、泰京银行、惠理集团、马来西亚银行、渣打银行等外资金融机构进驻。实施金融机构"走出去"发展战略，支持试验区的金融机构和符合条件的私募股权投资基金、要素交易平台到东盟、南亚国家设立机构。继太平洋—老挝合资证券公司开业后，富滇银行、诚泰保险公司及云南省证券公司成为率先到东盟、南亚国家设立机构的地方性法人金融机构；2014年云南亚盟货币兑换有限责任公司同缅甸CB银行签订了战略合作协议，通过在仰光、木姐等四地建立运营机构，为企业"走出去"和人民币跨境支付、结算奠定基础。

5. 强化政策支持

为促进云南沿边金融改革，国务院、中国人民银行、中国银监会、国家外汇管理局、云南省人民政府等积极出台相应的支持政策。云南沿边金融改革按照创新突破、先行先试、风险可控、稳步推进的原则，相继出台了一系列改革措施和有针对性的支持政策。

表3-8　　　　　　　　　云南沿边金融改革支持政策

出台时间	公布单位	政策法规	主要内容
2011年5月	国务院	《国务院关于支持云南省加快建设面向西南开放重要桥头堡的意见》	提出把昆明建成面向东南亚、南亚的区域性金融中心
2013年9月	国务院	《云南省广西壮族自治区建设沿边金融综合改革试验区总体方案》	确立云南沿边金融改革的总体框架
2011年8月	中国银监会	《中国银监会办公厅关于服务云南桥头堡建设相关事宜的复函》	支持云南大力发展银行业机构，为桥头堡建设提供金融支撑和服务保障
2012年11月	云南省人民政府	《关于加快推进昆明区域性国际金融中心建设的意见》	对完善跨境人民币投融资结算给出路径，推动人民币衍生品组合设计

续表

出台时间	公布单位	政策法规	主要内容
2013年1月	云南省人民政府	《关于云南省建设桥头堡沿边金融综合改革创新试验区总体方案的请示》	大力推动云南跨境金融、沿边金融、地方金融改革创新
2013年12月	云南省人民政府	《云南省人民政府关于建设沿边金融综合改革试验区的实施意见》	实施、加快推进建设沿边金融综合改革试验区，对改革任务进行分解
2014年5月	中国人民银行昆明中心支行	《云南省沿边金融综合改革试验区个人经常项目跨境人民币结算试点暂行办法》	云南省个人跨境人民币结算试点业务正式启动
2014年5月	国家外汇管理局云南省分局	《云南省德宏州本外币兑换特许机构经常项目缅币兑换试点业务管理办法（试行）》	国家外汇管理局首次在特许机构中放开对企业在经常项目下的兑换，全国仅有云南获批试点

（五）贵阳市金融改革开放实践

1. 举全省之力支持金融集聚

2012年，贵阳市提出启动"贵阳国际金融中心"建设。2013年6月，时任贵州省委副书记、省长陈敏尔在首次调研该项目建设推进情况时提出"完善规划，提升档次，集聚要素，省市联手打造贵州金融城"，2015年，贵阳国际金融中心正式升级为贵州金融城。同时，贵州省明确新入驻金融机构统一进入金融城营业，有力地促进了贵州金融城建设。目前，贵州金融城建设已初具规模，金融城一期除双子塔外已全面建成，二期已建成225万平方米并陆续交付使用，预计2018年底建成，三期、四期正在开展项目规划、征拆等工作；区域注册、入驻金融、准金融、金融中介服务机构260余家（其中，传统金融机构31家）。华夏银行、光大银行、浦发银行等贵州区域总部已入驻，互联网金融特区入驻100余家新金融企业，初步形成了以银行、证券、保险等传统金融为基础，以大数据金融、互联网金融、科技金融等新金融为引领的产业发展格局。

2. 全方位健全工作机制

成立以观山湖区党委、政府主要领导任指挥长的项目建设指挥部，定期协调解决工作推进中存在的问题，对相关问题实行"建账销号"制度。及时争取上级部门支持，2017年8月，贵州省政府批复成立观山湖现代服务产业试验区。成立专门服务机构——观山湖区金融服务中心，专门负责贵州金融城相关服务工作。

3. 省、市、城区三级联手，多举措出台扶持政策

为加快项目建设发展，贵州省、贵阳市、观山湖区和白云区政府陆续出台各层次的专门扶持政策，从土地财税、办公房租赁、人才引进等方面进行专项扶持。贵阳市相继出台了《金融监管机构及金融企业（准金融企业）入驻贵阳国际金融中心优惠政策》

《关于支持贵阳国际金融中心加快建设和发展的意见》《加快发展贵州金融城专项扶持政策》等政策。以上政策在项目用地、人才引进、金融高管个税奖励、楼宇置换、配套住宅优惠等方面都有创新。

4. 多途径推进产业培育

加快招商引资，党政主要领导亲自招商，在发达地区多次举办专场招商推介会，搭建金融沟通桥梁。推进传统金融聚量，加大银行、证券、保险等传统金融机构总部或区域总部的引进力度，推进"一行三局"等金融监管机构率先入驻，形成金融要素高度聚集的产业优势。加快大数据金融提质，按照差异化、特色化发展要求，抢抓"数博大道"建设等重大机遇，积极搭建产业孵化平台，以普惠金融、区块链金融、征信数据为重点，引进国内外顶尖数字金融企业入驻，推动互联网金融、移动金融、科技金融等新兴业态集聚发展。

五、南宁建设面向东盟金融开放门户枢纽城市的总体思路

（一）指导思想

以习近平新时代中国特色社会主义思想和党的十九大精神为指导，践行习近平总书记赋予广西"构建面向东盟的国际大通道、打造西南中南地区开放发展新的战略支点、形成21世纪海上丝绸之路与丝绸之路经济带有机衔接的重要门户"的三大定位新使命，落实"扎实推动经济持续健康发展、扎实推进现代特色农业建设、扎实推进民生建设和脱贫攻坚、扎实推进生态环境保护建设、扎实建设坚强有力的领导班子""五个扎实"新要求，以广西建设面向东盟的金融开放门户为契机，坚持新发展理念，解放思想、大胆探索，充分发挥南宁作为西部陆海新通道的重要节点、中国东盟对接的重要枢纽优势，充分利用"南宁渠道"，不断推进推动金融发展创新、加强国际金融合作、扩大金融对外开放，打造面向东盟的金融开放门户枢纽城市，推动区域性国际金融中心建设进程，打造金融创新发展和高质量发展的典范。

（二）基本原则

1. 坚持特色发展

充分发挥面向东盟的区位、渠道优势以及国际陆海贸易新通道重要节点优势，加快推进南宁—东盟金融合作，加快与粤港澳大湾区的金融对接。突出差异化发展，立足东盟和沿边，形成独具南宁特色的跨境、沿边金融生态圈。

2. 坚持集聚发展

紧抓"一带一路"、中国—东盟自贸区、西部陆海新通道和广西建设面向东盟的金融开放门户等重大机遇，充分发挥市场在推动金融改革创新发展进程中的决定性作用，完善政府公共服务职能和宏观引导作用，大力吸引总部金融、新型金融等境内外重量级

金融机构入驻，加快打造金融产业集群集聚区。

3. 坚持创新发展

以跨境金融为抓手，以保险创新综合试验区、绿色金融改革创新试验区等为载体，深化与东盟国家的金融合作，通过跨境人民币结算、跨境投融资服务、跨境金融合作交流等政策创新，大力推动金融体制机制、金融产品和服务以及金融工具和技术等各项创新，促进中国—东盟贸易投资便利化，形成面对东盟金融开放门户的系列可复制可推广创新成果。

4. 坚持服务实体

要把为实体经济服务作为出发点和落脚点，加快构建现代金融产业体系，加强金融与其他产业尤其是铝加工、新一代信息技术、高端装备制造等重点产业的互动，强化产业发展的金融支撑，同时，加强对小微企业、"三农"的普惠金融服务，推进金融精准扶贫，实现金融和实体经济协调发展。

5. 坚持风险可控

加大力度推进金融监管体制机制建设，提升金融监管能力；严格落实各类金融机构功能监管和行为监管的责任主体，确保合规经营；因地制宜开展各项金融创新，依法有序推进面向东盟的金融开放，确保各项金融政策合法合规，确保金融风险可控，实现金融业健康发展。

6. 强化人才引领

坚持人才是第一资源，完善金融人才的培养、引进、使用机制，形成用人留人的良好环境。加大金融人才吸引力度。深化与高等院校、研究机构、金融机构的合作，共建金融培训机构，培育本地金融人才，同时加大对国际化金融管理人才的引进力度，完善金融人才梯队建设，加快形成金融人才洼地。

（三）建设目标

1. 短期目标

到 2020 年，与面向东盟的金融开放门户枢纽相对应的现代金融服务体系逐步完善，金融支撑全方位开放以及经济发展的能力不断增强，国内知名的金融机构、中后台服务机构入驻量明显增加，金融创新能力明显增强，金融人才数量明显增加，金融生态环境明显优化，五象新区面向东盟的金融开放门户南宁核心区建设初具规模。

2. 中期目标

到 2023 年，与面向东盟的金融开放门户枢纽相对应的现代金融服务体系基本建成，与东盟的跨境金融合作频繁，跨境金融业务广度和深度不断拓展，与东盟的金融机构互设、资金互融、信息互通不断增强，在金融开放创新方面形成了一系列可复制可推广的经验，五象新区金融街在国内知名度不断提升。

3. 长期目标

到 2028 年，面向东盟的金融开放门户枢纽城市建成，形成了面向东盟的成熟的跨境金融体系，金融生态环境优良、监管高效、跨境金融合作交流机制和风险防范机制完善，金融与实体经济良性互动，立足西南、面向东盟的区域性国际金融中心建成。

（四）主要任务

1. 建设广西面向东盟的金融开放门户金融集聚区

紧抓西部陆海新通道建设和广西建设面向东盟的金融开放门户的重大机遇，大力吸引总部金融、新型金融等国内外知名金融机构入驻五象新区，以跨境金融为抓手，不断扩大与东盟国家的金融开放合作，不断推动金融体制机制、金融产品和服务、金融工具和技术创新，强化金融监管，防范金融风险，构建与全方位开放格局相匹配的现代金融体系，将五象新区建设成为广西面向东盟的金融开放门户金融集聚区。

2. 扩大面向东盟的金融合作

以中国—东盟自贸区、南新走廊为平台，以推动人民币面向东盟跨区域使用为目的，进一步推进银行业的对外开放，积极开展与东盟国家的跨境信贷、保险、证券等金融业务合作，增强与东盟国家金融机构互设、资金互融能力。以中国—东盟信息港南宁核心基地为平台，积极建设面向东盟的国际金融大数据中心，提高与东盟国家金融监管互动、信息互通能力。通过不断深化与东盟国家的金融合作，提高南宁金融的国际化水平。

3. 加大金融创新

以支撑实体经济发展为出发点，以服务民生为目的，以跨境金融、绿色金融、普惠金融为重点，通过推动面向东盟的跨境人民币业务创新、推动五象新区争创全国绿色金融改革创新试验区、加快普惠金融发展等金融领域改革，便利人民币在东盟的使用，推动金融绿色发展，实现金融普惠民生的目的。

六、南宁建设面向东盟金融开放门户枢纽城市的对策

（一）强化规划引导

1. 编制相应的金融发展规划方案

目前，广西正在制定《广西建设面向东盟的金融开放门户五年实施规划》和《广西建设面向东盟的金融开放门户三年行动计划》，南宁市要加快与自治区的政策对接，要从世界前沿高度编制《面向东盟金融门户枢纽城市建设总体规划》，根据"一带一路"建设、西部陆海新通道建设、面向东盟的金融开放门户建设等新战略，勾画未来金融发展蓝图，做好顶层设计。要在总体规划下编制详细规划，为南宁与东盟的金融创新与合作指明详细的发展方向。

2. 强化规划之间的衔接

做好《面向东盟金融门户枢纽城市建设总体规划》与《广西壮族自治区建设面向东盟的金融开放门户总体方案》《南宁市国民经济与社会发展"十三五"规划》《广西金融

业发展"十三五"规划》《南宁市现代服务业集聚区发展规划（2016—2020年）》《南宁市金融业发展"十三五"规划》等规划之间的衔接，提高可操作性与执行效率。

（二）大力推动金融业集聚集群发展

根据全市现有金融业的区位特征，以推动金湖、五象新区金融街、东盟商务区等较为成熟的金融集聚区发展为重点，推动金融业集聚发展，形成规模效应。

1. 优化提升金湖金融中心集聚区

推进金湖广场金融中心提档升级，进一步优化金融配套服务和金融环境，吸引更多的国内外金融机构和大型金融服务企业总部入驻，进一步提高金湖广场周边银行机构总部聚集优势。加快金湖广场周边与金融配套的商务、培训、征信、中介、楼宇供需等金融服务行业的发展，完善金湖金融中心宜商、宜业、宜居、宜乐、宜游等配套功能，进一步提升服务金融业能力，拓展金融发展空间。优化营商环境和人才政策环境，提升人才支撑配套。引导周边区域的产业业态和空间资源调整，形成居住、商业等金融街扩展功能区和辐射区。

2. 加快五象新区总部基地金融街建设

加快金融机构引进和培育。以区域金融合作、货币结算、产权交易、期货交易、离岸金融、普惠金融等为重点，出台引进和发展金融机构的奖励政策，完善金融机构引进激励机制，大力吸引知名总部金融机构、外资金融机构、地方金融机构、新兴金融业态等入驻金融街，鼓励在金融街设立法人机构、分支机构和后台服务基地，鼓励东盟地区中央银行或广西区内现有金融机构总部及相关分支机构向核心区集聚。

加快绿色金融改革创新示范区的申报设立。以中国—东盟信息港、北斗产业园、新兴产业园为抓手，大力支持金融机构围绕新一代信息技术、大数据、云计算、新材料、新能源及高端装备制造等绿色产业开展绿色金融业务。鼓励银行、保险公司、证券公司、金融租赁公司、信托公司等金融机构在绿色信贷、绿色保险、绿色债券等方面探索开展先行先试业务。探索与东盟开展绿色金融业务合作，支持国际金融机构、投资集团在金融街开展绿色投融资活动。

加快面向东盟的重大金融项目布局和建设。积极向自治区申请设立保险创新综合试验区，鼓励保险机构开展跨境保险服务，推动跨境保险业务和服务创新。依托中国—东盟信息港，争取设立面向东盟的金融大数据中心，为中国与东盟开展金融合作提供信息服务，打造中国—东盟金融信息服务基地。积极推动科研院所、智库、政府、金融机构等建立面向东盟的金融培训机构，完善跨境人才交流和培训长效机制，打造面向东盟的金融交流培训基地。

3. 进一步壮大东盟商务区互联网金融集聚区

以中国—东盟商务区互联网金融产业基地为载体，鼓励互联网金融企业在风险可控的前提下加强模式创新和信用创新，不断完善南宁民间金融信息服务平台、互联网金融大数据服务平台、互联网金融服务区、互联网金融产业创业孵化中心等平台功能，构建具有网上支付、创投、融资、保险等多种功能的金融服务平台，加快第三方支付、移动支付、电商金融等金融企业发展，壮大互联网金融集聚区。鼓励互联网金融与电子商务、跨境贸易、文化科技、信息服务、现代物流等融合发展，促进产业转型升级。

4. 培育高新区—经开区科技金融集聚区

充分发挥南宁高新区、经开区作为国家级开发区的政策优势以及其自身的区位优势和产业发展优势，结合园区建设与信息产业、战略性新兴产业培育，鼓励培育发展私募证券基金、私募商品（期货）基金、对冲基金、量化投资基金、私募股权基金，吸引融资租赁、交易平台等非银行新型金融机构和企业集聚，支持发展新一代信息技术、数字经济等创新项目，实现创客创业资源和金融资本高效对接，打造成为以科技金融为核心功能的产业金融创新圈。

（三）优化金融组织体系

1. 巩固提升传统金融业

充分发挥市场机制的作用，完善银行业组织体系，形成政策性银行、大型银行、股份制商业银行、城市商业银行、农村中小金融机构、邮政储蓄银行、外资银行、非银行金融机构等类型多样、优势互补的银行业服务体系，建立健全较为完善的农村金融服务体系。以地方券商、基金公司、商品期货公司等为主要抓手，有重点、有步骤地建设证券业金融组织体系，加快建成高效优良和功能完善的证券期货服务体系，增强利用资本市场直接融资能力。积极推进保险业体制机制改革，加快构建以保险资产管理公司、中介机构、保险专业机构为主体的保险金融组织体系，努力创建保险产品开发、资金运用和服务的创新试验区。

2. 加快地方法人金融机构发展

做大做强南宁金融投资集团。整合优化资源，引进优质战略投资者，将南宁金融投资集团打造成以投资和控股金融产业为核心，涵盖银行、保险、证券、基金、担保、小额贷款、要素交易、创业投资、资产管理等多个金融领域综合运营的金融控股集团。

全力推动各类资本在南宁发起设立各类法人金融机构。推动组建市级农村商业银行，推动设立金融租赁公司、消费金融公司，支持大型企业集团设立财务公司，配合自治区推动合资法人证券公司落户。推动农村资金互助社、小额贷款公司等农村新型金融机构的不断设立，增强和提升对小微企业和"三农"的融资服务功能。推动组建南宁金融资产交易所，为各类金融资产提供从登记、交易到结算的全程式服务。积极组建信托、期货、保险以及其他地方法人金融机构。

3. 积极发展各类金融中介服务机构

积极发展经纪、保险代理、投资咨询等中介服务机构，大力引进货币兑换、跨境征信服务、投融资咨询等与跨境金融核心业务密切相关的中介服务机构，构建专业化的金融中介服务体系。积极推动设立各类金融商会、协会、促进会等非营利性金融组织。推动发展资金清算、金融资讯等金融信息服务机构，鼓励发展南宁金融传媒业，为全市金融发展提供全方位保障。建立健全金融中介服务统一监督、统一管理、统一协调机制，不断优化金融中介服务水平。

（四）加强资本市场培育

1. 加强上市企业培育

要加快建立上市企业培育储备机制，建立上市（挂牌）企业后备库，重点挖掘各产业中的优秀企业作为拟上市企业和挂牌企业，有针对性地开展上市培训，加快企业上市进程。坚持境内、境外"两手抓"，主板、中小板、创业板、新三板"多板齐上"的原则，制定南宁市资本市场发展规划。对符合国家产业政策、盈利水平较高、资产规模较大、主导产业突出、竞争力较强的企业，加快推动在沪深主板市场上市。对主业突出、科技含量高、成长性好的高科技企业或中小型民营企业，加快推动在中小板市场上市。对科技含量高、成长性好、规模不大的"两高六新"[①] 中小企业，积极培育在创业板或者新三板市场上市。短期内不适宜上市的企业，可以国内产权交易市场为目标，通过进一步培育壮大，走转板发展的路子。积极组织适合在境外市场融资的企业到中国香港、新加坡、美国等境外市场上市，从国际资本市场直接融资。

完善企业上市（挂牌）培育的相关财政税收政策，加大支持本市企业上市（挂牌）的支持力度，鼓励各类企业进行股份制改造，完善公司治理，为挂牌上市做好前期准备，对有上市（挂牌）潜力的企业，股份制改造、辅导备案、提交申请等分阶段进行补贴或者给予税收优惠减免。

2. 大力推动债券市场发展

通过宣讲、交流会、座谈会等多种形式，充分利用电视、报纸、网站等多种媒介，加大对企业的信息服务，积极引导企业灵活运用公司债、企业债、项目收益债券、短期融资券、中期票据、高收益债券、集合债券、集合票据等工具扩大融资规模。完善债券发行信息共享制度，提高债券信用保险，增强投资者风险识别和分析能力，实现债券市场资源的有效配置。发展债券市场中介机构，支持本地金融机构取得债券承销发行资质，支持符合条件的商业银行开展债券承销。充分利用西部陆海新通道重要节点城市的区位优势，积极争取国家、自治区安排地方政府债券规模方面的倾斜政策。

3. 大力发展股权投资市场

充分发挥政府引导基金的作用，以财政奖励、办公场所补助、让利、税收优惠等多种方式鼓励和吸引私募基金、创业投资、天使投资、风险投资等各类股权投资基金依法依规在南宁市设立股权投资管理机构或者业务管理总部，发起设立各类股权投资基金，壮大全市股权投资基金规模。加大对国家级和境内外知名的股权投资机构的招商力度，借鉴其专业的投资运营水平和成熟的管理模式提升南宁股权投资业专业水平。完善股权投资业发展的政策体系，创新政务服务，增强政策的针对性和可操作性。

---

① "两高六新"是指高科技、高增长以及新经济、新模式、新服务、新能源、新农业、新材料。

(五) 大力推进金融领域改革创新

以东盟为重点，以支撑实体经济发展为出发点，以服务民生为目的，在跨境金融、绿色金融、普惠金融等领域积极推进金融改革，加快全市金融业的创新发展步伐。

1. 推动面向东盟的跨境人民币业务创新

按照《广西建设面向东盟的金融开放门户的具体要求》，积极探索开展跨境人民币业务创新，扩大人民币在跨境贸易、跨国投资以及跨境融资等中的使用，不断推动人民币的国际化，争当广西金融改革创新的先行者。积极开展人民币跨境支付系统国际宣传和交流，推动人民币跨境支付系统与东盟区域性国际支付清算系统对接，推进中国—东盟区域支付清算一体化建设。依托中国—东盟信息港南宁核心基地，建设面向东盟的国际金融大数据中心，为跨境金融业务提供硬件支撑和数据服务。

2. 加快推进五象新区争创全国绿色金融改革创新试验区

加快五象新区申报全国绿色金融改革创新试验区，不断完善绿色金融体系，探索绿色金融推动产业发展的途径和模式，为促进全市乃至广西全区绿色经济发展提供示范效应和动力支撑。

大力发展绿色信贷。引导和支持各银行业金融机构加快信贷结构调整，建立绿色信贷管理体系，支持新一代信息技术、生物医药、机械装备制造、节能环保等绿色产业发展。

推动资本市场绿色发展。探索建立绿色企业上市培育和辅导机制，大力支持市场前景广阔、项目回报稳定、征信记录良好的优质绿色企业上市融资，支持绿色企业并购重组，充分利用资本市场平台拓宽融资渠道；综合利用财税政策支持具备资质的大型绿色企业发行绿色债券，积极推动中小型绿色企业发行绿色集合债，不断降低企业融资成本；鼓励金融机构不断提高业务水平，增强其绿色金融产品开发能力，不断推进清洁交通、绿色建筑、海绵城市建设、风景名胜区、园林绿化等领域的绿色信贷产品创新。成立由社会资本和政府合作的绿色产业基金，对政府参与形式、退出机制以及产业基金的组织形式进行合理设定。探索会同第三方机构制定统一的绿色企业、绿色项目分类标准，做大绿色产业项目库。

加快发展绿色保险。结合南宁实际，完善绿色保险相关政策，制定环境污染强制责任保险相关法律或行政法规，将环境高风险领域或相关企业纳入投保环境污染强制责任保险范围。支持绿色保险机构根据各类型企业的潜在环保达标情况、能源消耗水平、环境污染风险等，设计多样化绿色保险品种，强化绿色产业风险抵御能力。鼓励绿色保险机构积极参与市内绿色建筑、公共建筑节能改造、新能源汽车等绿色项目建设和绿色产业发展，为其提供长期、稳定的资金支持。

3. 完善普惠金融体系

加快农村金融发展。制定定向信贷税收优惠、定向补贴、金融服务奖励等政策，提高各金融机构向农村地区、弱势群体提供金融服务的积极性。充分发挥农村资金互助社、村镇银行、小额贷款公司、农村信用社等金融机构在金融服务中的作用，进一步提高金融的服务范围，形成多元化、广覆盖的普惠金融体系。鼓励大型商业银行进一步介入小额信贷，发展大型商业银行、小额信贷机构、弱势群体"三位一体"的合作机制。降低民间资本进入新兴农村金融服务组织的门槛，加大金融资源的投入，缓解金融市场资金短缺问题。

大力发展互联网金融。借助互联网金融平台，在风险防控合理的前提下，大力发展P2P网贷、众筹、第三方支付等互联网金融，提供便捷、个性化的金融服务产品，满足不同群体特别是低收入群体的多样化金融需求。

鼓励普惠金融机构积极开展产品和技术创新。普惠金融机构要树立"金融为民"的理念，立足"商业可持续原则"，努力在经济利益和社会利益之间找到平衡点，为每一位客户提供所需的金融服务。大力支持普惠金融机构针对市场需求状况，创新适合客户需要的普惠金融服务和产品，提高金融的可获得性。鼓励普惠金融机构借助移动技术作为载体，加大对移动产品、移动APP等技术的研发，大力发展电子化金融产品，以最低的成本实现普惠金融机构服务宽度的增加。

加强金融知识教育和普及。定期举办金融知识讲座，宣讲金融反假、个人征信、个人理财与合理消费等金融知识，帮助居民知晓一定的金融知识、掌握一定的金融技能，增强辨识能力，培养公众风险和维权能力。定期在农村开展金融知识普及工作，增强农村居民的金融风险防范意识。鼓励农民、农村小企业等弱势群体自愿成立具有社区性的资金互助组织、信用合作组织等互助组织，通过这些互助组织为弱势群体提供资金互助等金融服务。进一步完善相关的法律法规体系，加强普惠金融监管力度，利用法律法规加强对金融消费者权益的保护。

（六）强化金融对外开放与合作

1. 加大传统金融对外开放力度

吸引民间资本进入银行业，加快民营银行设立步伐，支持符合条件的民营资本发起设立非银行业金融机构，支持民营企业参与村镇银行发起设立或增资扩股。加快银行业对外开放，支持银行业同港澳地区、东盟国家的金融合作与交流，鼓励符合条件的外国银行在南宁设立外商独资银行、中外独资银行及分支机构，鼓励地方法人引进外资银行作为战略投资者，支持各类银行业金融机构积极开展跨境并购贷款和项目贷款、财富管理等，进一步拓展国际业务和开展国际合作，促进贸易投融资便利化和自由化。

2. 扩大跨境金融业务合作

扩大跨境结算、清算合作。在现有人民币跨境支付系统的基础上，加快推动系统二期建设，完善人民币跨境收付信息管理系统。鼓励市内金融机构与境外金融机构开展合作，扩大人民币跨境支付系统参与者。推动与越南等东盟国家签署双边本币结算协议，增强人民币的流通和储备功能。健全与东盟国家间跨境结算清算相关的法律法规，优化跨境人民币结算金融生态环境。

深化跨境信贷合作。积极引导市内金融机构与境外银行开展西部陆海新通道、"一带一路"等项目建设信贷合作，为企业"走出去""引进来"提供信贷支持。深入研究新形势下中国—东盟跨境信贷需求，积极探索跨境信贷合作模式，为全面深化跨境信贷合作奠定基础。联合第三方征信公司、数据服务公司，打造跨境征信平台，整合工商、税务、社保等信息，形成区域征信信息共享交换机制。支持与第三方企业征信公司及个人征信公司合作，丰富征信产品和服务。建立信用联合奖惩制度，实行守信激励和失信惩戒政策，加大惩治失信行为的力度，强化违约责任的追究，提高失信成本，营造优良的诚信环境。

深入开展跨境证券、保险合作。按照《广西建设面向东盟的金融开放门户总体方案》的建设内容，积极开展与东盟国家的跨境证券合作，支持符合条件的东盟金融机构到南宁设立合资证券公司、基金公司，发挥桥梁作用，支持符合条件的东盟发行人到境内发行人民币债券，尤其是西部陆海新通道及"一带一路"项目建设债券。引导保险公司开展跨境旅游、务工、机动车辆、货物运输等保险业务创新，积极探索推进境外农业合作、境外替代种植的跨境农业保险产品创新，加强同东盟国家保险监管部门的合作，建立保险监管合作机制和对话交流机制，不断扩大跨境保险服务领域。

3. 完善跨境金融合作交流体制机制

构建跨境金融信息交流共享平台。对照《广西建设面向东盟的金融开放门户总体方案》，立足南宁实际，争取在五象新区设立面向东盟的跨境金融信息服务中心，为企业提供政策宣传、信息发布、交易撮合、支付结算等一系列金融信息综合服务，解决金融需求信息不对称问题，降低信息交流成本，提高金融服务效率。

完善与东盟的金融磋商机制。借助中国—东盟博览会平台，进一步完善中国—东盟金融磋商机制，邀请国内、东盟国家甚至欧美一些发达国家的金融专家学者、金融机构负责人、金融企业管理人员等，定期不定期举办各类金融会议，探讨中国—东盟金融合作中的难点和问题，为深化双方金融合作出谋划策。

（七）进一步壮大金融人才队伍

要制定高层次金融人才引进优惠政策，完善相关配套政策，为金融开放门户枢纽城市建设创造良好的发展环境。

1. 研究制定金融人才队伍建设规划

制定金融人才队伍建设规划或计划，制定动态、合理的人才评价机制与有效的激励机制，推行专业技术人才管理制度改革，制定符合广西实际的人才引进政策和更有吸引力的人才培养方案，建立金融人才成长的长效机制。

2. 加快人才引进

完善高层次金融人才引进、培养等政策，采取重要人才重点引进、核心人才带动引进等多种方式引进高层次金融人才，尤其是具有国际视野、熟悉国际金融规则和金融业务的优秀人才，并为其创造良好的工作、生活条件，解决其任职、住房、就医、社保、子女教育等问题，使其引得进、留得住。

3. 强化人才培养

注重与周边国家在金融领域开展人才交流合作，互派人员到对方金融机构学习、培训；与区内重点院校、区外金融相关专业的重点大学建立长期合作关系，采取短期培训、跟班学习、专业进修等方式联合培养金融人才；定期选拔本地优秀人才参与国内外金融机构重点业务培训与跟班实习；联合高等院校、研究机构、金融机构，组建金融战略研究智库，针对中国—东盟经济金融合作发展对金融人才的需求，策划、设计一批重大培训项目，实现项目带动人才培养；建立金融高级人才信息数据库，探索高级金融人才培养综合评价体系，建立符合本地实际的金融人才培养长效机制。

（八）不断优化金融发展环境

1. 完善南宁市社会信用体系建设

有效整合公安、银行、保险、证券等部门的信用信息资源，促进征信系统的对接与联网，打造互惠互利、共建共享的信用平台。完善南宁市统一信用中心建设，加大信用信息归集、共享和应用力度，加大对联合奖惩案例的公布，构建联合奖惩统一发起与响应机制，为创造诚信社会提供硬件保障。推进建立健全诚实守信的正向激励机制，深入开展信用县、社区、乡镇、企业和信用村、信用户的创建活动，在全社会弘扬诚信意识，营造良好的信用环境，构建良好的区域金融环境。

2. 加大金融风险防范

建立全市金融风险防范联席会议制度，定期对全市金融运行过程中可能出现的风险进行分析、研究、评估。加大金融监管部门和相关部门之间的金融信息共享，形成监管合力。加快建立统一的金融监管信息平台，推动金融市场的各类主体监管全覆盖。健全金融风险应急机制，继续完善金融风险预警指标和金融稳定监测指标体系，健全监管部门监管、金融机构内控、从业人员自律、社会舆论监督等多层次金融风险防范体系，增强化解系统性风险和处理金融突发事件的能力。完善风险处置机制，加大对金融违法犯罪案件的查处力度，制定相应的应急预案，将风险化解前置。继续深入整顿规范金融秩序，严厉打击逃废债行为，依法打击各种金融诈骗违法犯罪行为。

3. 完善金融发展政策体系

进一步加大财税支持力度，重点对金融机构引进、培育壮大以及服务能力提升、业务创新、与东盟开展金融合作交流等方面，制定激励政策和配套措施，全方位推进建设面向东盟的金融开放门户枢纽工作向纵深发展。

4. 营造良好的金融营商环境

开辟"绿色通道"，为金融企业落户、金融人才引进发展提供全方位服务。加强对金融中介服务市场的监管，坚决打击虚假评估、虚假认证、虚假报告等违法行为，规范市场中介机构行为。加强投资者教育，提升投资者尤其是中小投资者的投资素养和知识水平，倡导理性投资，强化风险防范意识和自我保护能力。加强金融消费者权益保护，健全金融消费纠纷协调与诉讼、仲裁对接机制。

参考文献

[1] 陈勇鸣. 上海自贸区的若干可推广经验 [N]. 学习时报, 2015-06-15 (4).

[2] 夏立君. 天津滨海新区金融创新对江苏的启示 [D]. 长春: 吉林大学, 2015.

[3] 夏江山. 天津滨海新区金融改革创新的调查与思考 [J]. 地方经济, 2010 (22).

[4] 苏杰. 滨海新区融资租赁业领跑全国数量占全国近三成 [J]. 港口经济, 2014 (1).

[5] 陆春红. 推进沿边金融综合改革试验区建设 提升南宁市金融开放水平 [J]. 广西经济, 2016 (11).

(执笔人: 王水莲)

4. 广西—东盟金融开放合作的风险防范报告

2018年12月29日,经国务院批准,中国人民银行等13个部委联合印发了《广西壮族自治区建设面向东盟的金融开放门户总体方案》(银发〔2018〕345号)。这是党中央、国务院判断复杂的国际政治经济金融形势、敏感的国际环境和国内经济形势变化,谋划全面开放新格局、推动中国—东盟构建更加紧密命运共同体的又一重要战略部署。

风险是金融业永恒的主题。在坚持以开放推动金融体系深化改革发展的同时,需要高度重视开放发展过程中的金融风险防范这一重要课题。防范化解重大风险居于"三大攻坚战"的首位,防范化解重大金融风险特别是要防止发生系统性金融风险是其主要内容,既是我国各类宏观政策的重要基础,也事关金融安全和国家安全。

鉴于此,我们以建设面向东盟的金融开放门户为研究对象,探究广西—东盟金融开放合作的风险防范这一重要问题,可以更深刻地认识建设面向东盟金融开放门户过程中的重大金融风险;分析开放合作发展过程中的金融风险国际传导机制,可以进一步深化和丰富金融风险理论;研究金融开放合作发展过程中的金融风险防控机制,有助于推动广西面向东盟金融开放门户的顺利建成,进一步促进与我国金融开放度相匹配的国际金融监管和国际金融治理能力的提升,全面提升金融业的国际竞争力,为我国金融全面开放、深化金融体系改革积累宝贵经验。

一、中国—东盟的经贸金融发展与金融开放合作

(一)中国—东盟的经贸发展

自1991年中国参加第24届东盟外长会议开幕式首次接触以来,在中国和东盟成员国的共同努力下,中国—东盟自由贸易区(China and ASEAN Free Trade Area,CAFTA)已于2010年1月1日宣布正式建成,成为与北美自由贸易区(NAFTA)和欧盟(EU)比肩的全球三大区域经济合作区,也是由发展中国家组成的人口最多的自由贸易区。

经过多年建设,中国—东盟自由贸易区的经济金融、经贸合作等多方面取得了长足发展,如图4-1和图4-2所示。据统计,2000年朱镕基提出建设更加互惠的中国—东盟自由贸易倡议时,以现价美元计的中国—东盟自由贸易区GDP仅为1.82万亿美元,占同期全球GDP的5.43%。到2017年,中国—东盟自由贸易区的GDP已达到15.00万亿美元,与欧盟同期GDP相差约2.3万亿美元,与美国同期GDP仅相差4.5万亿美元,占同期全球GDP的比重已上升到18.54%。2000—2017年,中国—东盟自由贸易区以现

价美元计的 GDP 年均增速高达 13.19%。CAFTA 以购买力平价衡量的国民收入从 2000 年的 4.85 万亿美元增加到了 2017 年的 12.83 万亿美元，占全球的比重由 12.42% 上升到了 2017 年的 23.24%。中国—东盟自由贸易区已成为全球最重要的经济合作区之一，在全球经济发展中的影响力日渐趋强。

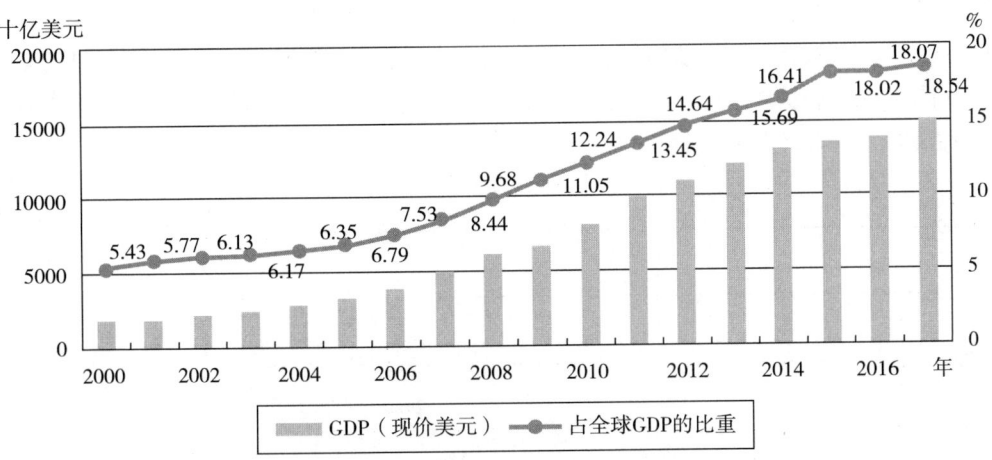

资料来源：世界银行集团数据库（World Bank Group），GDP 以现价美元计。

图 4-1　2000—2017 年 CAFTA 的 GDP 及其占全球 GDP 的比重

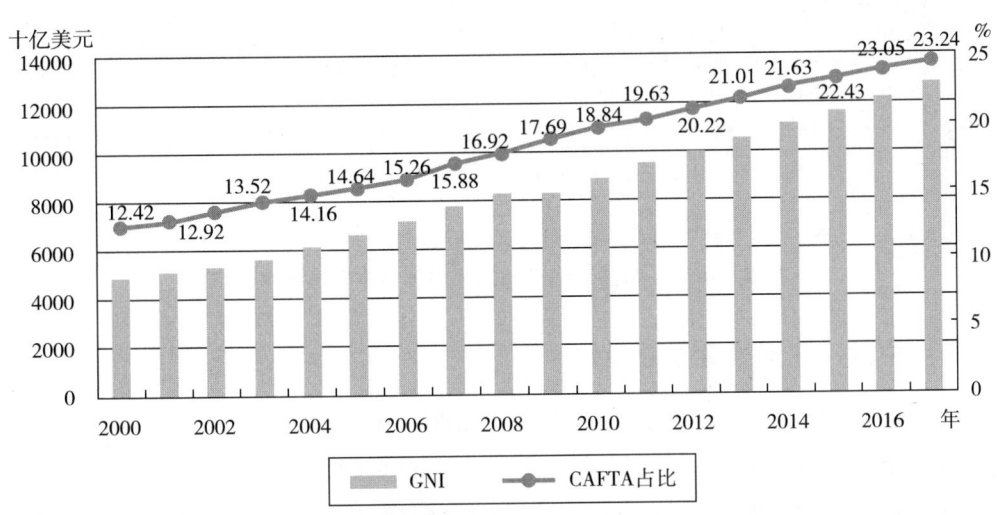

资料来源：世界银行集团数据库（World Bank Group），国民收入 GNI 以购买力平价衡量。

图 4-2　1995—2017 年 CAFTA 的 GNI 及其占全球的比重

依据世界银行对全球各国经济发展水平的分组标准，从 CAFTA 成员国 2017 年以现价美元计的人均 GNI 和人均 GDP 来看，新加坡（57714 美元、54530 美元）和文莱（28291 美元、29600 美元）属于高收入国家分组，马来西亚（9952 美元、9650 美元）、中国（8827 美元、8690 美元）和泰国（6595 美元、5950 美元）属于中高等收入国家分组，但印度尼西亚（3846 美元、3540 美元）、菲律宾（2989 美元、3660 美元）、老挝

(2457美元、2270美元)、越南（2342美元、2160美元）、柬埔寨（1384美元、1230美元）和缅甸（1257美元、1210美元）六国依然属于中低等收入国家分组[①]。

尽管出现了一些波动，但中国—东盟进出口总额总体上呈现快速增长的趋势，如图4-3所示。中国与其余10国的进出口总额由2000年的395亿美元攀升至2017年的5155亿美元，年均增速达到16.31%，高于同期GDP的年均增速。由于中国和CAFTA其他成员国在经济发展阶段、产业结构等方面的互补性较强，虽然2013—2016年中国同CAFTA其他10国出现了较大顺差，但大部分年份中国为略有逆差，中国与CAFTA其他成员国之间的货物贸易保持了基本平衡的格局。

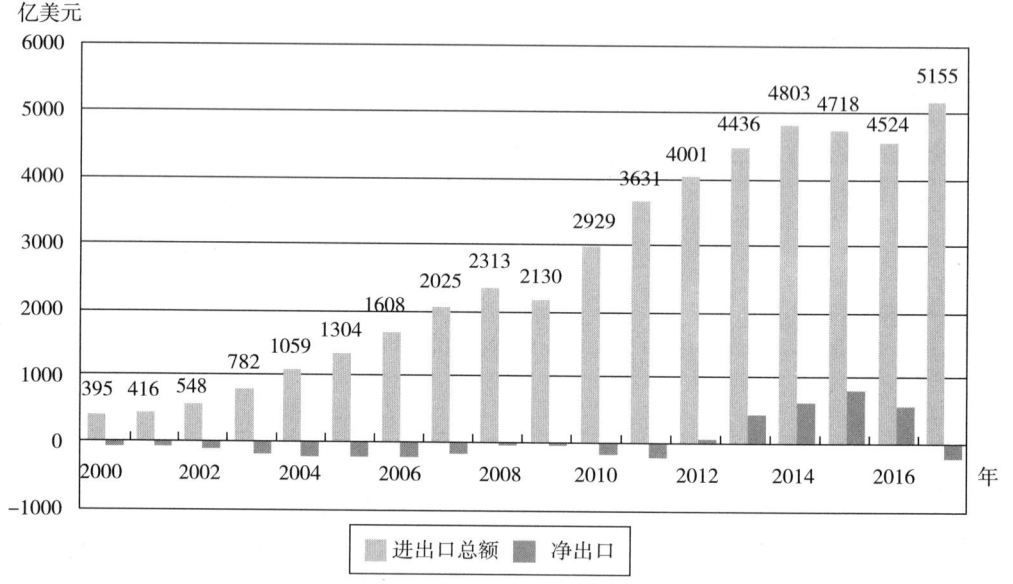

资料来源：历年《中国统计年鉴》，净出口额为负时表示逆差。

图4-3 中国—东盟进出口总额及中国对东盟国家净出口额

（二）中国—东盟的金融业发展

随着中国—东盟自由贸易区的快速发展，东盟十国经济增长在美国次贷危机后得以快速回升，金融也得到了长足发展，但中国—东盟成员国之间的金融市场发展程度参差不齐，存在较大差异。如表4-1所示，从金融机构数量（每10万人）来看，中国、新加坡、文莱、印度尼西亚、马来西亚和泰国的商业银行分支机构数量和自助取款机（ATM）数量相对较高，柬埔寨、老挝、缅甸、菲律宾和越南发展相对较为滞后。在印度尼西亚、马来西亚和越南，利用商业银行筹资的公司数占比相对更高，中国、马来西亚、新加坡、泰国和越南的私营部门信贷占GDP的比重均超过了100%。从股票交易额占GDP的比重来看，中国的资本市场交易规模相对最大，其次是泰国和新加坡，越南、印

---

① 数据来源：世界银行集团数据库（World Bank Group）。

度尼西亚和菲律宾的股票交易规模还非常小。

表 4–1　　　　　　　2017 年中国和东盟国家金融市场概况

国家	商业银行分支机构数（每10万人）	自助取款机（ATM）数（每10万人）	利用商业银行筹资的公司数占比（%）	私营部门信贷占GDP的比重（%）	股票交易额占GDP的比重（%）
中国	9	81	14.7	155.82	140.32
文莱	18	68	—	39.46	—
印度尼西亚	17	56	36.6	38.74	9.11
柬埔寨	8	17	2.5	86.73	—
老挝	3	26	15.9	—	—
缅甸	5	4	7.1	21.97	—
马来西亚	10	47	35.3	123.83	43.67
菲律宾	9	28	12.4	44.72	10.78
新加坡	8	65	—	127.43	67.80
泰国	12	117	15.3	146.80	74.57
越南	3	24	29.3	123.81	17.01

资料来源：世界银行集团数据库（World Bank Group）。

从双向投资来看，中国和 CAFTA 其他 10 国的 FDI 投资也日益活跃。2005—2017 年，中国吸收利用 CAFTA 其他 10 个成员国的外商直接投资由 31.05 亿美元增加到了 50.81 亿美元，同期中国对 CAFTA 的新加坡、印度尼西亚、泰国和越南 4 个成员国 FDI 投资由 0.58 亿美元快速增加到 98.24 亿美元，2017 年底的 FDI 存量达到 654.31 亿美元[①]。随着和其他 CAFTA 经贸往来的快速发展，特别是中国四十年经济高速发展的资本积累快速增长，中国不仅从 CAFTA 其他 10 国吸引外商投资，也有大量资本开始走向 CAFTA 其他 10 国进行 FDI 投资。

（三）中国—东盟投融资及金融开放合作的内涵

自 2013 年底国务院批准《云南省广西壮族自治区建设沿边金融综合改革试验区总体方案》以来，中国—东盟跨境金融服务日趋活跃。广西立足于"面向东盟的国际大通道"，将跨境金融改革创新与深化和东盟开放合作紧密结合，积极推动沿边地区和民族地区的经济金融发展。截至 2017 年底，边境地区银行网点和服务设施超过 600 个，对越南、柬埔寨等国家的境外贷款余额超过 200 亿元[②]。截至 2018 年底，广西有 24 家银行的 332 个分支机构开办跨境人民币业务，为 33350 家企业办理人民币跨境结算，有 112 个国家和地区与广西发生跨境人民币收付，跨境人民币结算量达到 9715.38 亿元，自 2010 年

---

① 数据来源：《中国统计年鉴》。
② 数据来源：《中国银行业监督管理委员会 2017 年报》。

6月试点开展跨境人民币结算以来一直居于全国8个边境省份首位（崔瑜，2019）。

为满足中国—东盟自由贸易区重点项目、双边贸易企业及东盟国家大型基础设施建设项目全方位的金融服务需求，中国大型商业银行纷纷以设立分行、子行、代表处或并购当地金融机构等多种形式，加快了走向东盟国家市场的步伐。截至2018年底，中国银行的分支机构已经覆盖东盟十国，中国工商银行也在除文莱以外的其他9个东盟国家设立了66个分支机构。中国建设银行则通过股权收购方式，在印度尼西亚设立的中国建设银行（印度尼西亚）股份有限公司有94个分支机构，覆盖了印度尼西亚各大岛屿[①]。

2016年我国FDI流量已居世界第二位、存量居第六位并实现双向直接投资项下的资本净输出。随着中国—东盟自由贸易区的建成以及我国与东盟多个成员国双边本币互换协议的签署，中国与东盟之间经贸往来日益密切，双向投融资也日趋活跃，但中国对处于"21世纪海上丝绸之路"第一板块的东盟十国投资存量仅占中国对外投资存量的6.3%，低于欧盟和日本对东盟国家的FDI（王巍、袁航，2018），同时，作为中国—东盟自由贸易区前沿和桥头堡的广西，与东盟10个国家无论是经贸还是投资都处于不温不火的状态。据统计，广西与东盟十国的进出口总额由2012年的120.49亿美元增加到了2017年的280.50亿美元，占中国—东盟进出口总额的比重不到7%。广西利用外商投资一度从2010年的9.12亿美元增加到2015年的17.22亿美元，但2017年下滑至8.23亿美元，且广西利用外商投资的最主要来源地是中国香港而不是东盟十国[②]。因此，广西建设面向东盟的金融开放门户，对探索促进中国—东盟构建更加紧密的命运共同体，以及推动广西形成全面开放新格局促进广西的经济社会发展都极其重要。

建设面向东盟的金融开放门户，在本质上不仅是通过金融开放促进双边投融资体制机制带来投资规模增长从而产生短期经济增长效应，更重要的是通过金融开放推动双边金融市场发展、刺激金融市场主体增加、提升金融机构的效率和质量以及金融工具的创新，并以投融资和结算便利化推动双边经贸合作的进一步提升，形成全面开放的格局，并最终通过金融服务实体经济发展推动双边经济社会发展和福祉提升。

同时，建设面向东盟的金融开放门户旨在通过金融开放推动中国—东盟支付清算一体化。货币一体化发展产生的资产组合效应不仅可以促进双边经济增长，也可以提振中国—东盟自由贸易区的国际经济声誉并提高中国—东盟自由贸易区内国家的整体抗冲击能力。从长远来看，随着人民币在国际货币体系中地位的日益提高，建设面向东盟的金融开放门户需要加快人民币跨境业务创新、强化人民币在对东盟贸易和投融资中的使用，推动区域货币一体化的发展。

[①] 数据来源：各商业银行2018年年度报告。2016年9月，中国建设银行收购了在印度尼西亚证券交易所上市的全牌照温杜银行60%的股权，并将其变更为中国建设银行（印度尼西亚）股份有限公司。

[②] 数据来源：《广西统计年鉴》。

二、中国—东盟金融合作开放的潜在风险分析

金融体系的重要职能之一是通过自身的风险承担行为管理和配置全社会的金融风险,金融危机是金融风险的恶性显化。在 McKinnon(1973)和 Shaw(1973)颇具影响力的倡议下,很多工业化国家和发展中国家在过去的 40 多年中竞相实施金融自由化改革以消除金融抑制和金融约束的不利影响。大部分研究发现金融发展与当期和未来 GDP 增长率存在正相关关系(King & Levine, 1993;Levine, 1997),但金融发展和金融自由化提升长期经济增长率的观点也遭受了 20 世纪 80 年代以来金融危机的质疑。很多国家的银行在放松金融管制后出现了严重问题甚至陷入系统性危机中,自由化改革会强化金融脆弱性(Demirgüç-Kunt & Detragiache, 1998)。尽管金融开放的理论好处显而易见,但要实现潜在好处因受到其他因素的影响而充满不确定性,特别是全球金融市场频繁爆发的金融危机引起了研究人员、政府官员、金融监管者和媒体对金融风险的深切关注。金融风险防控就成为建设面向东盟金融开放门户的应有之义,识别金融开放门户建设过程中的潜在风险显得尤为重要。

(一)商业银行的内生脆弱性

区别于其他市场,金融业比其他行业更容易出问题的根源在于金融业的内在脆弱性。信息不对称和资源错配等造成的市场不完全使得金融市场具有先天的内生脆弱性,即使是政府干预也不能从根本上消除金融体系的脆弱性(Minsky, 1964)。

1. 信息不对称与金融脆弱性

金融合约需求者的风险状态、对待风险的态度和行为等存在很大的差异,但金融机构很难获得这些交易对手的私人信息。平均地,那些积极寻求贷款、在同等条件下愿意支付更高贷款利率的借款人(或支付更高保险费的投保人)更可能违约(或是高风险的投保人)。尽管金融机构试图甄别出这些高风险的交易对手但结果往往事与愿违,信息不对称造成的道德风险也会使金融机构遭受不必要的损失。另外,金融投资者、储户和投保人等也很难从市场上获得金融机构金融风险的有效信息。在 Diamond 和 Dybvig(1983)的挤兑模型中,由于信息不对称,存款人是否从银行提走存款存在双重均衡,银行挤兑是一个预期自我实现的随机事件。当大部分存款人很难观测或判断其他取款人是想提早消费,还是少部分消息灵通的存款人因知悉银行贷款质量恶化而提取存款时,贷款质量恶化引起的挤兑和恐慌引起的挤兑都可能发生(Chari,1988)。储户通常很难获得并甄别银行的资产组合质量信息。如果没有金融安全网,经营健康的银行也会在挤兑时遭受池鱼之殃。金融部门资产负债表的恶化、利率上升、不确定性上升,以及因资产价格变化引起的非金融机构资产负债表恶化都可能强化信息不对称问题(Mishkin, 1999)。

事实上,除了逆向选择和道德风险问题,信息不对称还会使金融体系产生其他问题。

例如，金融机构的组织和产品结构日益复杂化会进一步强化企业内部的委托代理问题（Acharya, Hasan & Saunders, 2006; Baele, Jonghe & Vennet, 2007）。高绩效竞争压力会迫使银行追逐高收益的高风险贷款或投机性衍生仓位等更高风险的活动（Deng & Elyasiani, 2008）。在经济繁荣期，银行会通过做大规模来掩盖不良贷款的上升。为处理前期积累的不良资产，在最需要信贷支持以渡过难关的经济衰退期，银行往往紧缩信贷（Rajan, 1994）。得不到银行支持的非金融企业破产进一步加剧了信贷资产向不良贷款的转变，经营正常的企业也可能因得不到足够的金融支持被迫走向破产。信息不对称产生的委托代理问题也突出表现在金融机构产权、管理者行为等治理机制与风险承担的强关联性上（Jensen & Meckling, 1976）。金融机构风险承担的公司治理机制失灵被视为次贷危机产生的重要原因（Laeven & Levine, 2009; Beltratti & Stulz, 2012; Ferreira et al., 2013; Ellis et al., 2014）。

2. 资产负债表结构与金融脆弱性

不同于非金融企业，金融脆弱性突出表现在金融机构非常特殊的资产负债表结构。银行仅需保有很低的流动性储备以满足取款要求，当未预期的取款集中大量出现时就会面临流动性风险甚至挤兑（Bandt & Hartman, 2000）。如果没有金融安全网，银行资产负债表的恶化会传染到其他银行甚至是健康的银行。事实上，担心存款安全的储户并不能获得银行贷款资产组合的质量信息。这种信息不对称是风险传染的重要根源（Mishkin, 1999）。当银行资产负债表很糟糕时，信息不对称加速储户从银行取走存款，银行信贷相应收缩且存款加倍流失。

在信贷市场中，贷款人（委托人）通常很难无成本得到借款人（代理人）的机会、品德和行为等信息。Bernanke 等（1996）认为信息不对称的委托代理关系产生的代理成本是外部融资升水的一部分，是外部融资比内部融资更昂贵的部分原因。外部融资升水与借款人的净值也即其资产负债表中流动资产和可用于抵押的非流动资产之和成反比。资产负债表变动对信贷关系中代理成本的影响会放大初始外部冲击，这种放大机制即金融加速器（financial accelerator）或信贷乘数效应（credit multipler effect），且这种机制在经济衰退期比经济扩张期更大。区别于资产负债表的货币和期限错配，金融加速器理论更注重宏观经济波动和货币政策传导，从借款人的资产负债表变化分析金融脆弱性。加速机制使得信息不对称引起的金融脆弱性问题更加严重，即使是较小的初始外部冲击也可能导致金融危机出现。Iacoviello（2015）说明面临房地产抵押贷款违约的较小外部冲击时，银行采取信贷紧缩的去杠杆行为放大了对高度依赖银行贷款的实体经济负面影响，反过来又进一步放大外部冲击并最终导致次贷危机出现。Jordà、Schularick & Taylor（2016）考察了银行资产负债表的结构性变化，很多发达国家的住房抵押贷款使得家庭资产负债比率快速上升，银行资产负债表中抵押贷款份额出现了倍增，紧随房地产抵押贷款繁荣之后的是更深的衰退和缓慢的恢复。

金融机构资产负债表的特殊性也表现为期限错配和货币错配的失衡。例如，提供流动性的商业银行在进行流动性转化的同时，也产生了很多长期的非流动性资产，而其分散、短期的流动性负债随时都可能被赎回。资产负债结构的这种内在缺陷可能导致银行出现流动性不足甚至流动性枯竭（Diamond & Dybvig, 1983）。家庭、企业和政府的资产负债或收支活动中使用货币的不同使得金融机构的资产负债表出现货币错配。在一个资本项目可自由兑换的开放经济体中，以本币计价的外币资产在本币升值时会出现缩水，当债权人预期到本币升值幅度较大时，要求将以本币计价的外币负债转为本币负债会造成金融机构债务负担快速上升从而造成资产负债关系的失衡。这在本币可能大幅贬值时更严重，债权人会大量提取银行存款、停止银行外币债务展期、将大量国内资产转为国外资产，在宏观上会急剧恶化全社会的总资产负债表，而利率和其他资产价格也伴随本币贬值而快速变化时，资产组合调整对总资产负债表的恶化效应会进一步加剧，导致资本快速外流并出现国际收支危机（Allen et al., 2002）。

另外，Minsky（1964）敏锐地认识到非金融微观经济主体的财务杠杆变化对金融脆弱性的影响，认为金融不稳定是经济不稳定的集中体现。他将债务融资主体区分为抵补型、投机型和庞氏型三类。后两种类型主体占比越高，经济就越偏离均衡状态。投机型融资主体在当局采用紧缩政策来抑制通货膨胀时会变为庞氏型融资主体，随着繁荣时期抵补型融资主体占比不断下降，国民经济就会出现债务—通货紧缩危机（Fisher, 1933）。

此外，金融机构间清算系统的复杂性和关联性、跨国并购和金融创新使得金融系统更加复杂、金融系统远超过实体经济的扩张速度、金融深化造成的金融体系结构变化和杠杆作用加强（Houben, Kakes & Schinasi, 2004；王东风，2007），以及日益庞大的影子银行等进一步加剧了金融体系的脆弱性。

（二）中国—东盟商业银行的潜在风险

如表4-2所示，2010—2017年，马来西亚、菲律宾和越南商业银行不良贷款率持续降低，中国和新加坡商业银行不良贷款率近几年有所回升，但总体不良贷款率依然处于相对较低的水平，这几个国家商业银行的信贷风险相对较低。文莱商业银行不良贷款率虽然在2015年低至0.40%，但2016年、2017年快速上升，和泰国商业银行的信贷风险同处于较高水平，印度尼西亚、柬埔寨商业银行业的信贷风险也相对较高。

表4-2　　　2010—2017年中国和部分东盟国家商业银行不良贷款率　　　单位：%

国家名称	文莱	中国	印度尼西亚	柬埔寨	马来西亚	菲律宾	新加坡	泰国	越南
国家代码	BRN	CHN	IDN	KHM	MYS	PHL	SGP	THA	VNM
2010年	6.87	1.13	2.53	3.14	3.35	3.38	1.41	3.89	2.09
2011年	6.03	0.96	2.14	2.29	2.68	2.56	1.06	2.93	2.79
2012年	5.38	0.95	1.77	2.22	2.02	2.22	1.04	2.43	3.44
2013年	4.53	1.00	1.69	2.30	1.85	2.44	0.87	2.30	3.11
2014年	3.85	1.25	2.07	1.62	1.65	2.02	0.76	2.31	2.94
2015年	0.40	1.67	2.43	1.59	1.60	1.89	0.92	2.68	2.34

续表

国家名称	文莱	中国	印度尼西亚	柬埔寨	马来西亚	菲律宾	新加坡	泰国	越南
2016年	4.75	1.74	2.90	2.13	1.61	1.72	1.22	2.99	2.28
2017年	3.54	1.74	2.56	2.07	1.55	1.58	1.40	3.07	1.82

资料来源：世界银行集团数据库（World Bank Group）。

较高的贷款利率水平有利于化解商业银行的不良贷款从而降低银行业风险。同时，高贷款利率会增加银行客户的还款难度，迫使银行客户将贷款投向高风险项目和行业以弥补高利率下利润空间的缩小。贷款低利率可以降低银行客户的还款难度从而降低银行的不良贷款率，但较低的贷款利率压缩了银行的利润空间，当贷款利率过低时，银行可能出现较大面积的亏损，从而不利于银行业的健康发展和银行业的稳定。表4-3数据显示，2010—2017年，文莱的贷款利率水平长期保持在5.50%，泰国的贷款利率略有上升，其他几个国家的贷款利率水平普遍有所下降。从横向比较来看，2017年缅甸和印度尼西亚的贷款利率最高，分别为13.00%和11.07%。中国、泰国、文莱、菲律宾、新加坡和马来西亚的名义贷款利率水平处于相对较低的阶段，越南的贷款利率处于相对较高的水平。

表4-3 2010—2017年中国和部分东盟国家的贷款利率水平 单位：%

国家名称	文莱	中国	印度尼西亚	缅甸	马来西亚	菲律宾	新加坡	泰国	越南
国家代码	BRN	CHN	IDN	MMR	MYS	PHL	SGP	THA	VNM
2010年	5.50	5.81	13.25	17.00	5.00	7.67	5.38	4.33	13.14
2011年	5.50	6.56	12.40	16.33	4.92	6.66	5.38	5.07	16.95
2012年	5.50	6.00	11.80	13.00	4.79	5.68	5.38	5.19	13.47
2013年	5.50	6.00	11.66	13.00	4.61	5.77	5.38	5.06	9.63
2014年	5.50	5.60	12.61	13.00	4.59	5.53	5.35	4.95	8.16
2015年	5.50	4.35	12.66	13.00	4.59	5.58	5.35	4.73	6.96
2016年	5.50	4.35	11.89	13.00	4.54	5.64	5.35	4.47	6.96
2017年	5.50	4.35	11.07	13.00	4.61	5.63	5.28	4.42	7.40

资料来源：世界银行集团数据库（World Bank Group）。

存款是商业银行最重要的负债来源，也是银行成本的重要组成部分。存款利率的上升可以更多地动员储蓄，但也会增加银行的成本支出。当存款利率波动时，商业银行需尽快调整负债结构或改变已有的资产结构。存款利率的急剧上升会造成银行资产负债结构的失衡，从而加剧银行的脆弱性。如表4-4所示，2010—2017年，除文莱存款利率水平一直保持在5.50%外，其他国家的存款利率水平普遍有所降低，有助于降低商业银行成本，提高银行业的整体稳定性。从相对水平来看，2017年缅甸、印度尼西亚和越南的存款利率分别高达13.00%、11.07%和7.40%。中国、马来西亚和泰国的商业银行存款利率在4.5%左右，商业银行的存款成本相对低很多。

表 4-4　　2010—2017 年中国和部分东盟国家商业银行存款利率　　单位:%

国家名称	文莱	中国	印度尼西亚	缅甸	马来西亚	菲律宾	新加坡	泰国	越南
国家代码	BRN	CHN	IDN	MMR	MYS	PHL	SGP	THA	VNM
2010 年	5.50	5.81	13.25	17.00	5.00	7.67	5.38	4.33	13.14
2011 年	5.50	6.56	12.40	16.33	4.92	6.66	5.38	5.07	16.95
2012 年	5.50	6.00	11.80	13.00	4.79	5.68	5.38	5.19	13.47
2013 年	5.50	6.00	11.66	13.00	4.61	5.77	5.38	5.06	9.63
2014 年	5.50	5.60	12.61	13.00	4.59	5.53	5.35	4.95	8.16
2015 年	5.50	4.35	12.66	13.00	4.59	5.58	5.35	4.73	6.96
2016 年	5.50	4.35	11.89	13.00	4.54	5.64	5.35	4.47	6.96
2017 年	5.50	4.35	11.07	13.00	4.61	5.63	5.28	4.42	7.40

资料来源：世界银行集团数据库（World Bank Group）。

2010—2017 年，中国、印度尼西亚、马来西亚、菲律宾和新加坡商业银行存贷款利差普遍收窄，挤压了商业银行的利润空间。文莱和越南的存贷款利差有所扩大。从存贷款利差空间的横向比较来看，2017 年文莱、新加坡和印度尼西亚的利差均超过了 4.5%，马来西亚商业银行的存贷款利差减至 1.68%。

表 4-5　　2010—2017 年中国和部分东盟国家商业银行存贷款利差　　单位:%

国家名称	文莱	中国	印度尼西亚	马来西亚	菲律宾	新加坡	泰国	越南
国家代码	BRN	CHN	IDN	MYS	PHL	SGP	THA	VNM
2010 年	5.03	3.06	6.24	2.50	4.45	5.17	3.13	1.94
2011 年	5.10	3.06	5.47	2.00	3.28	5.21	2.61	2.96
2012 年	5.27	3.00	5.85	1.81	2.52	5.24	2.59	2.97
2013 年	5.22	3.00	5.39	1.64	4.11	5.24	2.63	2.94
2014 年	5.20	2.85	3.85	1.54	4.30	5.21	3.20	3.24
2015 年	5.16	2.85	4.33	1.45	3.99	5.17	3.30	2.28
2016 年	5.17	2.85	4.72	1.52	4.05	5.16	3.17	2.16
2017 年	5.18	2.85	4.55	1.68	3.75	5.14	3.13	2.62

资料来源：世界银行集团数据库（World Bank Group）。

如表 4-6 所示，2010—2017 年，中国商业银行的流动性比率持续上升，因流动性短缺而导致流动性风险和挤兑的相对风险较低。2017 年，文莱和马来西亚的流动性比率均只有 10% 左右，商业银行的流动性风险相对较高。

表 4-6　　2010—2017 年中国和部分东盟国家商业银行的流动性比率　　单位:%

国家名称	文莱	中国	印度尼西亚	柬埔寨	缅甸	马来西亚	菲律宾	泰国
国家代码	BRN	CHN	IDN	KHM	MMR	MYS	PHL	THA
2010 年	5.51	42.20	30.97	44.05	61.60	20.63	34.91	22.99

续表

国家名称	文莱	中国	印度尼西亚	柬埔寨	缅甸	马来西亚	菲律宾	泰国
2011年	9.26	43.20	32.91	34.91	44.62	22.41	32.55	21.09
2012年	10.72	45.80	27.77	31.53	18.07	19.36	31.30	20.50
2013年	11.15	44.00	21.61	27.11	19.34	16.53	45.63	19.05
2014年	10.82	46.40	23.06	25.29	13.23	13.01	35.03	19.19
2015年	13.08	48.00	19.59	26.25	21.23	10.86	32.34	17.25
2016年	12.89	47.60	20.14	28.32	21.82	10.18	30.14	18.94
2017年	10.74	50.00	20.63	30.72	22.92	9.79	25.71	19.57

资料来源：世界银行集团数据库（World Bank Group）和《中国银行业监督管理委员会2017年报》。

资本金是商业银行风险补偿最后的资金屏障。股东权益比率既反映商业银行的资产配置能力，也衡量了商业银行风险承担程度的不同。较高股东权益比率意味着银行承担了较低风险（Berger，1995），抵御风险冲击的能力也较强。储户可能认为股东权益比率较高的银行更审慎，出现挤兑的可能性较低（Berger，1995b）。商业银行增加资本金会增强储户信心（Berger & Bouwman，2013）。

如表4-7所示，2010—2017年，中国、印度尼西亚、马来西亚、新加坡、泰国商业银行的股东权益比率逐渐上升，表明这些国家商业银行风险补偿能力不断提升，但越南商业银行的股东权益比率从2010年的8.87%降到了2017年的7.36%。从横向比较来看，2017年印度尼西亚、柬埔寨、文莱、马来西亚和泰国商业银行的股东权益比率均超过了10%，这些国家商业银行的风险补偿能力相对较高。

表4-7　　2010—2017年中国和部分东盟国家商业银行的股东权益比率　　单位：%

国家名称	文莱	中国	印度尼西亚	柬埔寨	缅甸	马来西亚	菲律宾	新加坡	泰国	越南
国家代码	BRN	CHN	IDN	KHM	MMR	MYS	PHL	SGP	THA	VNM
2010年	10.25	6.12	10.66	20.12	—	9.38	10.23	8.97	8.53	8.87
2011年	8.90	6.37	10.99	17.33	—	8.89	11.09	8.32	7.84	9.30
2012年	9.10	6.49	12.24	16.21	—	9.39	11.70	8.92	7.81	9.93
2013年	11.58	6.72	12.47	16.75	—	9.59	9.70	8.22	8.52	9.54
2014年	11.76	7.20	12.76	14.35	—	9.95	9.95	8.41	9.21	8.77
2015年	13.23	8.44	13.61	14.23	—	10.46	9.99	9.00	10.03	8.26
2016年	13.05	8.14	14.41	14.25	—	11.00	9.74	9.23	10.46	7.77
2017年	10.88	8.56	15.22	13.97	6.66	11.24	10.02	9.18	10.73	7.36

资料来源：世界银行集团数据库（World Bank Group）和《中国银行业监督管理委员会2017年报》。其中，中国2010—2013年数据为银行业金融机构的股东权益比率。

金融业是信息不对称特征非常明显的行业。降低信息不对称有助于降低道德风险和逆向选择对金融业的不利影响，加强征信信息和企业信息披露是降低金融业信息不对称的有效途径，良好的制度环境有助于降低金融业风险。

征信信息深度指数用于衡量可对从公共或私营征信机构获取征信信息的范围、可及性和质量产生影响的规则，数值越大表示从公共或私营征信机构获取有助于贷款决策的征信信息越多（取值范围为0～8）。如表4-8所示，中国、文莱、印度尼西亚、柬埔寨、老挝、马来西亚、泰国和越南的征信信息深度指数均有所提高，但缅甸和菲律宾的征信信息深度指数为0。从横向比较来看，中国、文莱、印度尼西亚、马来西亚的征信信息深度指数相对较高，商业银行可从公共或私营征信机构获取更多用于贷款决策的信息。

表4-8　　　　2013—2018年中国—东盟国家征信信息深度指数

| 国家名称 | 文莱 | 中国 | 印度尼西亚 | 柬埔寨 | 老挝 | 缅甸 | 马来西亚 | 菲律宾 | 新加坡 | 泰国 | 越南 |
国家代码	BRN	CHN	IDN	KHM	LAO	MMR	MYS	PHL	SGP	THA	VNM
2013年	5	6	6	5	0	0	7	0	7	6	6
2014年	5	6	6	5	0	0	7	0	7	6	6
2015年	6	6	6	5	0	0	7	0	7	6	7
2016年	7	8	6	6	6	0	8	0	7	7	7
2017年	7	8	7	6	6	0	8	0	7	7	7
2018年	8	8	8	6	6	0	8	0	7	7	7

资料来源：世界银行集团数据库（World Bank Group）。

表4-9数据显示，2013—2018年，中国、印度尼西亚、马来西亚、新加坡和泰国的企业信息披露程度相对较高，而文莱、柬埔寨、老挝、缅甸、菲律宾和越南的企业信息披露程度相对较低，不利于金融机构通过企业披露所有权状况和财务信息而提高投资者保护。

表4-9　　　　2013—2018年中国—东盟企业信息披露程度指数

| 国家名称 | 文莱 | 中国 | 印度尼西亚 | 柬埔寨 | 老挝 | 缅甸 | 马来西亚 | 菲律宾 | 新加坡 | 泰国 | 越南 |
国家代码	BRN	CHN	IDN	KHM	LAO	MMR	MYS	PHL	SGP	THA	VNM
2013年	4	10	10	6	2	3	10	2	10	10	7
2014年	4	10	10	6	6	3	10	2	10	10	7
2015年	4	10	10	6	6	3	10	2	10	10	7
2016年	4	10	10	6	6	3	10	2	10	10	7
2017年	4	10	10	6	6	3	10	2	10	10	7
2018年	4	10	10	6	6	3	10	2	10	10	7

资料来源：世界银行集团数据库（World Bank Group）。

法律权利度指数衡量的是担保品法和破产法通过保护借款人和贷款人权利而促进贷款活动的程度（取值范围为0～12），数值越高表明担保品法和破产法越有利于获得信贷。表4-10数据显示，2013—2018年，文莱、印度尼西亚、老挝、泰国和越南的法律权利度指数逐渐提升。从横向比较来看，2017年，文莱的法律权利度指数值最高（12），其次是柬埔寨（10）、新加坡（8）、越南（8）、泰国（7）和马来西亚（7）。相对来说，中国（4）、缅甸（2）和菲律宾（1）在一定程度上担保品法和破产法通过保护借款人和贷款人权利而促进贷款活动的程度依然处于相对较低的水平。

表 4-10　　　　　　2013—2018 年中国—东盟国家的法律权利度指数

国家名称	文莱	中国	印度尼西亚	柬埔寨	老挝	缅甸	马来西亚	菲律宾	新加坡	泰国	越南
国家代码	BRN	CHN	IDN	KHM	LAO	MMR	MYS	PHL	SGP	THA	VNM
2013 年	4	4	4	10	2	2	7	1	8	3	7
2014 年	4	4	4	10	6	2	7	1	8	3	7
2015 年	4	4	5	10	6	2	7	1	8	3	7
2016 年	5	4	6	10	6	2	7	1	8	3	7
2017 年	12	4	6	10	6	2	7	1	8	7	8
2018 年	12	4	6	10	6	2	7	1	8	7	8

资料来源：世界银行集团数据库（World Bank Group）。

（三）开放合作框架下外部冲击对金融风险的影响

当出现外部冲击时，金融机构更难有效甄别信息，信息不对称对金融体系的负面影响会更严重。主要的外部冲击既包括宏观经济周期性波动的冲击、货币政策和财政政策等制度性冲击、国际收支失衡的冲击以及国际游资的投机性冲击等多种类型。

1. 宏观经济周期性波动的影响

银行稳定性会因经济周期的影响而表现出周期性波动特征（Lindgren，Garcia & Saal，1996），银行在经济衰退时更容易出现危机。Gorton（1988；2015）发现美国银行业恐慌多发生在经济繁荣期的波峰或接近波峰时。Allen 和 Gale（1998；2002）认为银行恐慌并非 Diamond 和 Dybvig（1983）挤兑模型中的随机太阳黑子而是与经济周期有关。预期经济即将出现萧条时，储户会修正对银行的风险评估并提取存款以避免存款损失。Acharya 和 Naqvi（2012）认为银行为诱导工作努力常在流动性充裕时对信贷员基于贷款数量进行补偿，在流动性短缺时对其进行事后惩罚。而投资者在高宏观经济风险时压缩投资、持有更多储蓄的"安全投资转移"（fligt to quality）策略让银行流动性充裕、降低银行家对风险回报降低的敏感性、推高信贷量和资产价格泡沫是银行业稳定性出现周期波动的根源。

经济增长停滞是 1994 年墨西哥比索崩溃的重要诱因（Dornbusch et al.，1995），欧盟宏观经济在次贷危机后的下滑加大了财政收支压力进而酿成了主权债务危机（Lane，2012）。但在危机爆发前几年，东盟十国的经济发展形势一直比较乐观，1992—1996 年，东盟十国除缅甸外的其他 9 国均保持了较高的经济增长速度，似乎没有迹象表明亚洲金融危机会在繁荣之后突然爆发。尽管泰国 1996 年的经济增长速度依然达到 5.65%，但较之前几年超过 8% 的增长速度突然下降了近 2.5 个百分点，事后来看，这或许是引发亚洲金融危机的部分原因，经济增长下滑导致泰国失衡的经济结构进一步恶化。

经历过亚洲金融危机和次贷危机这两次严重危机的洗礼，东盟十国宏观经济保持了良好的发展趋势。2010—2017 年，除文莱国民经济长期低迷，东盟其他 9 国都得到迅速恢复。在文莱扭转经济负增长的不利局面后，2017 年东盟十国 GDP 均实现正或较高的 GDP 增长速度。东盟十国统计部门公布的初步统计数据显示，2018 年东盟十国继续延续良好势头，柬埔寨和越南 GDP 增速分别为 7.30% 和 7.08%，增速较低的新加坡和泰国也分别达到 3.30% 和 3.70%。图 4 - 4 显示，和次贷危机之前相比，除文莱、泰国和新加坡的 GDP 增速波动较大外，东盟其他 7 国的 GDP 均保持了较高经济增长速度且波动幅度逐渐收窄，东盟国家在次贷危机后进入了较高经济增长速度和相对稳定的时期。尽管当前国际形势复杂如贸易保护主义抬头，全球局部风险隐患依然存在，但欧美经济在危机后已缓慢恢复，未来 3～5 年内东盟国家宏观经济出现大幅波动的可能性较小。

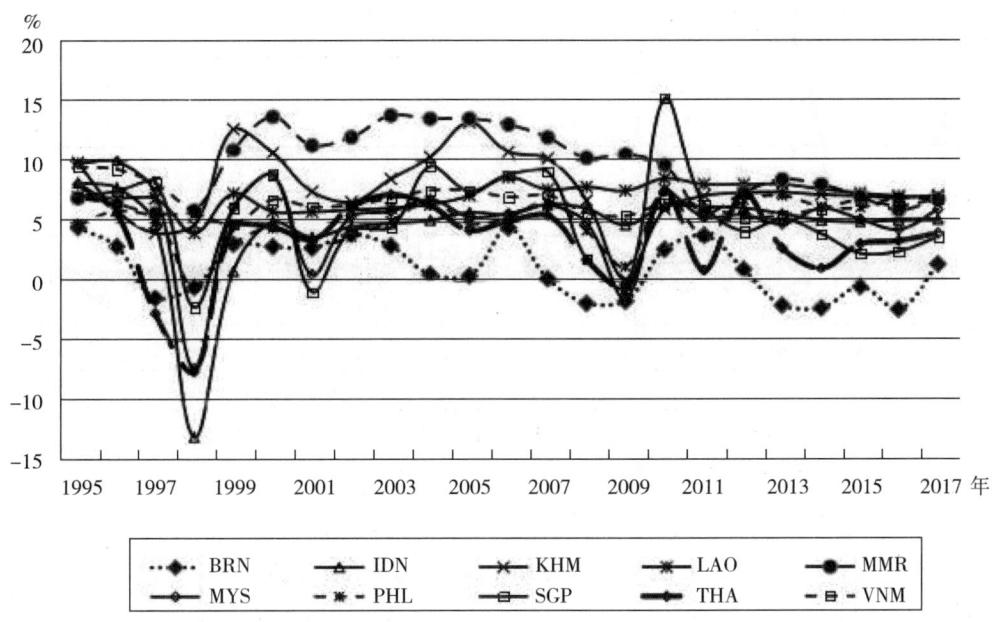

资料来源：世界银行集团数据库（World Bank Group），国民收入 GNI 以购买力平价衡量。

图 4 - 4　1995—2017 年东盟 GDP 增长率曲线

2. 货币政策和财政政策等制度性冲击的影响

未清偿债务的实际价值随未预期通货膨胀率下降而上升会提高贷款违约概率（Bario & Lowe，2002），高通货膨胀率也会加大银行评估借款人风险的困难，信息不对称的恶化造成金融资源错配会导致银行不良贷款上升从而加剧金融体系的脆弱性（Schwartz，1998）。在危机时期，金融摩擦促使企业抬高价格以避免不利的融资和需求冲击，这种逆周期决策行为使企业保有内部流动性并减少外部融资（Gilchrist et al.，2017），加剧了产出对通货膨胀反应的波动，外部融资的下降使得金融业更难恢复。

货币超发引发的高通货膨胀率常被视为土耳其多次爆发危机的原因（Özatay，2000；

Ari & Cergibozan，2015），但最先引发危机的泰国在亚洲金融危机爆发前一年的通货膨胀率并不高，1996 年的通货膨胀率仅为 4.1%，比 1995 年的通货膨胀率（5.74%）还有所降低，相对来说，后来才遭受国际游资冲击的菲律宾和印度尼西亚通货膨胀率更高些，1995 年的通货膨胀率分别为 7.55% 和 9.88%，1996 年的通货膨胀率分别为 7.66% 和 8.68%。与菲律宾和印度尼西亚有着同样遭遇的马来西亚和新加坡通货膨胀率则更低，1995 年的通货膨胀率分别为 3.63% 和 3.29%，1996 年的通货膨胀率分别为 3.68% 和 1.47%。遭遇危机的东盟国家普遍出现了通货膨胀率上升，1998 年泰国的通货膨胀率上升至 8.06%，马来西亚的通货膨胀率上升到了 8.5%，而在菲律宾和印度尼西亚则更加严重，1998 年菲律宾和印度尼西亚的通货膨胀率分别上升到了 22.38% 和 75.27%。

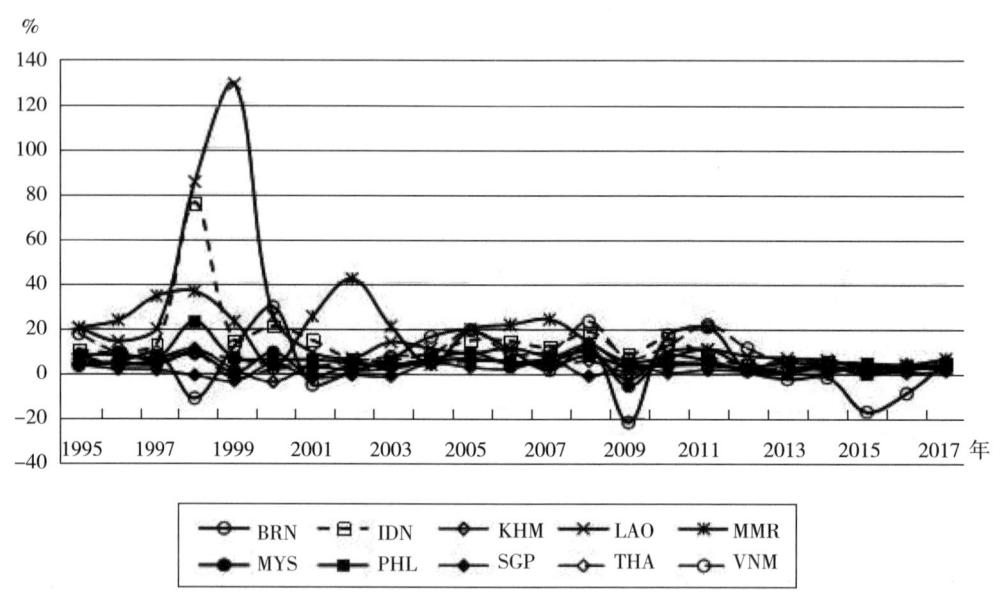

资料来源：世界银行集团数据库（World Bank Group）。年通胀率为按 GDP 平减指数衡量的通货膨胀率。

图 4-5　1995—2017 年东盟十国通货膨胀率趋势

图 4-5 表明，2012 年以后，东盟十国的通货膨胀率一直保持在较低水平，物价波动水平甚至比亚洲金融危机爆发前还要低，处于比较合理的水平。因此，如果货币政策能继续保持平稳、通货膨胀预期不发生急剧变化，由货币发行引发严重通货膨胀进而造成货币危机的可能性也较小。

在封闭经济体中，财政赤字过高特别是政府将财政赤字货币化时，会引发高通货膨胀甚至导致货币体系的崩溃。土耳其在 20 世纪 90 年代以来的多次货币危机及银行危机都与过高的财政赤字、滥发货币引发高通胀密切相关（Ari & Cergibozan，2015）。区域经济一体化特别是单一货币可以降低货币危机发生的概率，但欧盟成员国财政政策各自为政一直是难以解决的一大难题，部分成员国高财政赤字是引发欧洲主权债务危机的重要原因（Lane，2012）。

基于欧洲福利国家经济社会实践，在内部谈判妥协的基础上，1991 年的《欧洲联盟条约》规定欧盟成员国自 1994 年起赤字率不得超过 3%，负债率则不得超过 60%[①]，国际上也常将 3% 作为财政风险的参考警戒线。与欧盟主权债务危机和土耳其多次危机中的高政府赤字不同的是，亚洲金融危机爆发前，无论是最先引发危机的泰国，还是后来受到攻击的菲律宾、印度尼西亚、马来西亚和新加坡在 1995 年和 1996 年政府财政收支都表现为盈余，新加坡 1995 年和 1996 年的财政盈余甚至分别高达 16.1% 和 13.6%。

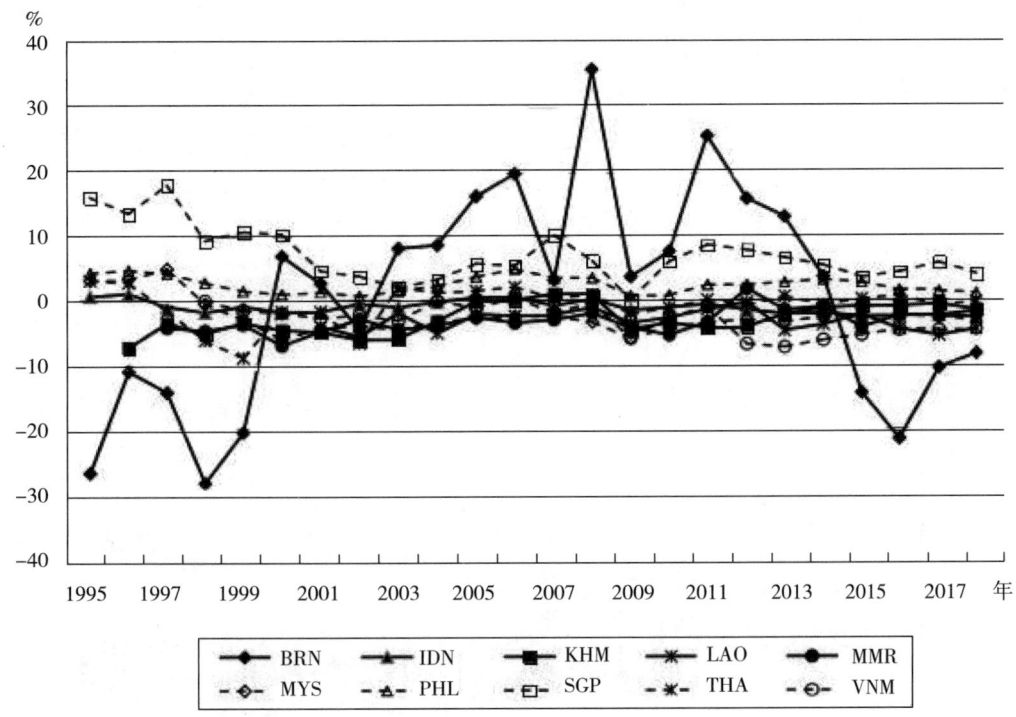

资料来源：knoema 世界数据图册（https://cn.knoema.com/atlas）。财政赤字率为一般政府净贷款/借款占 GDP 的百分比，符号为负表示财政赤字。

图 4-6　1995—2018 年东盟十国的财政赤字变化趋势

3. 国际收支失衡与投机性冲击的影响

更重要的是国际金融自由化后资本流入突然停止造成的高破坏性（Dornbusch et al., 1995）。当资本账户完全开放时，边际要素生产率的降低、债务到期压力、币值等多种因素会引发国际投资者悲观情绪进而导致资本流入的中断或突然中止（Calvo, 1998; 2003; 2006），并最终触发货币危机。金融开放后，资本流入的突然中断也会引发经常账户的逆转（Edwards, 2004; Rothenberg & Warnock, 2011）。金融开放给国际资本提供了进行投机攻击的可能，当一国的经济基础不平衡时特别是币值高估更容易招致投机攻击。尽管大部分投机攻击并不能如愿，也并非每次冲击都会导致货币崩溃或货币危机

---

① 尽管《欧洲联盟条约》设置了这一参考标准，但为了充分发挥财政政策的经济增长刺激作用，包括欧美国家在内的很多国家的赤字率经常超过 3% 甚至超过 10%。

(Almahmood, 2018), 但即使是不成功的投机攻击, 也足以给脆弱的金融体系带来足够大的挑战并造成巨额的成本。经常账户有规模可观的逆差且国内私人部门信贷规模快速膨胀表明债务比率的上升源于国外借贷的增加, 私人部门信贷快速膨胀可能预示着银行危机。

一国财政赤字中外债比例过高特别是债务结构中即将到期的短期债务比例较高时, 财政赤字极易引发金融危机。从政府负债水平看（见图4-7）, 亚洲金融危机爆发前, 菲律宾1995年的政府负债率为62.7%, 新加坡1995年和1996年的政府负债率略超过警戒线, 分别为67.4%和68.8%, 泰国、印度尼西亚、马来西亚1996年的政府负债率均远在60%的警戒线以下, 这也意味着财政收支失衡似乎并不是亚洲金融危机爆发的导火索。

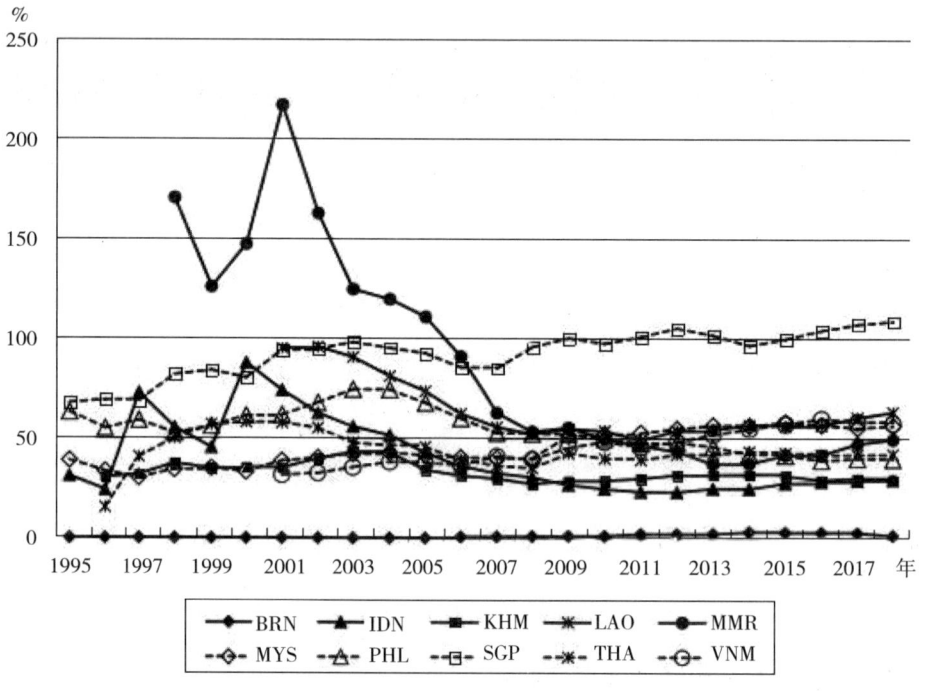

资料来源: knoema世界数据图册。政府债务率一般为政府总债务占GDP的比重。印度尼西亚 (IDN) 1995—1999年的政府负债率为世界银行数据库数据。

图4-7 1995—2018年东盟十国政府负债率变化趋势

亚洲金融危机爆发前, 虽然泰国的外债总量由1995年的345亿美元下降到了128亿美元, 包括黄金在内的总储备由1995年的370亿美元增加到了386亿美元, 总储备可支付进口的月份略多于5个月, 但1995年和1996年的外债存量（外债总额存量与国民收入GNI之比）由早几年的30%多快速上升到了60%以上, 外债余额占商品服务的出口和初次收入的比例分别迅速上升到135.09%和149.74%。从外债结构来看, 泰国短期外债占总外债的比例从1987年的13.07%逐年攀升至1994年的44.548%, 1995年和1996年短期外债占总外债的比例分别高达44.05%和42.27%, 如图4-8所示。短期外债占总储备的比例由 1989 年的 58.4% 逐年上升到 1996 年的 123.5%。外债结构的期限严重失衡加上经济增长速度突然从 1995 年的 8.12% 下降到 1996 年的 5.65%，导致的债务压力最终迫使泰国货币当局于 1997 年 7 月 2 日以浮动汇率制取代之前的固定汇率制并引发了亚洲金融危机。

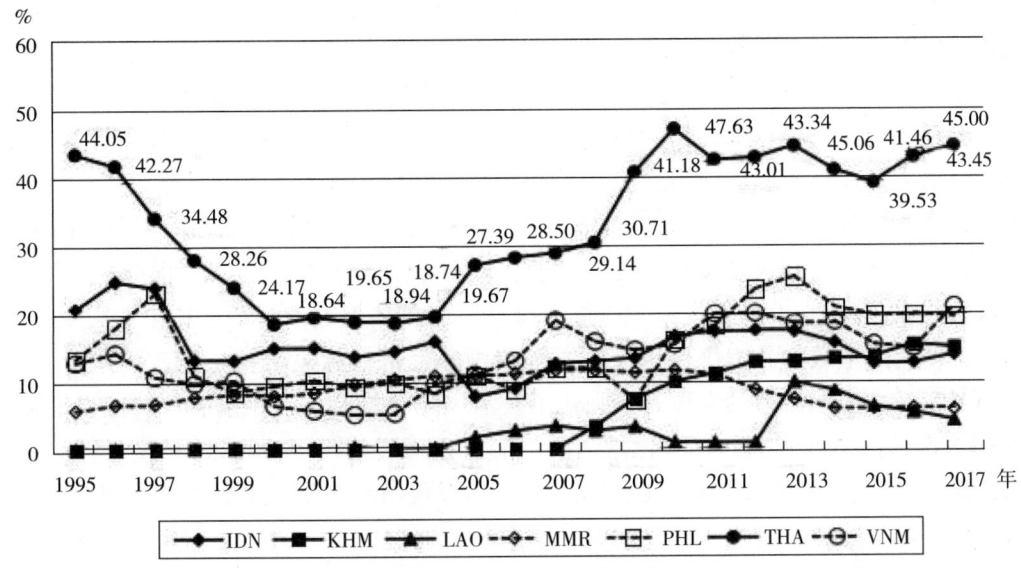

资料来源：世界银行集团数据库（World Bank Group）。

图 4-8 东盟部分国家 1995—2017 年的短期外债比例比较

（四）广西—东盟金融开放合作的政治风险

随着苏联的解体和冷战的结束，全球的极端政治对抗逐渐减少，区域一体化成为应对日趋激烈的经济竞争的重要方式（杨德新，1996）。在中国和东盟国家务实努力的共同推动下，中国—东盟自由贸易区已于 2010 年初宣布正式建成，特别是随着体现共同进步和发展的"一带一路"倡议的不断深入推进，构建中国—东盟命运共同体这一框架为广西面向东盟金融开放合作奠定了良好的合作基础，金融开放合作前景较为明朗，中国—东盟国家间累计国际贸易额和跨国投资的存量稳定增长是这种大趋势的深刻反映，但近几年国际贸易额的波动和跨国投资流量的下降也反映了中国与东盟各国间的政治风险依然较高。

受政治制度差异、经济发展水平、民族主义、宗教差异和地缘政治等多种因素的影响，中国与东盟之间的政治风险突出表现在以下几个方面：一是中国和东盟部分成员国间的领土主权纷争引发的政治互信风险。由于历史、法律制度等多种原因，中国（含台湾）、越南、菲律宾、印度尼西亚、马来西亚和文莱之间存在的领土主权纷争在 20 世纪 90 年代后逐步升温。尽管中国坚持在《南海各方行为宣言》的框架下共同维护南海和平稳定并保持克制和忍让，但南海巷道的贸易通道战略地位、巨大的自然资源储量和利益诉求矛盾导致南海主权声索国间在自然资源开发利用等方面小规模冲突不断（夏飞等，2013；聂文娟，2013；王巍、袁航，2018）。东盟是"21世纪海上丝绸之路"最重要的板块，地理位置的战略价值和快速提升的经济发展使其成为大国博弈的重要地区，特别是美国亚太再平衡战略和日本等域外大国的搅局，使得南海问题日益复杂化。领土主权纠纷引发各方在政治上的不信任和局部战争的不确定性是影响面向东盟金融开放合作最大的政治风险因素。二是局部战争的潜在威胁。缅甸自第二次世界大战结束后就内战不断，尽管2015年就签订了全国范围的停火协议，到2018年2月，签署停火协议的缅甸民族地方武装由8支增至10支，但军事冲突并未就此结束。战争会造成投资者的直接和间接经济损失，其资本驱离效应对经贸关系和金融开放合作的影响极大。三是"中国威胁论"造成部分国家"反华"和"排华"政治事件会恶化金融开放合作。尽管中国和东盟国家无论是地理空间还是文化等均较接近，但在欧美等国兜售的"中国威胁论"影响下，虽然并未出现20世纪大规模的严重"排华"事件，但越南、缅甸和印度尼西亚等东盟国家出现的一些政治暴力事件也反映了东盟国家经济民族主义抬头的政治风险。东盟国家的多宗教和极端势力的发展无疑强化了政治风险（杨晓强、王禽哲，2018；韦朝晖，2018）。"吉林富华"和缅甸"莱比塘铜矿"等工程项目和投资项目被搁置、延期甚至被取消，深受其害。四是法律制度变化的风险。尽管我国和东盟国家的合作基础较好，但东盟国家法律制度变化影响较大。例如，泰国政府通过修订《外国人经商法》对外国投资者的持股比例进行干预后，超过上限的外国投资者必须减少持股比例并将其股份转让给泰方投资者。2019年1月，印度尼西亚财政部出台新规，要求电商卖家在与印度尼西亚政府共享用户数据的同时必须缴纳增值税。

王巍和袁航（2018）将影响中国与东盟直接投资的政治风险清单分为5大类13个方面，构建了东盟国家的政治风险指数。如表4-11所示，在东盟国家中，新加坡的政治风险等级最低，其次为文莱和马来西亚，老挝和缅甸是政治风险等级高的国家，而柬埔寨是东盟国家中政治风险等级最高的。

表4-11　　　　　　　　2006—2015年东盟国家的政治风险指数

国家名称	文莱	印度尼西亚	柬埔寨	老挝	缅甸	马来西亚	菲律宾	新加坡	泰国	越南
国家代码	BRN	IDN	KHM	LAO	MMR	MYS	PHL	SGP	THA	VNM
2006年	0.98	0.96	0.94	0.89	0.79	0.98	0.96	0.99	0.98	0.97
2007年	0.97	0.95	0.91	0.83	0.81	0.97	0.94	0.99	0.97	0.95
2008年	0.98	0.94	0.83	0.83	0.77	0.97	0.92	0.95	0.95	0.94
2009年	0.99	0.96	0.95	0.92	0.74	0.99	0.97	1.00	0.98	0.98
2010年	0.99	0.97	0.93	0.94	0.76	0.99	0.97	1.00	0.98	0.98
2011年	0.99	0.97	0.93	0.94	0.73	0.99	0.97	1.00	0.98	0.98
2012年	0.95	0.77	0.68	0.69	0.72	0.88	0.79	0.98	0.86	0.82
2013年	0.8	0.77	0.79	0.71	0.77	0.89	0.83	1.00	0.85	0.8

续表

国家名称	文莱	印度尼西亚	柬埔寨	老挝	缅甸	马来西亚	菲律宾	新加坡	泰国	越南
2014年	0.88	0.71	0.57	0.69	0.78	0.86	0.74	0.97	0.8	0.76
2015年	0.91	0.72	0.56	0.69	0.79	0.87	0.73	0.98	0.81	0.75

资料来源：《政治风险冲击、制度质量与中国对东盟直接投资》。

三、面向东盟金融开放合作的历史经验

亚洲金融危机虽然已经过去20年，但因其最先在东盟国家爆发并传染到其他东盟国家，甚至东盟域外的韩国、日本和俄罗斯也不堪其扰，这也是我国第一次真正意义上深度参与国际金融危机治理，其经验教训对广西面向东盟的金融开放门户建设过程中风险防控的重要价值甚至要超过10年前的次贷危机。

（一）亚洲金融危机再回顾

1997年2月，国际投机资本开始大举抛售泰铢，泰国经济进一步下滑，泰国不到400亿美元的微薄外汇储备很快就被消耗掉。迫于短期债务的巨大压力，泰国货币当局于1997年7月2日突然宣布放弃固定汇率制转而采取有管理的浮动汇率制，泰铢汇率当天应声下跌了17%，泰铢大幅贬值揭开了亚洲金融危机的序幕。采用固定汇率制的菲律宾、印度尼西亚和马来西亚等相继成为对冲基金等国际投机资本的攻击目标。由于国际货币基金组织为印度尼西亚制订的金融风暴应对方案未能奏效，为稳定印度尼西亚卢比的汇率稳定，印度尼西亚政府不顾国际货币基金组织、美国和欧盟的强烈反对，在1998年2月宣布将实行与美元挂钩的联系汇率制，印度尼西亚在国际货币基金组织扬言撤回援助后开始陷入政治经济危机，联系汇率制也未能遏制印度尼西亚卢比的快速贬值，不到一个星期，印度尼西亚卢比对美元的价格就跌破1万比1。在汇率市场出现动荡后，不仅韩国企业大量破产、韩元快速贬值，与东盟经贸关系密切的日元也陷入了困境，日元兑美元汇率由1997年中的115∶1跌至1998年4月的133∶1甚至逼近150∶1。尽管4月印度尼西亚政府与国际货币基金组织的新经济改革方案达成协议并落地后风暴似乎已经过去，但风暴随后蔓延到俄罗斯，俄罗斯卢布与美元的汇率浮动范围被扩大到9.5∶1。尽管中国香港坚持港元不贬值，国际投机资本并未放弃对中国香港的攻击，恒生指数一路跌至6000点以下。为保住香港联系汇率制，内地在宣布人民币不贬值的同时向香港注入大量外汇储备，随后亚洲金融危机的恶性蔓延逐渐开始逆转，但直到1999年才真正宣告结束（邵宇，2017）。

（二）亚洲金融危机的经济和制度经验

亚洲金融危机过去的20年中，学术界一直在反思危机发生的原因，既从发生危机国家的内部因素，也从亚洲金融危机爆发的国际环境特别是国际投机资本的冲击等多方面

总结经验。

1. 亚洲金融危机的经济原因

余永定、陆磊（2000）认为持续的国际收支逆差、固定汇率机制和资本自由流动是货币危机发生的充分必要条件。

资本账户自由化可以促进资本流入、弥补储蓄缺口并推动经济增长，但金融体系和治理结构等的缺陷会导致信息不对称条件下的道德风险问题恶化（余永定、陆磊，2000）。1994年美联储开始持续加息，联邦基金利率长期维持在5%，东亚国家境内外资产利差高企。以日元为例，1995年中到2000年末，日美基准利差约为5%。高利差吸引东亚国家的金融机构从境外借入资金并在国内贷款，在为国内金融机构带来高利润的同时推高了房地产和股票市场泡沫。在泰国，在稳定汇率、高利率以及资本账户自由化的吸引下，国外资本尤其是国外短期资本大量融入泰国，且集中流向了房地产和股票市场。为了弥补收支形成的贸易逆差，泰国政府大举借入外债，但是泰国外债的结构严重失衡，并且外债结构主要以短期债务为主。随着外债规模的不断扩大，发行外债并不能使泰国平衡国际贸易逆差，反而使泰国短期资本的流入不断增加和对外负债的程度不断增加，资产泡沫破裂后的资本外逃会加剧国际债务困难并最终导致货币危机的发生。亚洲金融危机中，无论是泰国还是后来的韩国，都出现了这种恶化金融机构负债和期限错配的问题。

在泰国出现货币危机后，危机迅速蔓延到其他国家，表明金融市场风险传染加剧了亚洲金融危机的破坏力。从亚洲金融危机的风险传染来看，亚洲国家之间紧密的经贸往来是风险传染的重要渠道并主要通过外在需求萎缩时的收入效应、价格效应和财富效应起作用（王聪、张铁强，2010）。而金融开放则通过外商直接投资的流动、证券市场波动、国际银行贷款扩张和收缩以及投机资本等在国家间传导风险。尽管不同国家危机发生的背景、原因和出现危机的概率各不相同，但绝大多数投资者都认为当有发生金融危机的可能性时，羊群效应和跟风行为等形成的金融危机预期会使得其他有相似宏观经济的国家也出现危机（王聪、张铁强，2010）。尚未建立起有效的金融危机防范机制时，市场参与者的非理性行为引致的金融恐慌行为和狂躁会加剧危机对金融体系的冲击（权丽平、张彦伟，2005）。

2. 亚洲金融危机的制度原因

从更深层次看，亚洲金融危机与亚洲国家的经济发展战略特别是出口导向型的产业政策密不可分。从"亚洲四小龙"的崛起中进行学习并普遍采用出口导向型产业发展政策导致亚洲国家之间的竞争非常激烈，发展过程中不仅产业雷同非常严重，并且贸易竞争力在很大程度上取决于汇率水平，东盟国家在出口和汇率的竞争中存在囚徒困境的博弈矛盾，竞争导致东盟国家危机前汇率贬值频频。出于对浮动汇率制的恐惧，亚洲国家普遍采用盯住美元的汇率制度，这在一定程度上有益于整体亚洲经济，但这种汇率制度存在严重的道德风险的制度缺陷。一旦出现危机，进行本币贬值政策选择最终会导致区域内的货币竞相币值。

另外，20 年前在金融危机的应对上，国际金融组织在协调国家间的关系以及工具箱等方面存在严重不足。国际货币基金组织在印度尼西亚爆发危机后开出的相应政策的无效说明国际金融组织在处理危机时不仅能力受限，其权威性和公信力也不足，甚至在印度尼西亚宣布要采用有管理的浮动汇率制后需要采用撤出援助相威胁。同时，在 20 年前，尽管区域经济一体化已成为抵御风险的一种重要方式，但区域经济一体化组织间各国政府以及和其他政府间的合作还处于较低层级，缺乏正式和有权威的合作平台以及合作机制，制约了危机出现时的政府间合作。当前，尽管中国—东盟自由贸易区已经建立多年，但依然很难建立诸如欧洲议会和欧洲中央银行等统一的机构来应对和处理危机，也缺乏相应的合作机制和信息交流机制。在固定汇率制下，动用外汇储备捍卫币值是一种高风险选择，相对于数万亿美元的国际投机资本，有限的外汇储备一旦不能坚持最终必然是汇率贬值，且贬值程度会更加严重。东盟国家的外汇储备虽然不断增加，但外汇储备总和也不过区区数千亿美元。因此，迫切需要建立政府间合作机制与合作平台来共同应对下一次可能出现的危机。

（三）次贷危机的金融风险防控经验

次贷危机过去的十年中，学术界已对危机的成因从流动性短缺、过度的风险承担、金融机构公司治理缺陷、过度资产证券化等多个方面进行了总结。但在应对次贷危机过程中，以下几个方面尚未引起足够重视。

首先是国际金融机构和国家间金融监管合作的加强。在次贷危机出现后，巴塞尔委员会等国际金融组织之间的合作不断加强，并且迅速做出反应。危机不仅促成成员国对《巴塞尔协议Ⅲ》的快速达成一致，对系统重要性金融机构的监管进行改革，也促成了20 国集团（G20）这一国际经济合作论坛取代八国集团（G8）成为全球治理的新平台，金融稳定论坛（Financial Stability Forum，FSF）更名为金融稳定理事会后上升为全球金融监管制度制定和协调机构（胡再勇，2014）。

其次，次贷危机以来，为应对危机带来的经济增长压力与挑战，国家间的区域经济合作不断加强，在应对金融危机方面，也催生了欧洲稳定机制（European Stability Mechanisim，ESM）和金砖国家应急储备安排（BRICS Contingent Reserve Arrangement，BRICS – CRA）等金融救助机制（陈奉先，2015）。特别重要的是，中国与众多发展中国家在对旧国际金融体系和治理体系的改革中起到越来越重要的作用，可以预期，亚洲基础设施投资银行、丝路基金、金砖国家应急储备安排等创新在应对未来潜在的危机中将起到越来越重要的作用。

最后，相对于亚洲金融危机，次贷危机爆发后，我国政府做出了更快的反应，这可以从我国 2008 年出台四万亿元经济刺激计划得到反映。吴敬琏和魏加宁（1998）指出，尽管不少学者在亚洲金融危机潜伏期便做出了有洞察力的分析，但这非但没有引起有关国家的重视，甚至在某些国家遭遇了有组织的反驳，见事迟缓、行动缓慢，面对潜在的"灰犀牛"风险熟视无睹，这在一定程度上反映了东亚国家政府决策过程和支持体系存在严重缺陷。尽管亚洲金融危机出现时，我国无论是经济规模还是外汇储备规模都不大，但面对国际投机资本对中国香港进行攻击，我国政府迅速做出了反应，在向香港注入外汇储备的同时还果断宣布人民币不贬值。相反，日本政府在亚洲金融危机期间却听任日元贬值，未尽到大国处理金融危机应有的责任。

四、广西面向东盟金融开放合作的风险防范对策

针对广西—东盟金融开放合作存在较多不确定风险因素，防范市场风险、投资风险、信用风险、政治风险、资本项目开放潜在的风险，做好有效的、有针对性的、可行性高的风险防范措施尤为重要。在扩大广西金融对外开放的过程中，需要把握好以下三个基本原则：其一，把保障安全作为金融开放合作的前提，把防范金融风险放在稳定发展的首位；其二，把深化金融改革作为金融开放合作的重点，推动广西金融业有序地"走出去"和"引进来"；其三，把服务广西—东盟实体经济作为金融开放合作的立足点，推进金融改革与发展。

在把握以上三个基本原则的基础上，我们要结合广西和东盟各国金融发展的现状，把握好金融开放的节奏和步伐，积极稳妥地推进广西金融开放，防范金融开放合作中潜在的风险和冲击，应对广西—东盟金融开放合作潜在风险的路径和策略具体如下。

（一）加强货币合作，充分发挥人民币的国际储备货币作用

在当前的全球金融体系框架下，除了美国无须忍受外来风险的痛苦，对其他国家的金融体系来说，既要面对本国金融体系内生脆弱性可能产生的风险，也要承受来自本国金融体系之外的各种冲击。尽管进行区域经济金融一体化特别是货币一体化带来的共同保险效应是小国必然的理性反应，但能否取得成功还取决于一个区域的核心货币。1985年"广场协议"揭示了日元傀儡货币的本质，中国和印度则在经济体量上未达到要求，"亚洲四小龙"的经济规模和制度安排也决定了其货币不可能成为核心货币。因此，亚洲金融危机爆发前后十余年中或者亚洲在整个 20 世纪就没有出现真正的核心货币（邵宇，2017）。中国成为全球第二大经济体，经过多年发展积累起来的强大的宏观调控能力和经验，特别是在集聚了 3 万亿美元外汇储备后，亚洲核心货币的历史重任必然落到人民币身上。因此，面向东盟乃至"一带一路"全面开放合作过程中的风险防控首要的是发挥人民币的国际储备货币和区域核心货币的稳定作用，联合域内经济体一起，通过稳步推进人民币互换强化其在国际结算的地位，进一步巩固人民币的核心货币作用。

中国—东盟国家要加强区域货币合作。麦金农（2002）在分析亚洲金融危机时深刻指出美元本位制的危害，他认为尽管日元在亚洲金融危机前已经在一定程度上扮演了东盟国家结算货币的角色，但其作用非常有限，仅限于日本和东盟国家间的经贸结算，但东盟国家依然采用美元来结算决定了日元不可能成为区域核心货币。因此，中国与东盟国家间的区域货币合作以人民币跨境结算为手段，不仅要推动中国—东盟国家的人民币

跨境结算，而且要推动东盟国家间人民币跨境结算的运用以及东盟国家和其他非东盟国家的人民币跨境结算的发展，以降低美元本位制对中国—东盟金融开放合作过程中的风险。

（二）把握好金融开放的步伐，推动广西金融开放合作

广西与其他发达地区在经济基础、金融结构、市场特点、发展阶段、经济政策等方面存在较大的差异，因而在金融开放的路径选择上要做到循序渐进、实事求是。从保障金融开放安全的角度出发，应该先向东盟各国开放广西的银行、证券、保险、基金等金融服务业，再逐步实现各类资本项目的开放，从而实现广西—东盟全方位的开放格局。先开放广西金融服务业主要有以下两个方面的考虑，一是让东盟各国金融机构进入广西金融市场，其在广西的经营和运作过程中，必须接受广西金融管理机构的监管并遵守相应的经济法律法规，从而使得广西在金融服务业开放方面拥有更多的自主权。东盟各国的金融机构进入广西金融市场，等同于在广西进行投资，为广西区内的人民提供更多就业选择与机会，有利于缓解就业压力。二是金融服务业的开放不会引起资本大幅度的流动，对广西金融市场的稳定冲击相对较小，可以降低潜在的市场风险，使经济效益和金融稳定之间保持平衡的关系，能够有效维护广西经济金融健康持续发展。

对于具体的资本项目的开放，我们应该提供相应的安全保障措施（谭小芬、梁雅慧，2019）。根据"三元悖论"，我们应该由开始的有管制的浮动汇率、资本项目有限开放和货币政策相对自主性，逐步向放开汇率管制并扩大资本项目开放的方向发展。从利率方面看，中国人民银行南宁中心支行要积极引导市场在基准利率形成过程中真正发挥作用，打通广西和东盟十国各市场间的监管和制度屏障，促进金融资产合理定价。在利率市场化、汇率波动弹性大幅提升的基础上，实现人民币资本项目开放主要是拓宽金融服务业的投融资渠道，并且逐步取消短期资金流动的限制额度；要加快人民币用于国际结算的进程，降低对外汇储备的需求量，从而不断提升人民币政策的效力，有效防范并化解潜在的金融风险；也鼓励合格的境外投资者来广西直接投资，拓宽合格的境外投资者的领域和范围；积极稳妥地推动国内金融机构进行对外投资，采取多元化的投资方式，为广西对外投资创造更好的契机，从而稳步推进面向东盟各国的金融开放合作门户建设步伐，最终实现广西—东盟金融开放合作的重要目标。

当前，进入东盟金融市场的多是国有大型金融机构和股份制商业银行。广西无论是金融基础设施还是金融机构的国际竞争力相对还较弱。广西本土的城市商业银行、农村金融机构、保险机构等在资产和资本规模、经营管理和公司治理等方面与开放合作的要求还有较大差距，还很难进入东盟国家市场参与竞争。并且，广西金融机构进入东盟国家市场还存在较多制度约束，例如，我国《商业银行法》和监管制度对金融机构设立跨国分支机构、境外子公司等有诸如资产规模的制度约束，也有较严厉的审批要求。因此，广西应通过金融开放合作，在加强引进金融机构进入广西市场的同时，抓紧本土金融结构的培育，并进行制度创新，不断做强本土金融结构，培育和提高其国际竞争力，才能

通过国际化真正推动广西—东盟金融开放合作的发展。

(三) 加强信息交流和监管合作,强化金融风险防控体系

亚洲金融危机之所以迅速蔓延与危机发生时各国的信息交流缺乏密切相关,20年前,东盟国家的经济联系紧密度还较低,政府间的信息交流机制尚未建立,金融监管合作也不强。因此,广西—东盟金融开放合作的金融风险防范,迫切需要加强信息交流和监管合作,要充分发挥中国—东盟银行联合体、亚洲基础设施投资银行、丝路基金等国际金融组织的投融资、金融治理和风险防范的重要作用,也要适时建立广西—东盟金融开放门户储备基金以增强风险抵御能力和投资者信心,并以这些平台为基础,打造更加高效的区域性统一、权威的金融监管合作平台。

广西—东盟金融开放合作要充分考虑东盟十国政治经济稳定,政治经济不稳定性会导致广西金融机构在东盟十国的投资风险增加。在广西金融机构进入东盟十国之前,一定要充分了解东盟十国的基本情况,比如经济水平、政治状况、法律法规、文化习惯等,全面分析东盟各国的投资环境,降低广西金融机构"走出去"后资产缩水的风险。

目前,我国已经有125家企业征信机构和97家信用评级机构,这些机构80%以上都是民营资本投资兴办的,主要用于防范潜在的信用风险。但是我国金融机构在国外的资信尚未建立起来,导致进行一些基础性的投资,难以得到国际评级机构的高等评级。为更好地适应金融开放的发展,中国人民银行南宁中心支行应牵头建立专业化、具备公信力的评级机构、征信机构等信用服务机构,并着手建立广西联合征信公司和广西—东盟投资评级公司,完善信用评级体系。这有利于赢得东盟各国金融机构的信任以及对东盟十国的相关领域资信状况的了解,从而提供合理的投资方向和安全的投资环境。同时,广西壮族自治区人民政府要建立一个风险评价体系,做好相应的调查工作,从而建立相应的风险评价指标,降低因东盟各国政治、经济、文化环境不确定性对广西金融机构的影响,为推进广西—东盟金融开放合作保驾护航。此外,还要立足于广西—东盟金融开放合作的全局,注重分析因金融机构将来可能面临的潜在风险而带来的投资成本增加和信用风险增多,并最大限度地降低金融市场的不确定性和规避风险。

(四) 加强跨境资本流动的监管,防范跨境资本流动冲击

2018年,我国证券投资项下净流入1067亿美元,较上年多流入2.6倍。从交易项目看,2018年,股权投资净流入430亿美元,较上年多流入12倍,债券投资净流入637亿美元,较上年多流入1.4倍。金融开放战略的目标远大,但金融开放的道路是漫长的。我们知道资本账户开放伴随着跨境资本流动的规模和波动性明显增加,可能会导致投资者情绪逆转和信贷市场失灵,击垮股票市场和汇率市场,最终引发资产价格泡沫、货币危机风险。因此,在广西—东盟扩大金融开放的过程中防范跨境资本流动的冲击至关重要。在广西金融资本账户开放推进过程中,不仅要充分发挥资本账户开放带来的正面效益,而且也要考虑到其可能给金融稳定和宏观经济带来的挑战。

针对这个问题，可以从以下几个要点对跨境流动资本进行有效的监管。第一，建立广西与东盟各国的金融信息共享和监管平台。运用现代科技手段和支付结算机制，实时监管跨境资本的流向流量、金融融资交易等相关信息，有利于提高跨境资本流动的透明度，为金融监管提供便利的条件。第二，政府需要加强广西经济政策调整。这有利于保持经济平稳较快发展、调整经济结构和预期通货膨胀的关系，使得广西经济发展适应利率、汇率变动幅度，确保广西经济稳定增长和防风险之间的关系。第三，应该协调好跨境资本流动规模和东盟各国实体经济发展的关系，为其提供更多的资金来源，而不是让大规模的流动资本进入非房地产、股票以及债券等高收益高风险行业。根据 IMF 的观点，当一个国家面临跨境资本大量流入时，可以引入资本流动宏观审慎管理框架对其进行管理，即采取银行监管、国内逆周期的宏观经济政策，甚至资本管制等手段。第四，进一步完善跨境资本流动预警机制。加强分析资本流动的趋势以及当前金融市场的异常波动，进行专业性的风险评估，提前做好针对性的应对措施，从而能够从容应对可能出现的风险事件，防范跨境资本流入或流出大量增加以及突然中断可能带来的不利影响。

在不同的市场环境下，潜在风险对广西与东盟各国的影响程度不同。我们要对跨境资本的流入与流出采取不同的管理。在金融市场繁荣时期，我们应该严格要求资本充足率、拨备覆盖率等指标。对跨境资本流动加以控制，减少跨市场、跨区域风险的积累和传导，从而降低其对广西实体经济的巨大冲击。在金融市场下行时期，可以适当放宽对金融机构监管的标准，降低资本外逃风险。金融开放并非意味着跨境资本流动监管的松懈，而是应该采取更为全面的监管措施，做到事中、事后监管相结合，充分利用跨境资金流动监测与分析系统，让金融监管的效力与开放程度相匹配。

（五）加强汇率改革与管理，提高广西金融机构的竞争力

随着金融全球化和经济一体化的发展，金融危机发生的概率也大幅增加，可能每十年就会发生较大的金融危机。自改革开放以来，我国在外汇领域遇到了三次较大的冲击，分别是 1997 年的亚洲金融危机、2008 年的国际金融危机和 2015 年底至 2017 年初高强度的风险冲击。在三次较大的冲击发生前，我国 1994 年的汇率并轨改革、2005 年的"7·21"汇改、2015 年的"8·11"汇改，确保了我国宏观经济金融的平稳运行。由此可见，人民币汇率改革对防范金融风险的重要性。

在国内外经济金融形势日趋复杂的背景下，对于人民币汇率的管理和改革，具体来说，我们应该考虑以下几个要点。首先，以人民币中间价形成机制为主线。主要包括积极推进利率市场化的步伐，使利率变化和汇率波动形成联动效应；减少央行对外汇市场的日常干预，人民币汇率弹性不断增强，使汇率能够随经济变动而定期调整，这有利于充分发挥汇率在国际收支平衡中的稳定作用；积极推出与东盟各国货币银行间市场的交易，拓宽银行间业务的广度和深度，从而有利于增加银行间外汇市场交易的品种和币种。其次，加强对金融机构外汇业务的管理。所有中外金融机构开展外汇业务都必须持牌经营、接受检查和监管，并明确规定经营或是终止经营售汇、结汇业务，都要经过相关管

理机关的批准。这有利于更好地规范外汇业务的开展。最后，不断完善"参考一篮子货币"机制。我们应选择多国币种作为外汇储备货币，增加外汇储备的多样化，减少美元的持有权重和比例，才能够有效地降低汇率风险，从而保证人民币对"一篮子货币"的稳定性。此外，在人民币汇率的市场化改革与管理过程中，广西既要尊重市场对汇率决定的基础作用，又要考虑到广西金融发展的实际情况，制订适合汇率管理的方案和合理的发展路径，并保持广西在金融开放过程中的自主性，提高广西金融机构在东盟各国的竞争力。

（六）完善广西金融领域制度建设，提高金融市场的灵活性

我们一定要吸取亚洲金融危机、美国次贷危机、欧洲主权债务危机的教训，做到防患于未然，认识到健全的金融制度是广西扩大金融开放合作战略的重要保证。虽然保持金融市场的安全稳定、丰厚的投资回报率固然可以吸引东盟国家的资本流入，但广西金融市场的规则和制度建设尚未完善，容易导致市场的交易成本过高、交易信息透明度不足以及违约风险的增加，从而降低合格境外投资者参与投资的积极性。为了给合格境外投资者参与广西金融市场提供更多的便利，应建设与东盟十国金融市场相适应的制度与规则，提高广西金融领域的制度质量。主要从对外投资保险制度、法律法规等方面完善制度的建设。

虽然现阶段东盟各国经济政治比较稳定，但风险依然存在。我国在海外投资保险制度还比较单一，为了进一步提升金融开放合作的水平，我们应该增加广西—东盟投资保险种类，扩大投资保险领域，从而推动原有单边海外投资保险制度向双边投资保险制度转变。完善投资保险制度安排，鼓励广西金融机构"走出去"，这有利于提高广西—东盟投资者的参与度，增强合格境内、境外投资者对投资长期项目的信心。

目前，广西金融监管法律体系仍不完善，存在着许多法律上的漏洞。我们应该在现有的金融监管法律制度基础上，根据国外先进的监管信息和国际监管标准，满足世界贸易组织（WTO）的要求，完善国内的监管法律体系，并建立相应配套的操作细则。具体而言，我们应该完善广西金融领域的法律法规，在对外投资、税收、会计与审计等方面制定具体的法规，在法律层面明确相关的措施和程序，从而健全金融监管的法律体系。做到与东盟各国的法律法规接轨，才能够更好地解决金融开放过程中可能发生的法律纠纷。并加强对相关产权和合约履行的保护力度，创造一个公平竞争、公开透明的市场环境，促进广西实体经济的发展。

（七）加快金融人才的培养，完善人才引领金融发展机制

在金融创新不断发展、金融全球化的背景下，金融监管人员的素质决定着一个国家金融监管的水平。如果想要实现金融开放战略和对应的监管目标，就必须对金融人才的综合素质提出更高的要求。结合广西金融对外开放的要求，我们要进一步加强金融监管人才队伍建设，培养一批作风优良、精通金融工作的金融人才，从而引领广西金融开放

的发展。

首先,我们应该重视区内高校的教育水平,提升教育质量。广西大学、广西财经学院等区内高校要牵头做好金融人才的培养工作,让金融人才具有专业化的理论知识和计算机网络通信等方面的知识,完善金融人才的知识结构,为将来充实金融监管人才做好准备工作。其次,加强对现有的金融监管人员的培养。我们应该邀请一些专业的金融高端人才举办讲座,并开展能够丰富实践经验的调研活动,从而有利于大学生树立金融风险意识和扩大知识面,使其能够满足广西金融逐步开放中金融监管的需要。同时,注重引进高素质的金融人才。这些人才具备比较系统化的专业知识,能够对全球金融发展的趋势做出较好的分析,有利于提高广西金融监管的效率,在一定程度上也有利于完善广西金融监管人才培养机制。此外,我们也应注重合格境内投资者专业素养的提升,使投资者在有一定金融知识的基础上参与广西—东盟证券市场,使其在风险承受范围内做出正确的投资选择,减少羊群效应的发生,有利于降低投资风险。

(八) 加强与东盟各国的政策协调与合作,提高风险防控软实力

随着中国加入世界贸易组织,中国的经济实力不断增强,人民币因自身价值的稳定性成为周边国家的结算货币。为了实现广西跨境贸易和投资更加便利、金融生态环境更加优良、金融监管更加协同高效,与东盟的机构互设、货币互兑目标,我们应该充分利用广西与东盟地缘相近、商缘相通、利益相融的优势,加强与东盟各国的金融政策合作。通过制度性、政策性的安排与措施来推进广西与东盟金融市场的发展,改变以前一个国家独自应对金融危机的现状。

首先,在宏观经济政策方面,根据广西与东盟各国货币政策和财政政策,建立一个符合广西与东盟实际情况的货币合作机构,建立统一的结算系统,从而分散未来货币市场波动的风险和贸易中的结算风险,充分发挥好政策的积极作用。其次,广西和东盟各国可以建立货币互换机制和组建货币合作基金,这有利于构建广西和东盟各国跨境贸易与投资发展和金融稳定的金融框架机制,有利于妥善处理好外部潜在的不确定性因素对广西与东盟金融市场的冲击。再次,在贸易政策方面,各国应该协调各自的发展战略和相关的产业政策,建立区域内的国际分工体系,减少资源的浪费和防止跨境贸易中的过度竞争,有利于各国国际收支保持相对平衡的状况,在一定程度上有利于汇率的稳定。最后,广西与东盟各国还应该加强金融监督政策的协调与合作。让各国金融机构的沟通与交流不断增强,做到风险信息早发现、风险动态早预警、风险苗头早遏制,从而有利于保持广西与东盟各国股市、汇市、债市的稳定发展。

参考文献

[1] 崔瑜. 2018 年广西金融业发展回顾及 2019 年展望 [J]. 区域金融研究, 2019 (3).

［2］王巍，袁航．政治风险冲击、制度质量与中国对东盟直接投资［J］．东南亚纵横，2018（3）：72-81．

［3］刘开雄．中国债券市场的国际吸引力不断增强［EB/OL］．新华社，2019-04-02．

［4］周工，张志敏，李娟娟．资本项目账户对我国跨境资本流向的影响研究［J］．宏观经济研究，2016（10）：86．

［5］钟伟．外汇管理体制在对外开放进程中的危机管理［J］．中国外汇，2019（7）：50-51．

［6］张璇．金融对外开放对金融监管的影响及其对策分析研究［J］．商业现代化，2018（21）：102-103．

［7］钟建珊．广西建设面向东盟的金融开放门户进入实施阶段［EB/OL］．中国新闻网，2018-12-29．

［8］郭景平．亚洲金融危机治理研究［D］．长春：吉林大学，2006．

［9］Bebczuka R., Galindo A. Financial Crisis and Sectoral Diversification of Argentine Banks, 1999-2004［J］. Applied Financial Economics, 2008, 18（3）：199-211.

［10］Levine R. International Financial Liberalization and Economic Growth［J］. Review of International Economics, 2001, 9（4）：688-702.

［11］Ang J. B., Mckibbin W. J. Financial Liberalization, Financial Sector Development and Growth：Evidence from Malaysia［J］. Journal of Development Economics, 2007, 84（1）：215-233.

［12］Quinn D. The Correlates of Change in International Financial Regulation［J］. American Political Science Review, 1997, 91（3）：531-551.

［13］Prasad E. S., Rogoff K., Wei S.-J., et al. Financial Globalization, Growth and Volatility in Developing Countries［M］. Globalization and Poverty University of Chicago Press, 2007：457-516.

［14］Klein M. W., Olivei G. P. Capital Account Liberalization, Financial Depth, and Economic Growth［J］. Journal of International Money and Finance, 2008, 27（6）：861-875.

［15］Mckinnon R. I. Money and Capital in Economic Development［M］. Washington D. C.：Brookings Institution Press, 1973.

［16］Shaw E. S. Financial Deepening in Economic Development［M］. New York：Oxford University Press, 1973.

［17］King R. G., Levine R. Finance and Growth：Schumpeter Might Be Right［J］. The Quarterly Journal of Economics, 1993, 108（3）：717-737.

［18］Levine R. Financial Development and Economic Growth：Views and Agenda［J］. Journal of Economic Literature, 1997, 35（2）：688-726.

［19］Demirgüç-Kunt A., Detragiache E. Financial Liberalization and Financial Fragility［J］. The World Bank Pubilcations, 1998, Working Paper（1917）：1-38.

[20] Minsky H. P. Longer Waves in Financial Relations: Financial Factors in the More Severe Depressions [J]. The American Economic Review, 1964, 54 (3): 324 – 335.

[21] Diamond D. W., Dybvig P. H. Bank Runs, Deposit Insurance, and Liquidity [J]. Journal of Political Economy, 1983, 91 (3): 401 – 419.

[22] Chari V. V., Jagannathan R. Banking Panics, Information, and Rational Expectations Equilibrium [J]. The Journal of Finance, 1988, 43 (3): 749 – 761.

[23] Mishkin F. S. Global Financial Instability: Framework, Events, Issues [J]. Journal of Economic Perspectives, 1999, 13 (4): 3 – 20.

[24] Acharya V. V., Hasan I., Saunders A. Should Banks Be Diversified? Evidence from Individual Bank Loan Portfolios [J]. The Journal of Business, 2006, 79 (3): 1355 – 1412.

[25] Baele L., De Jonghe O., Vander Vennet R. Does the Stock Market Value Bank Diversification? [J]. Journal of Banking & Finance, 2007, 31 (7): 1999 – 2023.

[26] Deng S., Elyasiania E. Geographic Diversification, Bank Holding Company Value, and Risk [J]. Journal of Money, Credit and Banking, 2008, 40 (6): 1217 – 1238.

[27] Rajan R. G. Why Bank Credit Policies Fluctuate: A Theory and Some Evidence [J]. The Quarterly Journal of Economics, 1994, 109 (2): 399 – 441.

[28] Jensen M. C., Meckling W. H. Theory of the Firm: Managerial Behavior, Agency Costs and Ownership Structure [J]. Journal of Financial Economics, 1976, 3 (4): 305 – 360.

[29] Laeven L., Levine R. Bank Governance, Regulation and Risk Taking [J]. Journal of Financial Economics, 2009, 93 (2): 259 – 275.

[30] Beltratti A., Stulz R. M. The Credit Crisis around the Globe: Why Did Some Banks Perform Better? [J]. Journal of Financial Economics, 2012, 105 (1): 1 – 17.

[31] Ferreira D., Kershaw D., Kirchmaier T., et al. Shareholder Empowerment and Bank Bailouts [R]. Brussels, Belgium: European Corporate Governance Institute (ECGI), Finance Working Papers, 345/2013. 2013.

[32] Ellis L., Haldane A., Moshirian F. Systemic Risk, Governance and Global Financial Stability [J]. Journal of Banking & Finance, 2014, 45: 175 – 181.

[33] De Bandt O., Hartmann P. Systemic Risk: A Survey [R]. European Central Bank Bank Working Paper, No. 35, 2000.

[34] Bernanke B. S., Gertler M., Gilchrist S. The Flight to Quality and the Financial Accelerator [J]. Review of Economics and Statistics, 1996, 78 (1): 1 – 15.

[35] Iacoviello M. Financial Business Cycles [J]. Review of Economic Dynamics, 2015, 18 (1): 140 – 163.

[36] Jordà Ò., Schularick M., Taylor A. M. The Great Mortgaging: Housing Finance, Crises and Business Cycles [J]. Economic Policy, 2016, 31 (85): 107 – 152.

[37] Allen M., Rosenberg C., Keller C., et al. A Balance Sheet Approach to Financial

Crisis [R]. IMF Working Paper, WP/02/210, 2002.

[38] Fisher I. The Debt – Deflation Theory of Great Depression [J]. Econometrica, 1933, 1 (4): 337 – 357.

[39] Houben A., Kakes J., Schinasi G. J. Toward a Framework for Safeguarding Financial Stability [M/OL], 2004.

[40] 王东风. 国外金融脆弱性理论研究综述 [J]. 国外社会科学, 2007 (5): 49 – 56.

[41] Berger A. N. The Profit – Structure Relationship in Banking—Tests of Market – Power and Efficient – Structure Hypotheses [J]. Journal of Money, Credit and Banking, 1995b, 27 (2): 404 – 431.

[42] Berger A. N., Bouwman C. H. S. How Does Capital Affect Bank Performance During Financial Crises? [J]. Journal of Financial Economics, 2013, 109 (1): 146 – 176.

[43] Lindgren C. J., Garcia G., Saal M. I. Bank Soundness and Macroeconomic Policy [M]. International Monetary Fund, 1996.

[44] Gorton G. B. Banking Panics and Business Cycles [M] //GORTON G B. The Maze of Banking: History, Theory, Crisis. Oxford University Press, 2015.

[45] Gorton G. Banking Panics and Business Cycles [J]. Oxford Economic Papers, 1988, 40 (4): 751 – 781.

[46] Allen F., Gale D. Financial Fragility [M], 2002.

[47] Allen F., Gale D. Optimal Financial Crises [J]. The Journal of Finance, 1998, 53 (4): 1245 – 1284.

[48] Acharya V., Naqvi H. The Seeds of a Crisis: A Theory of Bank Liquidity and Risk Taking over the Business Cycle [J]. Journal of Financial Economics, 2012, 106 (2): 349 – 366.

[49] Dornbusch R., Goldfajn I., Valdés R. O., et al. Currency Crises and Collapses [J]. Brookings Papers on Economic Activity, 1995, 1995 (2): 219 – 293.

[50] Lane P. R. The European Sovereign Debt Crisis [J]. Journal of Economic Perspectives, 2012, 26 (3): 49 – 68.

[51] Borio C., Lowe P. W. Asset Prices, Financial and Monetary Stability: Exploring the Nexus [R]. BIS Working Papers, No. 114, 2002.

[52] Schwartz A. J. Why Financial Stability Depends on Price Stability [M] //WOOD G. Money, Prices and the Real Economy. UK: Edward Elgar Publishing Limited, 1998: 34 – 41.

[53] Gilchrist S., Schoenle R., Sim J., et al. Inflation Dynamics During the Financial Crisis [J]. American economic review, 2017, 107 (3): 785 – 823.

[54] Özatay F. The 1994 Currency Crisis in Turkey [J]. The Journal of Policy Reform, 2000, 3 (4): 327 – 352.

[55] Ari A., Cergibozan R. The Twin Crises: Determinants of Banking and Currency Crises in the Turkish Economy [J]. Emerging Markets Finance and Trade, 2015, 52 (1): 123 – 135.

［56］Calvo G. A., Izquierdo A., Talvi E. Sudden Stops and Phoenix Miracles in Emerging Markets［J］. American Economic Review, 2006, 96（2）: 405-410.

［57］Calvo G. A. Capital Flows and Capital-Market Crises: The Simple Economics of Sudden Stops［J］. Journal of Applied Economics, 1998, 1（1）: 35-54.

［58］Calvo G. A. Explaining Sudden Stop, Growth Collapse, and Bop Crisis: The Case of Distortionary Output Taxes［J］. IMF Staff Papers, 2003, 50（1）: 1-20.

［59］Edwards S. Financial Openness, Sudden Stops, and Current-Account Reversals［J］. American Economic Review, 2004, 94（2）: 59-64.

［60］Rothenberg A. D., Warnock F. E. Sudden Flight and True Sudden Stops［J］. Review of International Economics, 2011, 19（3）: 509-524.

［61］Almahmood H., Munyif M. A., Willett T. D. Most Speculative Attacks Do Not Succeed: Currency Crises and Currency Crashes［J］. Journal of International Commerce, Economics and Policy, 2018, 9（01n02）: 1850001.

［62］杨德新. 国际投资的政治风险及管理［J］. 经济研究, 1996（9）: 70-74.

［63］夏飞, 张建中, 郑铁桥, 等. 中国南海海陆经济一体化研究［M］. 北京: 中国社会科学出版社, 2013.

［64］聂文娟. 东盟在南海岛礁主权争端上的立场分析［J］. 国际关系研究, 2013（2）: 126-134.

［65］杨晓强, 王翕哲. 印度尼西亚: 2017年回顾与2018年展望［J］. 东南亚纵横, 2018（1）: 34-39.

［66］韦朝晖. 马来西亚: 2017年回顾与2018年展望［J］. 东南亚纵横, 2018（2）: 28-34.

［67］邵宇. 重回1997年亚洲金融危机现场［N］. 第一财经日报, 2017-08-30（A11）.

［68］余永定, 陆磊. 中国应从亚洲金融危机中汲取的教训［J］. 金融研究, 2000（12）: 1-13.

［69］王聪, 张铁强. 经济开放进程中金融危机冲击比较研究［J］. 金融研究, 2011（3）: 97-110.

［70］权丽平, 张彦伟. 亚洲金融危机: 行为金融学的剖析［J］. 金融研究, 2005（8）: 163-170.

［71］胡再勇. 国际金融监管体系改革的成就及最新进展［J］. 银行家, 2014（11）: 79-82.

［72］陈奉先. 金砖国家应急外汇储备安排: 成本收益、治理缺陷与中国选择［J］. 南方金融, 2015（2）: 4-13.

［73］吴敬琏, 魏加宁. 东亚金融危机的影响、启示和对策［J］. 改革与战略, 1998（2）: 9-18.

[74] 麦金农著,王宇译. 东亚美元本位、浮动恐惧和原罪[J]. 经济社会体制比较,2003（3-20,128）.

[75] 谭小芬,梁雅慧. 中国金融开放新阶段的潜在风险及其防范[J]. 新视野,2019（1）：63-69.

（执笔人：欧阳青东）

5. 广西—东盟金融生态环境建设报告

《广西壮族自治区建设面向东盟的金融开放门户总体方案》（以下简称《总体方案》）提出，到2023年，金融生态环境更加优良。按自治区党委、政府的要求，五象新区将作为广西建设面向东盟的金融开放门户南宁核心区，构建现代金融生态圈。金融生态环境建设是非常重要的任务。

一、金融生态环境的内涵

（一）金融生态环境的定义

中国人民银行原行长周小川在2004年的经济学50人论坛上第一次系统引入"金融生态环境"，同时认为金融运行的外部环境就是它的含义，包含经济、市场、信用、法制、制度这些方面的运行情况。具体而言，金融生态环境指的是给金融生态的主体之间互相联系、生存发展而提供的一个外部环境，属于金融生态系统的一部分。它具体包括狭义和广义两个层面的含义。

1. 狭义层面

从部分的层面出发是狭义上的金融生态环境，具体包含法律制度、行政管理体制、社会诚信状况、会计与审计准则、中介服务体系、企业的发展状况以及银行与企业的关系等方面的内容。为了让金融体系处于良性运作状态下，金融生态环境一般依照仿生学原理来发展。

2. 广义层面

从整体的层面出发是广义上的金融生态环境，能够影响金融行业生存发展的社会因素都属于广义的金融生态环境，这些社会因素指政治、经济、文化等方面的内容，是与金融业生存发展具有互动关系的社会、自然因素的有机结合。金融业运行的优良外部环境，是金融业能够顺利运行的部分基本前提。

（二）金融生态环境体系

地方经济发展水平、政府行为、诚信法制环境、社会中介、社会保障等也会对地区金融生态环境产生影响，因此金融生态环境评价指标主要分为五个方面的内容。

1. 地方经济发展水平

一个地区的经济发展水平决定着这个地区的金融生态环境的优劣。要想一个地区的经济发展水平逐年提高，那么这个地区的金融生态环境中经济基础就得牢固。由于我国是社会主义国家，存在不同于别的国家的制度起点，因此在我国的制度随着时间变迁的过程中政府力量全程参与。沿海地区与内陆地区之间风险和收益的梯度差，就是源于经济特区和经济发展试点地区的建立，与此同时，这些经济开发区的建立也导致了金融生态环境的不同，从根本上来看金融生态环境建设是制度安排上的问题。通过金融市场的跌宕起伏，经济学家们总结得到了这样的结论：金融生态结构、金融生态功能建设和金融生态生产力，都可以因为一个完善的金融生态环境而变得更加优良。若一个地区拥有了完善的金融生态环境，则意味着这个地区拥有其他地区所渴求的高质量的资源环境与高效率的信息传播环境，甚至还可以降低因制度不健全而引起的风险。

2. 政府行为

政府对经济的发展起着主导作用。优质的金融生态制度环境建设对城市的经济发展有明显的促进作用。金融资源配置效率的高低由金融发展的快慢而决定。在我国东部沿海地区，因为地理位置优越，其金融发展比其他地区都要迅速，因此有很多的融资供企业家选择，同时这些地区的财政压力不大；而在我国西南地区，企业家在融资方面存在较大的困难，因为经济比较落后，所以借贷成本不低；在我国中部地区，尽管承接了东部沿海地区产业的转移，经济发展速度还是明显落后，因此存在着"中部塌陷"的现状，融资渠道较少，"虹吸效应"不能得到实现，金融市场的发展缓慢，金融效率比较低，很难形成"资金洼地"。外部的金融生态环境对我国金融发展有较大的影响。民众通过政府颁布的相关政策，来了解政府的稳定与发展情况。政府的治理环境不仅体现了政府自身的财务状况，而且反映出政府对教育、科研、民政等各方面的管辖。政府的职能履行情况和国家重点政策方向都能通过这两个方面得到体现，并且跟"一带一路"建设有着密切的关系。政府对教育、科研增加投入，反映出政府对民众素质的高度重视，民众的信用水平和法制水平因此而大幅度提高。随着民众的支出增加，人们的生活逐步提高，同时社会的稳定性也大幅度提升，最终营商环境也会得到改善。

3. 诚信法制环境

建设金融生态环境的基础条件是文化信用环境。社会信用体系的覆盖面不断延伸扩展得益于互联网金融机构参与征信，一个优良的社会信用体系能够在很大程度上降低各种风险，同时也可以有效地降低银行监管的成本，甚至还可以增加信贷的供给。一个优良的金融生态环境能够很好地体现这个地区的信用制度。"一带一路"建设继续推进的保障是一个良好的信用法制文化环境。为了建设一个良好的诚信法制环境，政府部门首先得完善诚信方面的法律与法规，其次是公安机关加大对非法行为的打击力度，从而营造出道德行为得到规范和诚信意识得到加强的健康的社会氛围。在信用体系的完善建设中，债务人的行为因而受到制约，从而各个企业的诚信意识和公众的金融风险意识在一定程度上得到增强。各企业在做出投资决策时会更理性，银行里资金会更安全，不良贷款率会越来越低。法制环境与诚信环境的不断改善与完善，使得人们、企业的法制与诚信素养得到大幅度提高。我国法制的稳定有助于国内营商环境的不断优化,而且外国的资本家、企业家也会被我国完善的金融生态环境所吸引。近些年,随着我国法制环境与诚信环境的不断改善,国内与国外金融机构可以真实查到的信息也更加完善全面,从而做出的经营决策也更加准确。

4. 社会中介

社会中介展现的是居民的社会参与程度。社会中的各个领域,在一定程度上都包含于社会中介。社会中介不仅可以协调多方的利益,还能给需要者提供经济鉴证、信息咨询等方方面面的服务,因此承接政府职能转移的载体非社会中介不可。假如企业的发展在一定程度上来说属于硬实力,那么社会中介的发展就属于软实力。假如企业发展良好而社会中介却远远落后,这是畸形的发展。一定程度上,一个国家或者一个地区能否真正得到发展,可以从社会中介是否发达反映出来。政府职能的转移与社会中介的发展是相得益彰的。发展社会中介,有助于政府职能转移的实现。政府职能的转移又可以使得社会中介不断壮大。政府职能的转移不是削弱政府职能而是强化它。

5. 社会保障

党的十五大以来,我国的社会保障体系不断完善,覆盖范围不断扩大、保障力度不断加大、种类不断完善。影响我国经济发展的主要因素中,居民的消费和储蓄是极为重要的两个方面。如今,不健全的社会保障体系制约下居民储蓄和消费的"高储蓄、低消费"现状已经成为影响我国走出经济危机困境的瓶颈。因此一个完善的社会保障体系能在经济危机下增强国民的消费信心,带动一个有13亿消费者的庞大内需市场,这对中国经济的推动作用是不可估量的。因此,应加快健全我国社会保障体系,这样才能改变居民的消费预期,消除居民的后顾之忧,促进消费需求的增长,进而促使中国尽快走出经济危机的泥潭,实现国民经济又好又快长足发展。

(三) 金融生态环境评价

通过对一个国家或一个地区的金融生态环境的各种影响因素的全面考察,可揭示影响一个国家或一个地区风险的机理,从而让最后评价的结果十分客观地体现出一个国家或一个地区的金融生态环境状况。影响一个国家或一个地区的金融生态环境的经济、金融因素是重点考察对象,同时还要考察社会环境跟政府能力状况。因为情况比较复杂,所以,所有的影响因素不可能全部被纳入评级体系,因而应该选择对比较重要的因素进行考察。这样,整体金融生态环境就能够得到反映。一个国家或一个地区的金融生态环境是宏观范畴,金融生态环境受到政府部门的执法能力、经济整体发展水平、金融行业的发展以及社会环境及其他各方面的影响。对每一个指标的经济含义以及数据统计之间的相关性进行详细分析后,依据每一个因素对金融生态环境的影响程度确定各因素的重要性,选择对一个国家或一个地区的金融风险有较大影响的因素作为考察重点,以行政部门、社会环境风险作为补充,最后设计出一个国家或一个地区的风险评级方法与体系。以可计量的统计指标作为评价的指标体系，从权威的统计机构获得所有的定量分析数据，拥有统一标准的口径范围和填报项目，使得横向和纵向两个方面均具有可比性。

（四）金融生态环境建设相关理论

生态环境是使用频率较高的科技名词之一，但是大家对它的理解却不尽相同。从目前国内的情况看，大概有四个方面的理解：一是环境不能被生态所修饰，平时所说的生态环境应被理解为生态与环境。二是当某事物、某问题与生态、环境都有关，且生态与环境分不清时，就用生态环境，可理解为生态或环境。三是将生态当成一个褒义词去修饰环境，把生态环境理解成污染和其他问题都不包含在内的、比较符合人类生活理念的环境。四是生态环境单纯指环境，包含污染和其他环境问题，不应该分开。金融生态环境是指金融机构所处层面的外部运行环境。金融业以其高质量高效率的金融服务，使得经济运行和发展有一个优良的金融环境。而规范、均衡、有序的金融生态体系的创建为金融业越来越有序和均衡地发展创造了优良的外部条件，从而使金融与经济环境之间形成相辅相成关系，金融、经济、社会互相融合协调，共同发展。

二、广西东盟金融生态环境建设现状

（一）广西东盟金融生态环境基本态势

1. 经济基础薄弱

一是工业结构不理想。长期以来，广西壮族自治区的工业非常依赖于资源型行业的发展，2018年广西壮族自治区六大高耗能行业的增加值在所有的规模以上工业中占的比例很高，达到42.6%，在我国位列第八。虽然近几年广西壮族自治区通过承接我国东部地区的产业转移一步步形成并且壮大了一批又一批的劳动密集型产业，很好地支持了整个广西壮族自治区经济的快速发展。但是，资源型行业与劳动密集型产业存在着弊端，即其发展方向被固定在与之有关的产业分工的中低端，要很好地保障自身发展的话语权在一定程度上来说是很难的，因为其承受宏观层面的经济冲击的能力很差并且受宏观层面的经济波动的影响也非常大。在我国，一旦宏观层面的经济形势出现向下冲击的趋势，广西壮族自治区工业结构的弊端也会随着展现出来。二是企业之间的竞争力还是比较弱。在广西壮族自治区的实体经济中，中小型企业所占的比例比较大，并且普遍都存缺陷，如资金、技术、人才、创新等方面。而且，企业的经营管理水平比较低，市场的多元化程度也比较低，同时企业所拥有的自主知识产权与世界知名品牌产品非常少。最突出的是出口产品以低附加值与低技术含量的劳动密集型产品为主，并且在国际上竞争力比较弱，比如在国际工程的承包业务上，尽管最近几年广西壮族自治区开展相关业务的企业日益增多，但基本都是从事施工分包方面，绝大多数企业没能力去进行工程的总承包，勘察设计、工程咨询、项目管理等层面的创新和开拓能力不强。三是产业集聚与产值提升方面有待加强。调查数据显示，在北部湾经济区中有14个国家重点支持的产业园区，其中东盟经济开发区的工业总产值所占比例很低，与南宁经济技术开发区相比，只占其三分之一。2015年，东盟经济开发区立下工业总产值达400亿元的目标，但这一目标占14个重点产业园区工业总产值10500亿元的总目标的比例还是很低，仅为3.81%。这些数据说明东盟经济开发区的产业集聚与产值提升还须继续努力加强。

2. 东盟经济开发区软硬环境不完善

一是产业城市区域一体化进程亟待推进，尽管东盟经济开发区和武鸣区在供水、污水处理和城市规划管理方面有合作的经历，但是，从实际情况来看，它们是一个区域中的两个城镇，两个地区在同城化方面的合作事项，与努力做南宁市北面将来的副中心城市的目标不是特别符合。二是城市的各项功能还有待开发，同时部分配套设施还有待建设与完善，比如目前东盟经济开发区到南宁、武鸣区的公共交通不方便；有一部分城郊企业和生活区的路政设施不完善；卫生医疗条件差资源少，只有一家二级综合医院、五家农场卫生所和十四个营利性医疗机构，这根本不符合东盟经济开发区的定位与发展；园区企业分区管理方面，没有得到统一规划，商业与体育文化设施还是很缺乏，企业员工体育文化在一定程度上单调乏味。三是缺乏创新方面的人才，目前，东盟经济开发区规划、管理、创新人才稀少，人才对企事业单位的关注度非常小，而且企业对工人的技能培训有待改进，所以产业创新的后续保障很难得到实现。

3. 金融服务职能发挥不畅

一是被转化利用的金融资金效率低且数量少。多年来，广西多数金融机构存款数额远远大于贷款数额，从而出现了存贷差现象，且近年来这一现象呈现扩大的趋势。广西作为欠发达地区，其经济社会发展对资金的需求非常迫切，而存贷差的出现说明广西金融机构存在一定的惜贷现象，存款资金资源中有一部分没有实现优化配置，造成了资金浪费。二是专门为中国尤其是广西与东盟服务的特色金融业务数量稀少。与东盟国家加强经济与贸易往来，互利互惠，实现双赢局面，这是成立"中国—东盟博览会"的初衷也是主要目的之一。在广西与东盟国家进行经贸合作的过程中，很多选择将直接影响交易成本、交易速度和交易效率如货币的结算方式，这成为一个急需解决的问题。当前，金融体系功能不够健全，金融主体的结构单一，大多数金融机构都是国有产权控股且产权分布上很大程度上存在着制度上的缺陷；与市场经济成熟完善的国家相比，广西东盟外部环境还没有形成一个种类多样、数量丰富、功能完善的金融体系；而且各市场之间、各机构之间、市场与机构之间缺乏有机的联系，在调控资金、转换商品、信息共享等方面都存在技术壁垒。总之，广西在与东盟的经济与贸易发展中还缺少自身的特色金融服务。

4. 与东盟国家发展现状

东盟各国金融发展的历史和结构直接决定了其和广西金融的合作。第一，东盟各国各地区的金融体制体系在各个层面有很大的差异，越南、老挝、缅甸、柬埔寨等经济欠发达地区与广西过去的金融管理体制相似;受英美金融体系与制度影响,新加坡、马来西亚、文莱、菲律宾等原英属、美属殖民地国家与我国香港地区的金融体系有一定的相似度;而更多具有本国特色的是泰国和印度尼西亚的金融体制。第二,不同金融发展水平和开放度的东盟国家与广西金融合作层次不一样,例如,新加坡、泰国、印度尼西亚比较注重宏观层面的金融和货币合作(如货币互换、金融监管等),商业性金融合作(如银行互设机构、业务拓展、理财等)已经得到一定程度的发展并有待进一步发掘;而柬埔寨、缅甸更加注重人民币边境结算、以促进贸易为主导的金融合作。第三,东盟国家具有不同的金融结构特征,这些特征既可能是东盟国家在与广西合作过程中可能的金融需求,也可能是金融供给,其差异化蕴含中国东盟金融合作的多层次性和巨大的合作空间,需要双方通过不断开展和深化金融合作去发掘。

(二)广西东盟生态环境的行业分析

1. 银行业分析

金融机构增加。2017年广西银行业金融机构总资产与上年相比上升了8.5%;总负债与上年相比上升了8.2%;净利润相比上年增长21.2%,全年总额达到379.1亿元。2017年,广西大力引进进出口银行机构,全区共增加5家村镇银行。

各项存款增加速度减缓。截至2017年,广西壮族自治区本外币存款总额达到2.8万亿元,与上年相比提高了9.5%,增加速度相比上年降低了2.3个百分点。金融机构存款额2017年增加了2420.8亿元,相比上年少增加了263.4亿元。

表5-1 2017年广西银行业金融机构情况

机构类别	营业网点			法人机构(家)
	机构数量(家)	从业人数(人)	资产总额(亿元)	
一、大型商业银行	1982	38448	12774	0
二、国家开发银行和政策性银行	66	1735	5274	0
三、股份制商业银行	206	4197	2627	0
四、城市商业银行	437	7927	4858	3
五、城市信用社	0	0	0	0
六、小型农村金融机构	2392	25020	7929	95
七、财务公司	2	52	165	1
八、信托公司	0	0	0	0
九、邮政储蓄银行	969	10442	1787	0
十、外资银行	4	89	52	0
十一、新型农村金融机构	238	3416	385	45
十二、其他	1	42	40	1
合计	6297	91368	35891	145

贷款总额增长较快。2017年贷款余额为2.3万亿元,全年新增2585.6亿元,同比增加12.5%,增加速度相比上年减少1.4个百分点,新增贷款相比上年增加了64.5亿元。从新增贷款投向主体来看,企业贷款占总额的68%;从新增贷款投向品种来看,固定资产贷款占总额的46%。小微企业贷款与上年相比增加240.5亿元,涉农贷款与上年相比增加225亿元。"两权"抵押贷款与上年相比增加1.1倍,全省八个试点实现业务全覆盖。扶贫贷款额相比上年增加26.8个百分点,加强对薄弱阶段的支持力度。但在企业贷款总额中,新增民营企业贷款额很少,仅占2.5%,制造业贷款明显减少。

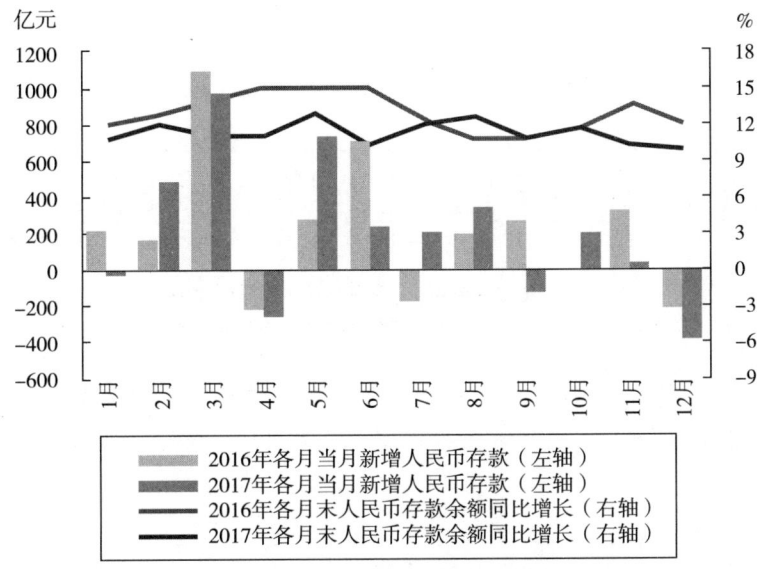

图 5-1 2016—2017 年广西银行业金融机构人民币存款上升趋势

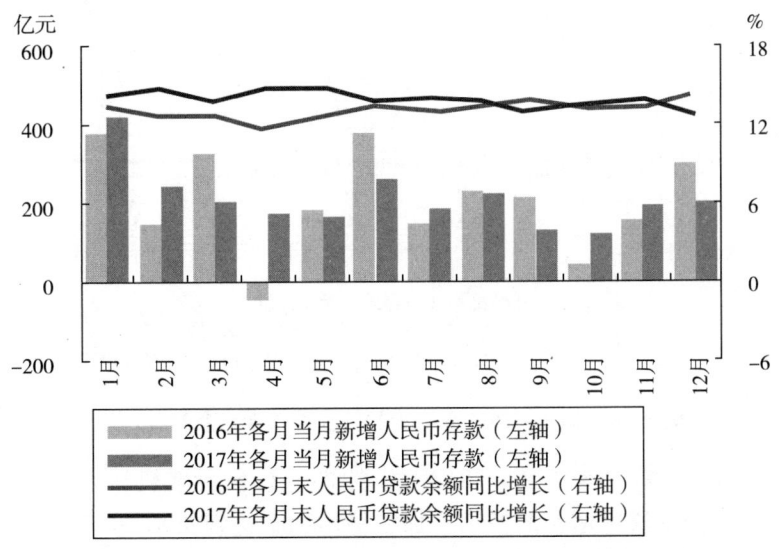

图 5-2 2016—2017 年广西银行业金融机构人民币贷款增加趋势

表外业务增长相对缓慢。截至 2017 年，金融资产服务类总额与上年相比增加 18.9%，增加速度相比上年下降 90%；金融衍生品类表外业务总额相比上年减少 2%；担保类表外业务总额相比上年减少 3.7%。信用卡业务 2017 年发展良好，带动承诺类表外业务额增加 17.9%。

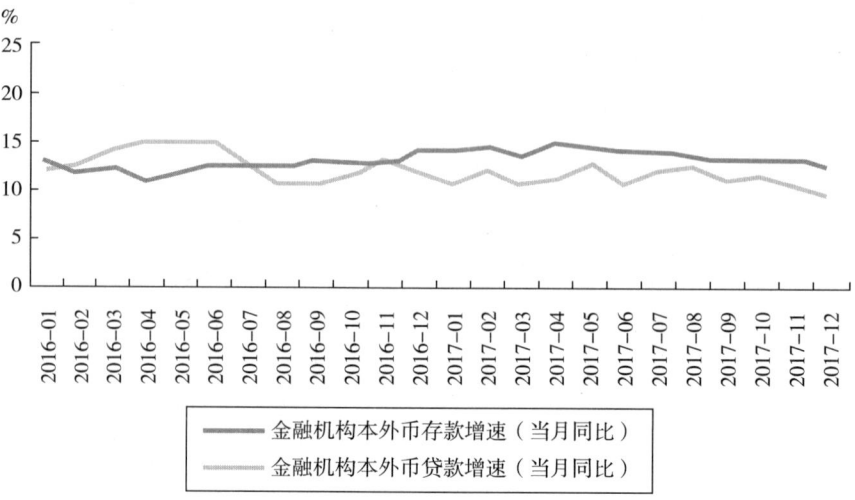

图 5-3 2016—2017 年广西银行业金融机构本外币存、贷款增加速度变化

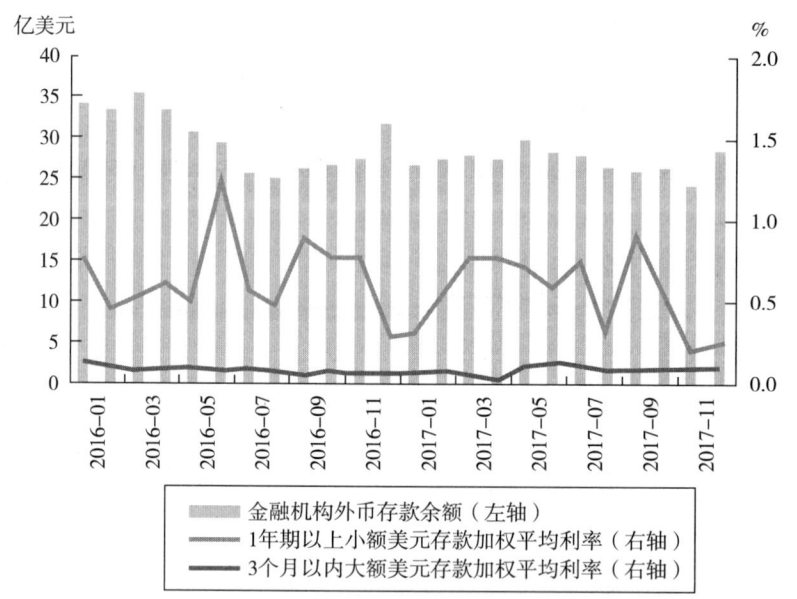

图 5-4 2016—2017 年广西银行业外币余额及存款利率

贷款利率上升，存款利率下降。2017 年，广西银行业金融机构人民币一般贷款受利率较高的个人消费贷款快速增长的拉动，加权平均利率达到 5.81%，相比上年增加 31 个百分点。但发展水平低下的领域和重点领域的贷款利率没有出现上升趋势，小微企业和制造业贷款的利率分别是 5.9%、4.31%，相比上年分别下降 9 个和 22 个基点；基础设

施贷款和涉农贷款利率平均分别是4.58%和5.79%,相比上年分别降低13个和5个百分点。民间贷款相比上年降低259个基点,平均利率为24.63%。广西壮族自治区银行业人民币总额相比上年减少4个基点。

银行机构投资风险下降。中国人民银行广西各分支行采取正确的风险监测控制措施,强化风险分析,完善存款保险功能,降低银行机构风险。2017年末,广西银行业不良贷款率为1.7%,相比上年减少0.2个百分点;相较年初,新增不良贷款1.1亿元,关注类贷款减少148.8亿元,90天以上贷款减少46.2亿元。法人金融机构保持较高流动性,相对年初来说上升1.8%。广西11家互联网金融企业中,90%已经整改。

农村银行业金融服务改革初见成效。"三农"管理中心逐步建成,互联网金融管理中心不断完善,全力发展临桂、北流支行"放权搞活"试点,对75个县支行授予不同程度的权限,全力发展涉农信贷,加强对县域信贷的支持。截至2017年底,广西共有由农信社改制的农村商业银行4家。

2. 证券业分析

证券市场不断丰富。截至2017年底,广西壮族自治区共有境内上市公司36家、证券公司、基金公司各1家、证券分公司8家、证券营业部10家、新增新三板挂牌公司12家、区域股权市场挂牌企业384家、已登记私募基金管理人29家。

拓宽直接融资渠道。广西壮族自治区2017年实现股票融资7.7亿元,国内债券融资681.1亿元。广西银行金融市场2017年首次发行15亿元的扶贫票据,开辟了低成本扶贫融资渠道。

证券交易相对减少。广西2017年证券交易3.4万亿元,相比上年减少2.5%;期货成交额为1.8万亿元,成交量为3525万手,相比上年减少27.2%。

表5-2　　　　　　　　　　　2017年广西证券行业概况

项目	数量
总部设在辖内的证券公司数量(家)	1
总部设在辖内的基金公司数量(家)	1
总部设在辖内的期货公司数量(家)	0
年末国内上市公司数量(家)	36
当年国内股票(A股)筹资(亿元)	8
当年发行H股筹资(亿元)	—
当年国内债券筹资(亿元)	681
其中:短期融资券筹资额(亿元)	329
中期票据筹资额(亿元)	212

3. 保险业分析

保险业主体发展良好。广西壮族自治区2017年保险经营主体新增1家,分支公司新增69家,专业中介公司新增47家;从业人员新增2.6万人。

保险行业业务数量上升。截至2017年底,广西壮族自治区保险业保费达到565.1亿元,相比上年增加20.4%。在所有保费中,财产险和人身险保费分别为196亿元和369.1亿元,相比上年分别上升18.3%和21.6%。保险密度和深度分别为1156.8元/人和2.8%,相比上年分别上升19.3%和0.2%。保险行业资产总额大幅度上升,达到1049.1亿元,相比上年增加了11.8%。

保险业行业职能体现良好。2017年,广西壮族自治区保险业共提供人身财产安全保险保障39.3亿元,相比上年增加22.8%;保险赔偿支付181.8亿元,相比上年增加14.4%。

表5-3 2017年广西保险业概况

项目	数量
总部设在辖内的保险公司数量(家)	1
其中:财产险经营主体(家)	1
人身险经营主体(家)	0
保险公司分支机构(家)	2151
其中:财产险公司分支机构(家)	1139
人身险公司分支机构(家)	1012
保费收入(中外资,亿元)	565
其中:财产险保费收入(中外资,亿元)	196
人身险保费收入(中外资,亿元)	369
各类赔款给付(中外资,亿元)	182
保险密度(元/人)	1157
保险深度(%)	3

数据来源:广西保监局。

4. 金融中介

社会融资总额快速增长。2017年,广西壮族自治区新增社会融资3421.4亿元,相比上年多增加804.5亿元,总额创历史新高,显示出广西金融与经济关系日趋紧密,对实体经济资金支持力度不断加大。但在整个社会融资构成中,主要依靠金融机构间接融资,直接融资规模整体占比不高,且近年来呈不断走弱趋势,例如,2017年直接融资新增41.1亿元,仅占1.2%,比重较2016年下降12.0个百分点,较2015年下降17.1个百分点。2017年,广西壮族自治区企业债券融资受市场债券发展情况影响,全年新增额只有33.9亿元,相比上年的增加量减少163.9亿元,因为以小微企业为例的实体经济需要进行大量融资,很难减少与重抵押金融机构风险的冲突。

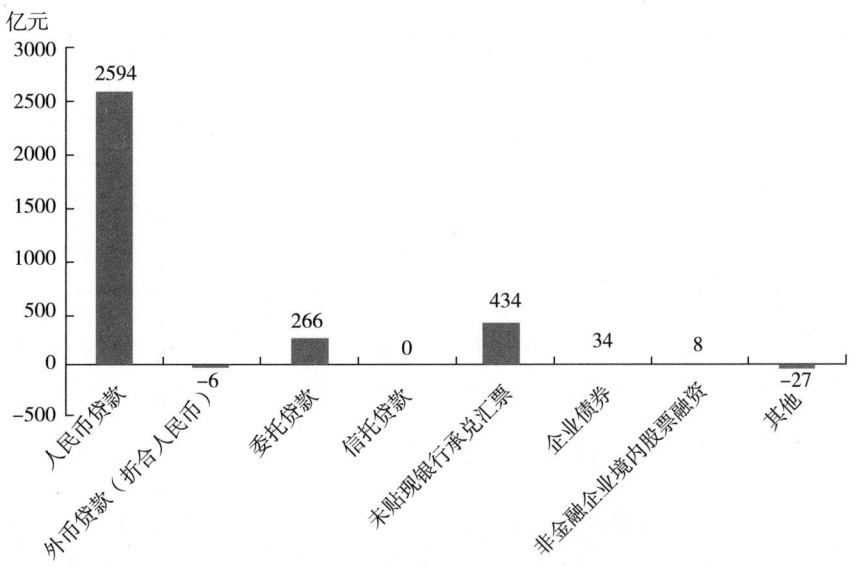

图 5-5 2017 年广西社会融资结构分布情况

货币市场资金运转不活跃。2017 年，广西壮族自治区债券市场回购债券 6.1 万亿元，相比上年增加 1.4%，增长幅度同比下降 56.0 个百分点；净融资总额为 7220 亿元，相比上年下降 34.4%；现券交易总额为 7705 亿元，相比上年下降 75.1%。银行机构同业拆借趋向传统模式，虽然债券回购和同业拆借的利率分别平均为 2.98% 和 3.29%，相比上年分别提高了 69 个和 52 个基点，但 2017 年广西壮族自治区银行间同业拆借交易发生额只有 2463.7 亿元，相比上年减少 52.8%。

票据交易市场趋向理性。2017 年，广西票据贴现呈现价升量减的运行态势，全省全年签发银行承诺兑换汇票总额为 1596.7 亿元，与上年相比下降 23.5%；办理票据和发生票据转贴现总额分别为 892.6 亿元和 7234.6 亿元，相比上年分别下降 22.4% 和 61.5%。与此同时，广西票据贴现利率为 4.59%，转贴现利率为 4.32%，与上年相比分别上升了 134 个和 139 个基点。

表 5-4　　　　　　　　　　　2017 年广西票据业务情况　　　　　　　　　　单位：亿元

季度	银行承兑汇票承兑		贴现			
			银行承兑汇票		商业承兑汇票	
	余额	累计发生额	余额	累计发生额	余额	累计发生额
1	909.5	385.5	363.6	258.4	3.9	3.6
2	907.6	772.3	342.6	480.0	7.3	9.5
3	909.5	1148.9	300.2	652.3	8.5	15.0
4	842.3	1596.7	296.3	864.9	14.5	27.7

表 5-5　　　　　　　　2017 年广西票据贴现、转贴现利率情况　　　　　　　　单位:%

季度	贴现		转贴现	
	银行承兑汇票	商业承兑汇票	票据买断	票据回购
1	4.06	5.55	3.84	4.29
2	4.94	5.31	4.13	4.41
3	4.69	5.20	4.48	4.20
4	4.77	5.66	4.64	4.35

外汇交易量上升。2017 年广西壮族自治区银行代客结售汇额达到 213.5 亿美元,相比上年增加 17.9%,其中银行结汇金额相比上年增加 22.9%,为 69.2 亿美元;售汇金额相比上年增加 15.6%,为 144.3 亿美元。广西全年结售汇为 75.1 亿美元,相比上年增加 9.7%,逆差上升。

黄金市场日益活跃。在高强度的规范管理下,2017 年广西正规黄金市场交易进一步增加,各机构市场业务交易量达到上年的 5.1 倍,在 5224.3 亿元总交易额中,代理上海黄金交易所的业务高达 90% 以上。

政府成功发行置换债券。广西政府 2017 年共发行债券 1716.6 亿元,相比上年增加 12.9%。新增债券为 491.6 亿元,置换债券为 1225 亿元,债券置换进度实现 100%。地方政府债券利率上升到 4.04%,相比上年增加了 1.15 个百分点。广西地方政府偿债压力得到适当缓解。

5. 对东盟国家金融业分析

东盟国家金融产业结构总体上表现为较强的银行主导型特征,新加坡、泰国、马来西亚、菲律宾和越南证券业发展良好,其他国家较为落后,保险业规模体量小且分散,保险市场深度和密度较低。

(1) 发展良好的银行业

从银行集中度来看,东盟国家银行集中度较高。亚洲金融危机以来,大多数东盟国家银行业经历了多次改革和收购合并浪潮,越南、缅甸、新加坡、马来西亚的大银行集中度都超过了 95%,除文莱、老挝外其他国家也都在 60% 以上。

从业务结构来看,多数仍以传统商业银行存贷汇业务为主,证券业务、中间业务不太发达;主要利润来源于利息收入,对存贷款利率敏感。除缅甸以外,东盟所有国家的银行业利息收入占总收入之比都在 65% 以上。其中,文莱占比最高,为 81.27%。

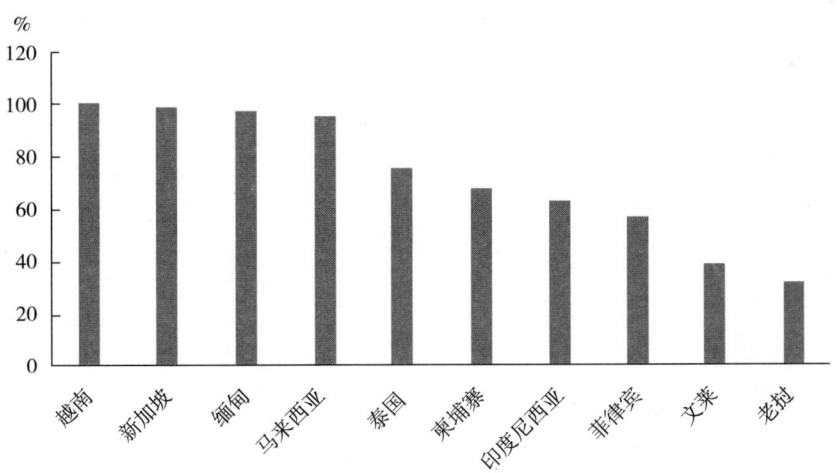

资料来源：IMF 数据库；各国中央银行网站。

图 5-6　2014 年东盟各国前 5 大银行资产占银行业资产总额之比

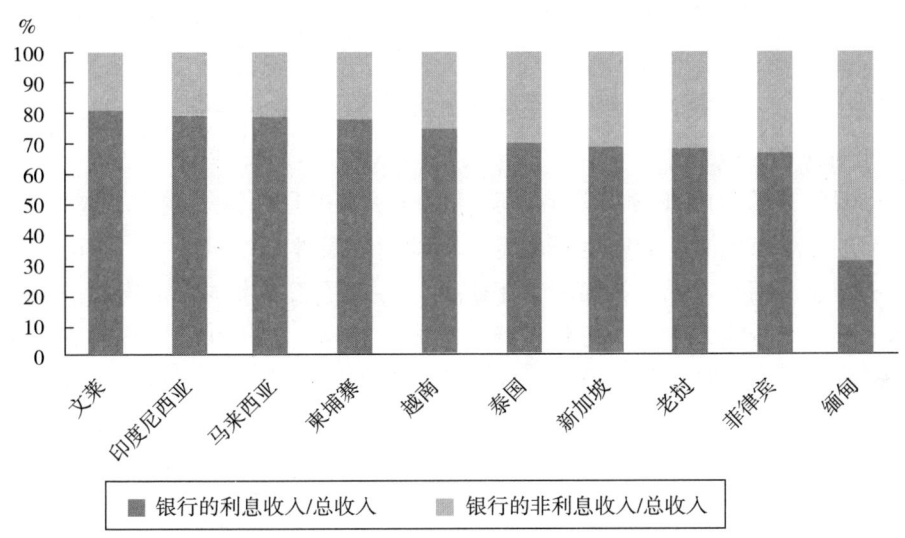

数据来源：IMF 数据库；各国银行网站。

图 5-7　2014 年东盟各国银行业务结构

东盟各国银行业发展具有一定特色。第一，东盟国家中农业国居多，在传统上重视金融对农业的服务支持，如印度尼西亚较为完善的农村金融体系、菲律宾的村民互保信用记录系统。第二，在国家政策鼓励下银行对小微企业发展的支持力度较大，如泰国为小微企业提供集中式流水线型贷款业务、柬埔寨将小额信贷机构纳入银行体系的范畴、菲律宾规定了银行的小微企业贷款投向比例。第三，家族财团控制的私有商业银行发展繁荣，如菲律宾和泰国的寡头家族财团以金融控股集团与实体企业结合的方式控制了大多数私有的全能型商业银行。

（2）强弱兼存的证券业

受经济发展和银行主导型金融结构的制约，东盟各国证券业发展水平参差不齐。新加坡、泰国、马来西亚、菲律宾和越南证券业发展趋势良好，其中，新加坡发展最完善，已经发展为成熟的国际金融市场。其他东盟国家证券市场发展尚处于初级水平，文莱股票市场正处于筹备阶段，缅甸直到2015年才设立证券交易所，柬埔寨证券市场停滞，老挝证券业基础薄弱，印度尼西亚证券公司很大程度上被外资掌控。

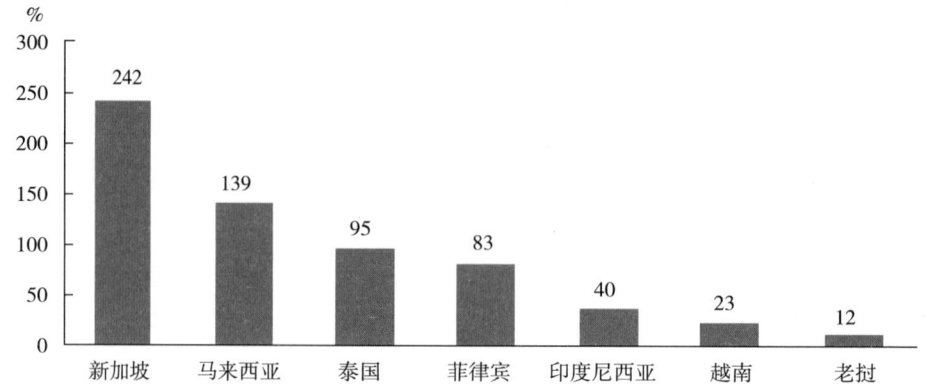

数据来源：世界银行"全球金融发展数据库"。

图 5-8　2014 年东盟各国股票市值占 GDP 的比例

（3）相对薄弱的保险业

多数东盟国家的保险业发展较为薄弱。例如，印度尼西亚、老挝、越南、柬埔寨、缅甸和文莱的保险市场深度和密度都较低，保险业规模体量小且分散，保险业务结构单一，业务量增速也相对较低。新加坡、菲律宾、马来西亚和泰国等市场经济发展较好的国家基本上都是以寿险为主导，寿险市场的集中度较高。在伊斯兰文化的影响下，马来西亚和文莱的伊斯兰保险发展迅速，文莱的伊斯兰保险收入甚至超过了传统保险业务的保费收入。

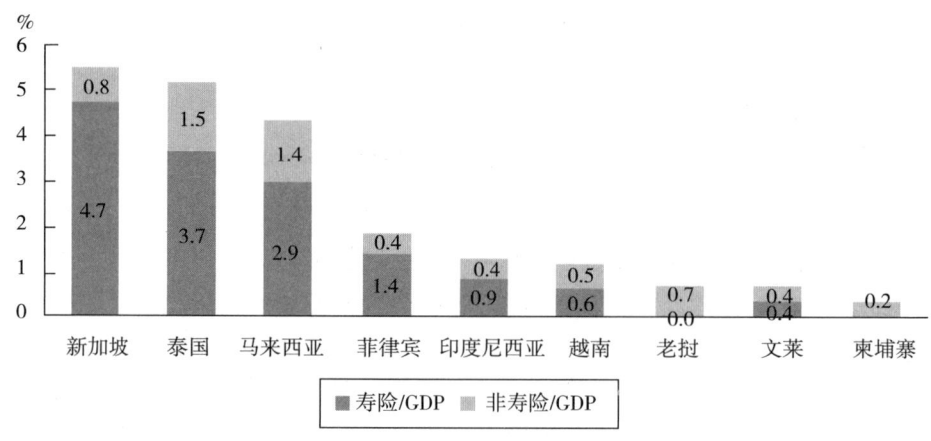

数据来源：世界银行"全球金融发展数据库"。

图 5-9　2014 年东盟各国保险业务规模占 GDP 的比例

(三) 广西东盟金融生态环境建设机遇

1. 战略位置重要

广西战略位置优越并且有较完善的铁路交通枢纽。广西位于我国西南地区,处于中国东盟经贸区的重要地带,面向东南亚国家,与粤港澳等经济发达城市相邻,同时也是"泛珠三角"的中心。北部湾三角区是连通我国西南地区和东南亚国家最大最便捷的通道,西南地区、"泛珠三角"和东盟三个经济圈的结合体也是北部湾三角区,其战略位置在参与国际分工中十分有利。在东盟与我国邻近的港口中,广西壮族自治区占三个,分别是防城、北海、钦州,而且它们也是我国西南地区最具优势的港口,其中目前与北海港有贸易关系的国家有94个、地区有192个。我国通往东盟各国最便捷、最快速的线路是中越铁路以及广西南宁至友谊关高速公路。南宁和桂林两个城市现已建立起多条可直达的国际航线。中国—东盟自贸区建立以来,我国西南地区通过北部湾经济区积聚了大批来自东盟国家的人力、物力和财力,而广西便捷的海陆空交通路线,为我国西南地区去往东盟各国提供了极大的便利。随着地缘优势转化为区位优势,广西的通道作用愈加明显。

2. 位于对外开放发展前沿,国家政策优势明显

开发区除享受国家西部大开发、广西北部湾经济区和南宁市给予的多项优惠政策外,还有开发区特有的财税奖励扶持政策。开发区内设立收税不收费的条款,除了国家和法律法规明确规定的行政事业性收费项目外,不再征收其他任何地方性收费,同时,采取灵活的财政政策,对厂房的建设和使用给予奖励,对企业技术提升和产品升级等方面的投资给予补贴。

3. 广西与东盟国家深入进行经济合作潜力大

广西与东盟国家在资源构成、产业结构上有互补性,深入进行经济合作潜力大。广西的出口商品主要是劳动密集型产品,如纺织品、机电产品、农产品等;进口商品主要是资源性产品,如水果、煤炭、金属矿石等,这些在本地区较为稀缺。广西在一定程度上优化了商品出口结构,工业制成品出口数量多于初级产品出口数量,机电产品是工业制成品的主要出口产品。农产品和高新技术产品出口迅速增长。但广西出口产业相对不先进,产业结构水平低,出口产品附加值低、技术含量不高,出口企业及其出口产品在国际市场上竞争力不强,缺少具有自主知识产权的高新技术产品。

4. 广西已形成与东盟对接的立体交通网络

2006年以来,经国家批准,广西设立了国家一类口岸5个、国家二类口岸7个、边民贸易互市点25个和沿海边界贸易码头4个。如今,广西与东盟国家开展商品进出口贸易合作的场所就是这些边贸口岸和码头。

三、广西东盟金融生态环境建设瓶颈

（一）经济基础环境支撑力度不足

金融生态环境的优劣在一定程度上被经济发展状况所制约。资金的使用效率和优化配置取决于广西东盟金融市场发育水平，然后影响着储蓄向投资转化速度变慢。尽管广西金融正在发展，但是总量占全国的比重仍然较小。广西与东盟国家双边贸易具有以一般贸易和边境小额贸易为主的特点。贸易主体是民营企业，进出口商品为低附加值商品。主要存在的问题是太过于依赖越桂贸易以及商品结构不合理。从广西壮族自治区与东盟国家的进出口商品构成来看，广西向东盟国家出口的商品大部分是农产品、机电产品、纺织品，而从东盟国家进口的商品主要有矿产品、水果、橡胶等。产品单一、技术含量不高、收益率小是阻碍广西东盟市场发展的主要问题。广西金融市场不够完善，导致广西金融对经济的支撑力度不足，影响其他外资融入。

第一，广西经济发展质量的主要制约因素是广西政府的主导方式是以粗放型为主的。银行投资的项目有限，资金不足，限制了广西东盟信贷业务的健康发展。

第二，政府考虑具体情况不到位。为了增加业绩，投资的一些项目欠考量，仅仅要求收益见效快，导致不良贷款率大大增加，对银行造成了极大的信贷压力，结果就是金融生态环境进一步恶化，广西经济发展质量越来越差。同时因为广西外资不足，经济发展依赖信贷资金的投入，但是信贷资金无法满足经济增长的需要，更加让广西经济发展变得迟缓。

第三，金融生态环境的改善与政府行政的有力支持息息相关，但由于银行投资项目资金有限，产业布局混乱，制约了有效信贷的健康发展。另外，政府对金融机构不当的行政指导，造成银行的不良贷款率上升，极大地打击了金融机构对企业贷款的积极性。尽管出台了一些优惠政策，但是由于资金有限，很多政策并不能达到预期收益。广西中小企业面临的资金短缺情况日益突出。

（二）金融生态环境发展水平参差不齐

金融投资需求与优质金融服务产品发展不均衡。具体表现为金融市场开放程度满足不了实体经济发展的需要。并且金融市场为百姓提供的金融产品和服务种类不足，质量不能保证，无法满足人民日益增长的金融需求。这样的情况造成了非法融资的兴起，扰乱了金融的正常秩序，还降低了金融服务实体经济的速度。金融市场发展的种类也不够平衡，例如，股票市场之间的发展存在发展不平衡问题，股票市场的场外市场比股票市场的场内市场落后；债券市场内的银行间市场发展程度远远超过了交易所市场，两者存在巨大差异。

当今金融领域很长一段时期的主要任务就是防控金融风险、服务实体经济、深化金融改革。金融发展的主要问题在于发展不够平衡和充分，为了解决这一问题就必须围绕着上述任务展开推进工作。而这种政策的倾向性则直接导致了各个经济区域金融发展速度的不均衡，进一步造成区域金融发展水平以及最终成效的不均衡，而且随着这种宏观政策的进一步贯彻执行，各个区域间的金融发展差距会进一步拉大。广西与东盟各国在经济结构和发展水平上有着明显区别。因为广西与东盟国家的经济周期不同，各经济体所需要面临的内外部冲击、影响因素等也有着差异，导致东盟国家与广西的经济水平差别很大，无法形成有效的经济一体化。这些差异性使广西与东盟国家区域金融合作增大了难度，由此造成广西和东盟国家在政策协调、产业整合方面出现了较多问题。但是根据最优货币区理论，要素的自由流动与经济结构和经济发展水平相近是区域金融合作的基础。因此东盟各国经济发展模式多元化和经济政策之间的冲突，以及各国不均衡的经济发展水平加大了区域金融合作的艰巨。

（三）金融资源配置不合理

1. 融资方式失衡，直接融资欠缺

金融市场不够成熟，融资途径较少。直接融资很少，极大地影响了金融市场发展速度。广西企业的产权问题不明确、收益微薄、会计制度不健全、内部结构不足、高风险投资都是导致上市公司数量和融资总量少的原因。并且上市后备企业数量大部分都在传统领域，高科技企业和高成长性企业较少，显示出企业家们对这些领域不够有信心，操作运营模式单一，不敢勇于创新。另外，主营业务不突出，强项不明显，竞争力不强，短期内难以达到上市公司的标准。部分企业法人的管理结构不够完整清晰，企业内部结构运行不规范，不同程度地在财务税务处理、关联交易方面存在问题。与上市公司条件、现代企业制度要求差距非常明显也是导致上市公司不多的一个原因，少数企业还受经济影响而面临亏损破产的风险。

2. 信贷市场金融资源波动较大

从金融相关比率来看，广西金融提升空间很大，因为广西金融相关比率低于全国平均水平。从存款的规模和结构来看，居民对储蓄的配置具有多元性选择，因此金融产品和服务创新非常重要。就资本市场金融资源来说，广西上市公司数量少，造成金融资源分布不均。从保险市场金融资源来说，广西保险发展水平较低，说明进步空间很大，但发展较慢，需要很大的提升。广西的外资资源较匮乏，政府需要调整政策处理引用外资难和利用外资导致经济变动剧烈的问题。

（四）金融组织体系不完善

金融机构是金融生态建设的主体，但是金融机构发挥的作用远远达不到要求。在加强金融生态建设问题上金融机构有着不可替代的地位。想要顺利开展金融合作，东盟各成员国需要在制定货币政策和经济政策的经济活动上让渡部分权利，但是从现在的情况来看，妨碍广西与东盟国家合作的主要问题是双方都无法接受放弃独立制定金融政策的权利。在相关的机制建设上，广西与东盟国家不曾建立起任何权力机构，产生问题或是违反合作也没有任何强制处罚机制，给区域金融合作带来了极大的问题和难度。

1. 越落后金融生态环境越差

在广西经济还有待发展的情况下，金融机构在组织体系完善和发挥主体作用方面都有着需要改进的地方。具体表现为，由于历史原因，企业逃债问题严重，有些贷款金额还很大，导致金融机构无法正常发展工作，现存的金融机构生存发展能力也十分欠缺，金融生态环境建设由此受到了根本性的影响，使得有些商业银行的上级行将其定为信贷投放的限制性区域，因此有些金融机构只是吸收存款，不具备有自我调节功能，所以有些金融机构的资金严重不足，出现了"贷款难"与"难贷款"问题，原本就不活泼的金融环境变得更加恶劣，造成了金融发展的恶性循环。过分依赖银行的借款，银行机构的融资风险大大提升，金融系统变得更加脆弱，金融市场格局被严重扭曲，影响金融市场运行效率。

2. 过度竞争扰乱金融生态环境

金融环境的发展在一定程度上会受到金融业过度竞争的破坏，银行机构为了完成存款指标而恶性竞争和证券公司违规操作等行为仍然时有发生。这些行为加剧了票据市场的"价格战"。而一些上市公司不及时公布信息和公布虚假信息欺骗消费者的行为，使证券市场的风险加大，打击了投资者的热情。同时，保险市场的竞争加剧，公司经营风险加大。因为保险行业进入广西的步伐加快，一些地区不太发达的市场里总量会突然剧增，导致资金流通出现问题，人才匮乏、成本上升等诸多经营风险出现。

3. 金融中介机构行业发展有待完善

目前广西区内律师事务所、会计师事务所、评级机构、评估机构、不动产权登记机构等各种中介服务行业不足，有实力提供高质量信用产品的机构更是少之又少。企业的良好发展离不开好的金融信息中介服务，而好的金融信息中介服务取决于健康发展的金融市场环境。因为社会相关信用开放度过低，无法通过使用信用调查、征信、信用评估和信用专业服务等方式获得具有公正性和独立性的企业数据，导致失信行为越来越多。征信行业机构执业的要求和制度无法统一，信用产品也没有一个准则，其信用质量也无法让人相信，使消费者购买保险的积极性下降。

（五）社会信用环境有待改善

1. 信用法律法规体系不完整

广西缺少有关信用的法律和制度。信用的法律效力低，不曾被人们所熟知。到目前为止，除了 2013 年 1 月 21 日由国务院颁布的《征信信息管理条例》和 2014 年 3 月 20 日由各部门共同制定的《失信惩戒机制》外，还没有更加权威的被人们所知的法律法规来规范人们的信用行为和维护社会信用体系的完整可信，也无法对征信信息系统进行权威性的确认和对失信者的失信行为做出严惩。而有些中介机构的违法操作导致企业的骗贷或抵贷等恶劣行为发生频率越来越高，使银行的借贷风险增加，打击了银行贷款的积极性，造成了恶劣的金融生态影响，从而导致地区金融的稳定发展被破坏，也让广西金融的中介体系发展变得缓慢，一些中小型企业和微型企业的借款需求无法被满足，广西壮族自治区金融业经济发展被阻碍。同时因为广西的经济和教育依旧落后于全国水平，人们的思想觉悟不够，在维护信用方面意识不够，对失信行为没有强烈地抵制。所以广西范围内维护良好信用的社会意识还没有形成。法治不完善和道德文化宣传不到位，以及市场经济体制不够健全，导致信用交易风险很高和社会诚信缺乏问题频频发生，所以不遵守公共道德、违背法律法规、不执行合同契约、不兑现承诺等行为经常出现。但是由于以上失信现象不仅限于经济交易范围，而是涉及法律与道德等许多方面，失信行为尚没有一个好的解决方法和惩罚机制，仍需要国家出台有关法律法规和社会人士的商量。与此同时，由于网店的发展越来越繁荣，实体店被严重打击，失信行为更加难以规范。企业应收账款规模扩大，局部金融风险的发生概率越来越大。

2. 市场信用机制与公共信用机制发展十分不平衡

公共信用机制与市场信用机制之间有着相互补充、互通互动的关系，无论哪一方面有所不足都会对社会信用体系的完善和良好运转有负面影响。但是公共信用机制比市场信用体系更受重视，导致两者发展不够平衡，因此缺乏对市场信用机制的指引和重视，造成市场信用机制发展受制约。平台型企业和供应链核心企业内部的信用机制建设仍处于还不够成熟的阶段，信用建设落后、行业组织自身发育不完善以及第三方信用服务机构的不同方面发展具有差异，所以离形成完整产业链和生态体系还有段距离。此外，网上的虚假交易、恶意差评和炒信等有损诚信的行为，大部分都是信用法规建设不健全、信息泄露和信息孤岛以及网络的隐蔽性等原因造成的。我们不管是对企业还是个人的管理模式都是同样的没有任何差别的机制，起不到对人民的作用。在市场的活动中法制与诚信同样重要。依照法律来处理事情参加市场活动行为规范的标准，诚信的重要体现在法律的上面，法律也是诚信的坚强后盾。而诚信不仅仅是加入市场活动的道德要求，同时还是保证法律能够实施的基础。诚信和法制统一于市场规范健康发展之中相辅相成。假如法律健全制度不完善，有所欠缺。将会为不法分子提供机会有理由做出对社会有危害的事情。法律要是不可信，便会失去可信度。人民不再信任法律，社会诚信将遭受严重的攻击。各国关于诚信的法律规范不完善、不健全与全球化的金融危机有着不可脱离的关系。从商业银行角度可知，巨大的银行烂账是国有商业银行金融风险高的重要原因，而要怎样处理商业银行的不良资产和确定商业银行业务的健康发展已经成为金融体制改革中的最大难关。由于一些无法收回的不良贷款导致银行系统资产质量良莠不齐和抗风险能力越来越低变成了阻碍宏观经济稳定发展的最大问题，仍待解决。由于广西与东盟各国政治上的合作极少和强烈的主权意识，导致彼此之间的信任程度不够。妨碍了很多领域的交流和沟通。其次由于历史文化和国家立场的巨大差异，在政治上产生矛盾互相防备导致东盟各国之间产生了分歧和利益，东盟各国的信任与诚信问题也越来越成为交往的障碍。

3. 信用严重缺失

构成社会信用体制中不可替代的一部分就是诚信,而诚信的体现也在不同的方面,大概主要分为三个大的部分,例如商业、银行和个人。大概来说就是三者彼此之间的密切的关系。但是因为我国社会主义市场经济还未发展健全,信用制度还有着比较大的缺陷,人民之间的信用意识不够强烈,信用观也有待改善,整体上来说整个社会的信用有着必须改正的严重问题。私营和个体户做假账、拖欠银行债务、私吞员工工资以及发布不实信息欺骗消费者等许多不良行为都是关于信用缺失的主要表现。还有一些有意拖欠挪用客户的货款和银行的贷款假装破产等恶劣行为都是造成诚信严重贬值的主要原因。与此同时,包括家庭内的家庭成员之间的不够成熟的诚信意识、东西的产权得不到明确地肯定,诸如此类的因素也是导致信用缺失的原因。

4. 信用市场需要规范健康发展

参与市场活动需要诚信和法制。这两者都是必不可少的,它们之间既有不同又有密不可分的联系。诚信和法制共同维护着市场活动的健康发展,相互依存,彼此协调。法制是参与市场活动的强制要求,而诚信则是自己心中的道德底线。诚信与法制缺一不可,如果法律不够完善健全,就会有不法分子发现法律的漏洞从而进行违法犯罪的活动,导致社会不能安定,金融市场也会受到很大的影响。人们无法再相信法律,也不能再作为诚信的坚强后盾,社会信用就会成为一个空谈。一般来说,各国对于诚信的法律建设不够完善与全球经济危机的扩大有密不可分的关系。如果信用缺失严重,也将会导致市场活动的不健康进行,人们彼此间没有信用,相互防备,严重地影响了人们购买东西以及投资的欲望。将会导致金融市场进入一个十分缓慢发展甚至是停滞的阶段。各项经济活动受到重创。目前,我国社会主义市场经济正处于发育阶段,许多制度都没有完善,社会的诚信氛围也远远不够。关于不良诚信的事情仍然有许多。总体来说,社会的诚信存在着严重的问题。信用意识不够强烈,都是以利益为重导致金融市场发展极易扭曲。

(六)金融法制建设滞后

许多相关金融机构随着社会主义市场经济体制改革的深入和金融市场的发展,许多弊端日益突出。有关金融的法制法规还不够成熟,执法人员的整体效率过低。广西东盟金融生态环境建设过程中依旧还未解决的问题是金融生态环境自身发育完善中和有些金融领域法规法制建设比较落后的矛盾。广西东盟法律服务尚处于开拓探索阶段,但富有开拓与创新的精神。而广西律师的主要问题是业务水平仍需改进,特别是关于解决东盟高端业务问题的水平还达不到要求。

如何提高业务能力水平?这对广西律师而言,是一个巨大的挑战。广西律师面临的首个也是最大的"拦路虎"就是法律资料匮乏。

因为历史文化的相差,所以东盟成员国法律制度的组成部分涉及很多因素的影响。在真正发生争议时,法律依据本身不明和适用中的理解成为突出问题。

1. 现行法规对金融债权保护不力，金融风险得不到有效防范

金融消费的发展越来越快，有关金融消费者的权利受到侵害的事件的数量也在极速上升，导致金融中介机构的信任度在金融消费者的心目中逐渐下降，矛盾越来越严重。金融经营者不尊重金融消费者的权利，违规随意变更合同的事情也越来越多。例如证券公司员工依据职业的便利性，利用不实消息欺骗客户，违规操作等违法行为使得消费者与金融机构的信任极速下降。

2. 联合征信体系不健全，缺乏信息征集和共享机制

主要原因是政府部门之间没有更深层次的交流，各行业不够积极地交换信息，地方正规金融机构与民间金融方面缺乏沟通与交流。

3. 规范的金融机构市场化机制未建立

一些出现问题的金融机构没能有所行动，导致金融风险在高度增加，有关预算的机制也不够健全，导致金融整体体系的资产质量与经营水平开始下降。没有效力的法律环境严重影响了金融环境的稳定性，造成金融市场不能有序和平发展，打击了金融的创新能力，限制了金融环境的提升。

4. 金融的监控模式没有到每个地方

首先从行业角度讲，大多数的金融机构的发展日益集团化、多元化。但并没有对这类的集团业务活动进行全面的、协调的监管。其次从地域上来看，随着行政级别的降低金融监管出现逐级弱化的现象，又因为金融监管存在着许多漏洞，所以金融模式不能适用于有关的民间金融组织机构的健康发展。

5. 政府服务仍然有着薄弱环节，政府影响不容低估

在清算不良资产，回收贷款，提供优质贷款等服务方面还有待改善。办理业务速度低和质量不够优质，很大程度上延长了贷款的发放时间。据商业银行反映，政府相关部门不能按贷款日期完成贷款的情况时常发生。还有些相关的部门收费不菲，打击了贷款的积极性，因此加大了金融机构贷款回收的成本。如商业银行在办理以资抵债的业务时收费偏高，处置拍卖抵债的资产使各项收费达到抵债物评估价的 25% 以上。不仅如此，据调查，广西政府除了国债、政府借款以外，还有政府担保的不良债务。在处置与政府有关的不良债务时，仍与金融机构有着债务纠纷。在企业破产或者重组的过程中逃废债的行为里也依旧有政府行为的痕迹。极大程度上打击了银行借款的积极性，对金融生态产生了极大不良影响。

6. 缺乏良好的司法、执法环境

法院诉讼费用高，案件执行难，司法处置成本高，案件执行效率低。各种司法过程中机制不健全有待加强。调查反映，金融机构对于大部分"逃废债"事情全是上诉处理，但结果往往是赢了官司却输了钱。上诉不但不能讨要欠债，反而还要花钱进去，经常是得不偿失。

四、广西东盟金融生态环境建设的影响因素分析

(一) 社会信用环境对广西东盟生态环境建设的影响

一个全面的、广泛的并且基础性的社会信用环境对现阶段广西东盟金融生态环境产生了十分深远的影响。广西东盟金融生态环境的好坏直接由社会信用环境建设发展水平程度的高低决定,所以金融生态环境建设有序进行的条件是完善的社会信用环境。因此,可以通过加快科学推进金融生态建设进程的速度,改善金融生态环境,使社会信用体系更加完整。在探索分析约束我国社会信用体系建设的现状及其环境因素的同时,我们也结合社会信用体系建设的历史研究,并提出了实现完善金融生态环境社会信用体系建设的建设性建议。金融生态建设诚信文化对广西东盟金融生态环境建设发展的影响十分重要,也推动了现代金融生态环境建设的发展,而社会信用体系的建立和完善是诚信文化氛围得以形成的前提。诚信不仅是立身之本、立国之基,同时也是市场经济运行的重要条件之一,在现代生活里也象征着社会主义道德规范和现代社会文明。积极完善良好的社会信用体系,必须持续坚持推动广西东盟金融生态建设改革发展的进程,加强对社会金融生态建设的研究,不断推动金融生态环境进程。因此,研究社会信用体系建设对广西东盟金融生态环境的影响时,结合实际情况对社会应用体系与金融生态环境之间的关系进行研究,并根据结论提出相对应的政策性建议是十分重要的。

建设广西东盟金融生态环境的社会信用体系,需要获得广西东盟信息共享的金融生态环境征信体系,此征信体系代表的社会信用数据库的建设囊括了社会信用制度文化教育、社会信用信息管理机构及社会信用征信机构等方面。对广西东盟金融生态环境而言,建设涉及方面广泛、投入资金数量大并且考虑统筹多种因素的社会信用体系,是一个时间长、投入精力大的持续建设工程。在广西和东盟各国政府的共识和支持下,由政府领导取得社会各方面的大力支持,因为构成广西东盟金融生态建设社会信用体系的必要因素是合作共建的市场主体和相关职能部门的积极参与。只有广西政府及东盟各国政府在不断协商、不断探索后,达成合作共建广西东盟金融生态建设社会信用体系建设的一系列完整成熟的计划政策、法律法规及资金支持时,此项工程才具备真正意义上的基础准备。

构建广西东盟金融生态建设社会信用环境的首要条件,是广西政府与东盟各国政府在达成共识的基础上能够互相支持,互相进步。各参与政府共同建设社会信用管理机构,方便各参与政府相互交流,信息共享,从而更好地根据不断变化的实际情况制定更新相关社会信用数据资料及管理条例。同时,间断性宣传社会信用相关文化建设,可以更好地创造良好的社会信用环境。因此,各参与政府对广西东盟金融生态环境建设社会信用体系的共同建设,对推动社会发展具有重大影响。同时不断改善社会信用环境的建设与良好的金融生态环境建设的发展息息相关,在大力建设社会信用体系的背景下,改善广

西金融生态环境得到了广西政府的大力支持,努力提高金融生态环境服务的效率和质量,推动广西社会金融环境不断发展优化。

(二) 社会经济环境对广西东盟生态环境建设的影响

广西东盟金融生态环境建设对可持续的经济发展有着极为重要的影响,因此,要想促进广西东盟金融生态环境建设经济的可持续发展,积极采取有效措施促进改善良好的金融生态环境建设十分重要。广西东盟金融生态环境建设持续发展的基础与保障是完善良好的金融生态环境。良好的金融生态环境可以在很大程度上降低广西东盟金融生态环境建设发展的金融风险及交易成本,推动构建合理配置的发展进程,在为广西东盟金融生态环境建设经济发展提供更多更完善发展机遇与服务的同时,加强对自身金融生态环境建设经济的发展。广西东盟金融生态建设发展的经济环境从促进市场机制的发挥、保证国家宏观调控策略的顺利实施、维护金融稳定,防范金融风险和提升地区经济竞争力四个方面对金融生态环境建设在可持续经济发展中的作用进行了影响,最后完善金融生态的法律环境和推进银行和企业之间的合作也同时影响了可持续经济发展视角下的金融生态环境建设方法。

近年来,广西政府在国家战略的大力支持下经济总体发展迅猛且良好。不断加强金融生态环境经济建设,使得广西经济发展快速稳定,在经济建设领域取得了积极的成果。广西经济总量在不断发展的同时逐渐进行产业结构的调整,逐步向实现产业结构趋向优化靠拢,逐步实现广西东盟金融生态建设经济发展"质"与"量"的双赢局面,为实现广西东盟金融生态建设经济发展的可持续发展奠定了坚实的环境基础与经济基础。

广西东盟金融生态建设经济发展受到经济全球化和区域经济一体化这两大当今世界经济发展显著性特征的影响。近年来受到经济全球化和区域经济一体化的影响,东盟自贸区成为一种适应世界经济发展的新形势。广西东盟金融生态建设的经济发展正是因为新型世界格局的变化而得以快速发展。这对于我国的金融生态建设来说具有深远的意义,它不仅推动了我国经济改革,而且使得我国进一步开拓了国际市场,在国际交往中占据更加重要的地位。广西东盟金融生态建设的发展,是在我国与东盟各国成员同为经济实力有待增强且经济发展对外部市场有较强的依赖,且深受全球经济变化的影响中诞生的。这对于我们转换成更加积极的国家,来面对全球经济发展具有重要影响。

(三) 社会制度环境对广西东盟生态环境建设的影响

广西东盟金融生态环境建设成为以广西东盟经济建设为基础,以广西东盟金融发展为核心,以广西东盟法规制度为保障,以广西东盟社会信用体系为依据全面发展建设的有机系统。在法规制度的影响下,国家政府的宏观调控更好地通过对金融生态建设社会制度大力发展,从而对广西东盟金融生态建设产生深远影响。大力推动社会制度的更新对于完善广西金融生态环境建设具有深远影响,社会制度不仅是影响广西东盟金融生态建设的重要因素,同时也是制约广西东盟金融生态建设发展的重要因素。根据国际法和相关国际准则共同制定的针对广西东盟金融生态建设发展的相关法律法规制度，并根据社会发展不断完善，深切对广西东盟金融生态建设发展有积极影响。

广西东盟金融生态建设中社会制度与广西和东盟各国发展息息相关。良好的社会制度环境对广西东盟金融生态建设有着重要的保障作用，不断完善广西东盟金融生态环境建设，使得广西东盟金融生态建设社会制度得以稳定发展。完善金融生态建设社会制度，建设良好的金融法制环境不仅需要国家出台相关金融法律政策，保证广西东盟金融生态环境建设良好运行，保证所有金融行为受到相关法律法规的约束规范，规定生态金融环境建设活动的权利和义务，营造良好的金融环境。在规范相关法律法规政策的同时，需加大金融监管部门对广西东盟金融生态建设的执法力度，从落实部门职责出发，通过严格执法，严厉打击金融生态建设犯罪行为，成为有效维护金融市场稳定的成熟机构。

（四）跨境合作对广西东盟生态环境建设的影响

经济全球化与区域经济一体化共同发展是当今世界经济发展的重要特征，对广西东盟金融生态建设具有重大影响。跨境经济合作是实现区域经济一体化的重要途径，也是推动广西东盟金融生态建设的一项重要举措。跨境经济合作作为当前推动广西东盟区域经济一体化的重要基点和支撑，对广西东盟金融生态建设的发展具有重要的战略性意义，不断深化广西与东盟各国的合作与交流，大力推动经济发展。经济环境建设是金融发展和金融环境优化的基础，优化广西东盟金融生态建设金融生态环境，经济发展是必须放在首位的。广西东盟金融生态建设经济发展推动金融发展和金融生态环境优化，金融发展和金融生态环境优化反过来又会促进广西东盟金融生态建设经济发展，因此最终会实现经济增长与金融发展的良好循环。

基于金融生态视角，对广西沿边区域金融生态环境进行剖析，为营造良好的金融生态环境，应结合广西东盟金融生态建设经济特色，探索特色化跨境金融业务、培育跨境金融组织体系和发展多层次资本市场、完善与优化跨境金融基础设施、积极搭建与东盟国家跨境金融信息交流平台、加强与广西沿边金融创新联动合作，从而稳妥推进沿边跨境金融创新。

（五）其他因素对广西东盟生态环境建设的影响

1. 文化因素对广西东盟生态环境建设的影响

文化环境对金融生态环境息息相关。随着广西东盟金融生态环境建设的发展，各国文化相互借鉴相互吸收，不仅使得广西金融生态建设的文化产业不断进步，也使得广西金融生态建设的文化产业规模不断壮大，对文化市场主体培育取得重要进展产生了积极影响，政策支撑体系不断完善对广西东盟金融生态建设的文化发展提供了有力保障。在广西东盟金融生态建设的背景下，虽然社会主义市场经济体制在不断发展完善，但是仍然无法完全跟上现代科学技术的发展，同时也不能完全满足金融生态建设与科学技术广泛的应用与结合。因此,广西应不断扩大对外开放力度。在广西与东盟交流合作深入发展的背景下,对于推动广西东盟金融生态建设文化交流合作,需要不断探讨广西东盟文化产业发展紧跟时代潮流的崭新的政策性建议,广西金融生态建设的文化发展必须具有广西文化区域型的特色,并通过结合国际情况加快文化内部的发展水平,实施国家外交战略,实现科学跨越和谐发展。探寻广西与东盟国家在文化交流和文化合作的发展特点与相关制度管理,持续稳定发展广西东盟金融生态建设文化交流与合作,促进为国际交流合作中文化产业发展提供发展范例,探讨新形势下广西与东盟文化产业交流合作的相同点和不同点。

推动广西东盟政治经济外交合作更加快速并且深层次的发展需要文化贸易和文化产业合作的双重作用。为实现广西东盟金融生态建设发展建设文化产业的高速发展,实现共赢局面,结合广西与东盟特色文化,壮大广西与东盟金融生态环境建设发展文化发展实力,政府部门根据广西东盟金融生态建设发展中经济的现实发展,制定相关政策对广西东盟金融生态建设发展提供建设性意见,从多种角度对广西东盟金融生态建设发展建设文化产业发展进行深度探讨和研究,有利于广西东盟金融生态建设发展的高速进步。

2. 科技因素对广西东盟生态环境建设的影响

科技创新已成为实现我国经济绿色与可持续发展的重要推动力,在国家发展战略中的地位和作用越来越重要。在大力建设广西东盟金融生态环境建设时,有一个不可忽视的影响因素是现代金融生态研究中,技术发展水平对金融发展的影响。不断开展有关金融发展的科技创新活动,不仅可以使金融系统更快更强发展,还可以大力推动具有创新性的金融企业得到良好的发展,从而可以为其创新活动提供资金支持。广西东盟金融生态环境建设中金融行业与科研行业互惠互利的局面对于社会的发展十分有利,科研技术和金融生态环境建设二者相互促进、相互进步,金融生态环境建设可以为具有创新性并且前景广阔的科技项目提供有力的金融支持,甚至还可以通过对金融市场的研究对科研创新者提供风险管控建议,同时科研技术也可以为金融生态环境建设提供技术创新,大力推动我们对广西东盟金融生态建设的发展。现如今国内外对于关于金融生态环境建设的研究中对科技创新因素的影响有着一定的理论成果,但是仍然需要与时俱进,不断改善。广西东盟金融生态建设的科技创新作为一个开放的系统,必然会受到外部环境因素的影响,金融发展水平、社会经济现状、法治文明建设、社会信用机制、政府管控调节等因素都对广西东盟金融生态建设发展中科技创新产生了不可小觑的影响。

五、金融生态环境建设的国内外借鉴

(一) 国内金融生态环境建设借鉴

1. 沈阳在金融生态环境建设上的优点

(1) 在金融生态环境下政府行为有待加强

金融生态链中有一个关键的环节,这个环节就是政府,政府发挥的作用是所有人有目共睹的,它主要是有效地引导金融,使金融业的发展更加快速,我们都知道近些年来国家出台了很多支持扶贫产业的贷款,为的是脱贫攻坚,早日步入小康社会,支持扶贫产业的发展,是促进经济结构优化的一个不可缺少的途径,是低污低耗高科技高效益的重要保证。金融环境是否合理地发展,一定要看地方的经济建设服务,如果政府尽可能地减少行政干预,那么就可以为金融业的发展营造公平环境,从而建立一个良好的金融生态环境。

(2) 法制与信用环境的发展意识有待提高

良好的法治环境是一个国家所有公民权利得到保证的基础,那么在金融市场也是同样的道理,要想金融主体各项权利得到保护就需要一个有效的保证,而这个保证就是建设一个良好的金融生态环境。要想达到这种保护的效果就要有所行动。第一步,现代企业管理制度在金融企业的管理的一些方面也发挥了很大的作用,希望金融企业也能贯穿始终地学习,不让金融市场单一化,否则就不能分散风险,金融产权改革的重大工程就是要建立起多元化的资本市场,要想实现金融产权多元化,就一定得有相应的金融市场的多元化,这样才能形成一个完整的金融体系。第二步,一定要认清金融机构的"企业本来的面目",这可以通过银行的法律来规范,重点是要明确企业的核心地位不是别的职位而是股东,保证金融机构的合法、合理、管理和自由控制。

(3) 金融经济力的加强需要通过资本市场多元化的提高

不断地去完善金融生态环境,不仅可以提高金融包容度,还可以更好地完善资本市场,在当前金融经济时代,金融经济力的提高就是给金融生态环境抵御外界风险加上了一层保护,可以有效地降低金融市场风险,也可以很好地分散和规避风险,提高资本市场的丰富度就是增加资本市场的多元化,要想保护层的坚固性好,就要保证资本市场的丰富度高,这样可以保证广西的资本市场多元化,吸收更多的外资,提高广西的金融经济实力。

(4) 加强绿色金融在金融生态环境下的推进

绿色金融的提出,也许早就不新鲜了,或许已经是众所周知的一件事情,但是要运用到现实中,还是比较有难度的一项重大的事情,还需要靠各个银行的支持,这是由绿色金融自身的因素决定的。因为绿色金融本身的性质就是银行在节能减排和环境保护的基础上,衍生出来的经营战略,银行把它作为自身经营战略的一个重要组成部分,为的是建立一个绿色信贷的机制和良好的金融环境与风险管理制度，在其他条件已经建立的模式下，促进绿色金融的发展。一定要大幅度提高绿色金融在广西东盟的水平和加大绿色金融的市场规模，这样可以推动广西绿色经济发展。在那么多的融资模式中，最有潜力、最快捷方便的融资工具就是绿色债券。广西积极地进一步地开放绿色债券市场，重点在于开发一些信用较好、安全性较高的绿色债券，这样可以减少信用风险带来的危害。广西可以通过一些地方政府积极地与东盟合作而发行一些绿色债券，提高广西与东盟投资融资的多元化。

2. 甘肃金融生态环境建设借鉴

（1）健全社会信用体系

社会信用体系的建立，有利于重新树立形象，可以更好地吸收外来投资。建设属于广西东盟的信用体系就要建立一个信息共享平台，对各个系统以及个人信息资源的整合，使用社会信用数据库能够保证信用信息不被垄断，制定合理有效的管理信用数据库的管理条例。改善信用风险带来的不利影响，改善我们在建设金融生态环境中的不良因素。

（2）加快对法律制度的建设

对于金融法制的建设问题，主要的做法就是不断地解决金融生态环境中存在的四个问题，包括平衡性、有序性、创新性、稳定性。只要解决了这四个难点问题几乎就没有什么困难了，因为那将严重影响广西金融生态环境的发展空间。这样会导致广西与东盟的合作存在着制度上的失衡，所以为了改善这个现象，就要制定专属于广西金融法治环境建设的规划，这样对广西与东盟合作的金融生态环境建设也提供了重要保证。也可以有效地完善金融生态环境法律体系，实现有效保证金融生态环境积极、稳定、健康地发展。

（3）积极地保证资本市场的发展

一方面积极地保证广西东盟二级市场的健康稳定发展；另一方面应该在保证广西即将或者已经上市的企业融资实现的同时，保证债券融资的发展，不能只看重直接的融资，忽视间接融资。共同促进经济的发展，增大资金流动，满足与东盟合作的巨大资金的要求。

（4）积极有效地把政府的职能进行转变

明确政府的职能地位，利用有效行政审批的事项，进一步转变政府职能，把政府的职能转变为服务型的职能，尽可能地减少政府干预，实现市场调节市场，在市场监管职能下，又要保证政府公共服务职能以及社会管理服务得到进一步强化。这样政府与市场的相互调节，有利于金融生态环境更好地发展。

3. 上海金融生态环境建设的借鉴

（1）采用多种合理的方式对金融生态环境进行完善

要想完善金融生态环境，单从宏观层面是完全不够的，还得从微观的层面进行优化。这样就要求在改善自身内在的制度环境、法治环境、市场环境、信用环境的同时，更要积极优化和发展广西东盟的金融运行条件，比如东盟各个国家的金融生态环境也要积极地完善，合作共赢，才能形成良性互动的金融生态环境。

（2）坚持发展金融融资，完善资本市场环境的建设

积极地发展资本市场，加强对金融服务的宣传，积极营造直接进入融资的市场条件，加大各种债券的发行力度，实现债券市场与货币市场的相互融通，促进两个市场之间合理、有序流动。

（3）加快社会信用环境的建设

社会信用体系的建立，有利于重新树立形象，可以更好地吸收外来投资。除了要加大广西东盟的诚信合作诚信共处的宣传，营造良好的广西东盟信用文化，还要建设属于广西东盟的信用体系，要建立一个信息共享平台，对各个系统以及个人信息资源进行整合，使用社会信用数据库能够保证信用信息不被垄断，制定合理有效的管理信用数据库的管理条例，优化金融生态环境的建设。

（4）加强法制建设

第一，要充分制定一系列完善的金融法律体系。第二，加强对金融制度的改革，加强对立法部门人员的金融知识培训和业务能力的培训。第三，充分发挥金融监管机构的职能，加大有关金融市场协会的执法力度。加大对金融腐败以及金融犯罪的惩治力度。

4. 湖南省金融生态环境建设借鉴

（1）提高金融服务水平

通过建设多层次、多元化、互补的金融舞台，健全广西二级市场的机制，充分起到资金聚集的作用，缩小广西和其他城市的差距，使广西与发达地区的金融环境趋向均衡。这样在一定程度上促进了广西东盟的金融生态环境建设。

（2）建设服务型政府

政府的公共服务直接影响了地区金融生态环境的发展，要想该地区具备良好的金融生态环境，就要求这个地方政府能承认金融机构的独立性和遵守金融运行的基本原则，而这关键的就是要完善政府公共服务的体系，建设一个服务型政府。建设健全的金融生态环境。政府应积极发挥对经济的宏观调节能力，但是不能过多地干预市场调节，然后地方又要有相对的独立性。

（3）加强法制与信用环境建设

第一步就是健全金融法律体系，为金融生态环境建设提供法制上的保证。还要增强金融服务机构的法制建设。第二步还要加强诚信教育的宣传，主要的目的就是提高广西东盟合作发展的信用水平。还应该完善广西东盟发展的金融信用体系建设，严厉打击逃债骗贷等失信问题，设置信用"黑名单"，并对失信行为人采取联合惩戒。政府的职能部门应与金融机构的职能部门相互协调，共同加强广西金融信用数据库的建设，实现信息共享，达到联合惩戒，保护诚信主体，达到净化信用环境的目的。如限制参与政府重大项目招标、限制出入境和购买不动产、撤销荣誉称号等。

（二）国外金融生态环境建设借鉴

1. 德国的金融生态环境建设借鉴

德国政府先后出台了一系列法律，还基本落实了金融环境生态建设发展的方针。政府的支撑作用发挥了特别重要的作用。德国还建立了金融监管体系，专门针对金融交易市场出现的一系列风险以及不规范的金融交易，确保金融生态环境建设的稳定发展。

制定并且完善金融生态环境建设法律的体系，为金融生态环境建设提供保证。金融法治环境的建设需要政府的优化。要求政府能够恪守金融运行的基本法则，看重金融机构的自立性化与培育金融生态环境。减少政府干预，让市场调节市场，加大对金融犯罪的执法力度。严厉处置金融违法行为，严厉打击金融犯罪分子的嚣张气焰，维护金融市场的稳定。努力学习和借鉴其他国家的制度优越性，建立创新型制度体系，促进广西和东盟金融法律法规的有效融合。

2. 美国的金融生态环境建设借鉴

（1）坚持有效金融监管的规制性

健全与完善金融监管机制，会让资本市场交易风险降低，所以要坚持有效的金融监管体系，制定有关的金融监管法律法规，打造一个良好的金融环境，从而达到金融生态环境的稳定发展的建设。

（2）维护宽松和谐的经营环境

美国政府为了刺激金融环境的建设，打造了一个良好的宏观经济环境，二级市场的稳定发展在一定程度上刺激着更多的投资，使得美国经济充满生机。同时二级市场还可以有效地分散风险，从而提高了美国经济的稳定性。与此同时，由于开始的资金投放规模很广，竞争的成本相对较低（在其国内），其普及速率较快，市场的占据和控制也很快，可以这么说，跨国公司的开展从开始就具有规模经济和规模市场的优先条件，使得对手国家在市场竞争策略和时间进程上无法进入。

（3）大力推进金融改革与金融开放

金融改革的进行，要减少财政支出，全方位地控制政府债务规模。拒绝低效金融产业存在于资本市场。完善资本市场，提高经济实力，加大对地方性金融机构的合并重组力度，可以规避小规模企业迎来的金融风险，加大机构对风险的承受力。可以更加有效地吸引外资入股到重组的金融机构中来，提高金融机构经营经济的实力，更充实多元经济主体对金融的需求，从而实现金融生态环境的多元化，完善金融生态环境的建设。

（4）对广西东盟金融生态环境建设的启示

广西东盟应该加强金融监管，完善金融管理体系。还应该健全金融管理体系，金融管理主要的职能就是监督的作用，还有相对应的银行检查部门应该经常性地对金融管理部门进行检查，加强金融工作发展，进一步加快我国金融生态环境的发展。减少政府干涉，实现和谐的经营发展环境。要想加快完善金融生态环境的建设，要求政府放松对金融市场的管理和行政干涉，保证市场运营的效率和信贷资金的优化配置，降低不必要的交易风险。大力推进金融改革与金融开放。加强吸引主要金融机构的外资的能力，致力发展主要金融机构的持续增强资金积聚效应，增强金融市场的资源配置，实现金融生态环境的发展。

3. 日本的金融生态环境建设借鉴

为了激发日本的金融生态环境发展，日本政府把市场体制从"政府主导"转向"市场竞争"。这样就提高了供给侧的配置效率和需求侧的活力，政府则成为隐性市场"主导者"。政府拟出了金融生态发展计划，尽管计划的指导性具有略强约束性，日本借鉴欧美的新自由主义政策，推进市场化改革。实行国有企业私有化和垄断行业改革，使用利率市场化的改革、建立一个多元化的融资市场体系。减少政府对金融市场的干预，让市场管理市场，通过体制的创新，增强金融服务实体经济的能力和意愿。时刻关注流动性是否充裕，谨防宏观调控政策动荡带来不必要的金融风险。加快金融生态环境的发展建设。

这对广西东盟金融生态环境的建设具有启示意义：政府要继续扮演宏观调控的角色。这在关键时刻分散金融风险、调整产业结构、金融改革上会有一个重要保证。如果政府对金融市场有过多的管制，就会降低市场的资源配置能力，导致一些夕阳产业无法退出市场，而使一些效率较高的产业出现一定程度的空心化。所以减少政府对金融市场的干预，实现和谐的经营发展环境，可在一定程度上防止经济快速下滑。新出台的供给侧结构性改革就是优化产业结构、鼓励创新的重要机制，是继续深化金融改革的重要措施。提高金融业服务水平，增强金融风险控制能力。促进广西地区经济建设，整合广西金融机构，找准突破口，促进本土资本市场的发展，加快建设与经济发展要求相符合的股票、债券、基金市场，开通高效的社会资本利用渠道提供广阔的融资平台，使提高金融资源配置、资本市场发展、金融生态环境良性发展"共赢"。还要加大社会诚信意识的传播，坚持社会诚信意识宣传的长期性和普遍性，打造良好的社会信用文化，推进社会加速形成重诺守信的优良信用文化。

六、对于完善广西东盟金融生态环境建设的对策建议

（一）抓住"一带一路"机遇，提高经济对金融生态环境的支撑力度

广西拥有良好的区位优势，紧邻粤港澳，毗邻东南亚，有对外贸易传统且流量较大，位于我国东、中、西交汇点，是华南经济圈、西南经济圈与东盟经济圈的结合地带，并且作为我国"一带一路"上的唯一省份，政策为其提供了多项便利条件，使之拥有很大的发展前景。经过多年建设，广西海陆空交通网络已经基本构成，能与东盟各国以及外部进行良好的联系。广西应积极有效地投入和东盟各国的各种联系，如在商贸方面、投资方面、金融方面、能源开发方面以及人文交流方面的区域合作，合理运用政策给予的支持，使其具备建设成为"一带一路"重要门户的条件。利用中国—东盟博览会这一平

台,加强国际合作,提高经济开放性,深化与各国的经济联系,提升国际地位。若建设成为"一带一路"的重要门户,广西一定会有大量的生产要素在此地高度集聚,从而得到高效集合与延长的产业链,使周围国家和地区的产品、资金、劳动力、信息通过广西进出,广西整体经济发展必将提升并与外部接轨,逐步发展成为固定的经济发展循环圈,经济增长方式向更好的方向转变,经济结构得到有效调整,从而形成和平稳定的金融生态环境,使金融生态环境受经济的影响加大,提高经济对金融生态环境的支撑和保护力度。对于东盟各国,在"一带一路"的经济发展大环境下,GDP、国民总收入、商业银行规模、进出口结构等经济发展指标都有很大的上升空间。新加坡作为东南亚经济发展最稳定的国家,其金融生态环境建设离不开经济的支撑,根据国情和世界经济形势变化,适时调整经济发展战略方向,及时纠正失误,使其经济不断增长,才能营造和平的经济发展环境。

(二)提升广西东盟地区金融资源配置,促进整体金融效率的提高

广西壮族自治区各地区的金融资源配置具有很大的不平衡性,多年来经济效率和金融资源的配置效率相互影响,导致双双效率低下。而东盟各国金融资源也有较大差异:新加坡经济发展水平高,货币供应量和需求量大,且其股票、债券、银行业发展速度快,金融生态环境良好;马来西亚、泰国、印度尼西亚处于第二层次,金融中介服务类型比较多样且规范,制度相对于最低层次国家比较完善,但是完整合理的金融体系还未建立,抗风险能力比较低;而老挝、缅甸、柬埔寨等国家则还处于经济发展的低层次。广西相对于东盟各国来说金融资源配置处于第二层次,对此需从以下三点进行提升。一是形成多角度宽领域的合理完善的金融发展体系。整合广西金融机构,吸收新加坡经济发展成功经验,找准突破口,促进本土资本市场的发展,加快建设与经济发展要求相符合的股票、债券、基金市场,开通高效的社会资本利用渠道,提供广阔的融资平台。二是充分发挥监管机构的监管作用。通过监管机构的监管与引导,合理分配金融资源配置,有效减少因内外信息不对称而导致的多重问题。三是继续深化金融改革。提高金融业服务水平,增强金融风险控制能力。从这三点着手,使得提高金融资源配置、资本市场发展、金融生态环境良性发展"共赢"。

(三)发挥广西东盟产业政策的互补性,推动面向东盟的跨境金融产业创新

与东部地区相比,广西的产业结构很不合理,第二产业主要集中在传统制造业且技术落后,工业化发展水平较低,第三产业发展也相对不完善,基础设施落后。而广西与东盟各国的产业结构差异在对比中显示出互补性,为广西—东盟产业合作打下基础。对此,应通过各方协调,以建立广西—东盟经济合作产业园的方式,构建更灵活的产业创新合作联盟和互利共赢的金融发展态势。在第一产业上,各国相似且呈现趋同现象,这不利于经济一体化的发展,因此可以进行合理的产业分工,并且延长和优化产业链,实现区域产业推动区域经济发展,更好地避免恶性竞争。在第二产业上,区域内工业结构

趋同但各国针对其发展政策不同。在有限的资源、资金、人才、技术以及市场的条件下，通过各国正确的产业政策引导，形成良好的合作关系，加大技术交流和经济联系，实现区域优势互补，提高区域技术创新能力，提高整体竞争力。在第三产业上，除新加坡和马来西亚外，其他地区和国家发展水平都不高，新兴服务业发展力度不足，缺乏资本和技术，国际竞争力低。通过借鉴新加坡和马来西亚第三产业在管理、人力、资本发展上的成功案例，熟悉国际规则，适应世界市场，承接来自发展迅速地区的产业，解决传统服务业饱和问题，实现区域产业整体优化升级，扩大产业规模，提高现代化水平。

（四）着力推进制度创新，促进广西东盟金融法律法规制度的融合

完善的法律法规制度能有效保障金融生态环境的建设。比如目前我国针对经营不善或破产的金融机构没有明确的法律制度保障，这样使得其不能得到及时的处理和处置，导致市场规则无法起到原有的约束作用，金融风险越来越高，因而引发金融生态环境的急剧恶化，法律制度体系亟待建设与完善。而且，广西的产权制度非常不完善，无法降低交易成本，交易效率极其低下，金融生态环境内部的各个因素都是通过法律进行约束的，因此，要建立良好的金融生态环境，就要完善金融法律法规。而东盟各国由于自身金融发展目标不同，发展力度不同，因而其支持政策也会有所不同，但也都通过修改投资法、放宽经济限制、实施优惠政策来提高各方投资的积极性。东盟和中国已签署了《中国东盟服务协议》，区域内制度将更加完善，监管将更加彻底，从而推进贸易一体化和自由化进程。根据我国自身经济发展规律和发展需要，对于金融法律法规的完善，应做到以下几点：一是建立完善的金融法律体系，明确各项金融关系，规范金融行为，设立惩戒制度和相关处罚，确定从事金融行业者的权利与义务，划清界限，营造良好的金融生态环境。二是加大金融执法力度。相关执法部门恪尽职守，严格执法，严厉处置金融违法行为，严厉打击金融犯罪分子的嚣张气焰，维护金融市场的稳定。三是努力学习和借鉴东盟国家的制度优越性，建立创新型制度体系，促进广西和东盟金融法律法规的有效融合。四是对于产权制度要更加科学化管理。通过推动此项改革，允许主体多元化投资，理顺各种产权关系，划清产权范围。

（五）加强信用体系建设，改善广西信用环境的可用性

为了促进金融行业的健康发展，诚信是必备条件。目前，我国包括广西的信用体系建设还处于初步阶段，金融机构各项贷款的形式非常单一，短期贷款投放少且常有"不良贷款"事件发生，造成企业流动可用资本十分有限。企业信用意识缺乏并且没有很好的信用管理措施，社会机构数量少且不完善，信息不对称不透明，失信成本低从而造成"骗贷"现象屡见不鲜，造成整个金融信用市场混乱，银行有钱不敢贷，企业有钱不想还。泰国、新加坡、马来西亚三国以银行信贷为主的间接融资以及直接融资加大了发展力度，近来发展势头迅猛。借鉴其全新的信贷服务理念，完善金融信用体系建设，相关执法部门应该积极健全奖惩机制，严厉打击逃债骗贷等失信问题，设置信用"黑名单"，

并对失信行为人采取联合惩戒。政府各个部门应相互合作，共同建立关于个人和企业的信用数据库，一起记录个人和企业的诚信和失信行为，尽量达成信息共享，从而惩戒明确，保护诚信主体，净化信用环境的目的。如限制参与政府重大项目招标，限制出入境和购买不动产，撤销荣誉称号等。大力推介诚信金融机构和企业，为其提供更好的便利条件，使信用成为金融配置资源的重要考量因素，营造守信者"一路畅通"、失信者"寸步难行"的氛围，提高公众信用意识。为什么新加坡的外资能源源不断地进入市场呢？这是因为其拥有非常良好的金融生态环境，该国信用体系完善，金融监督到位，从而减少了资金流动对企业发展带来的负面影响。

（六）促进科技金融生态环境建设

科学技术是第一生产力，先进的科学技术是金融生态环境建设的重要条件。金融行业转型困难，因此科技发展对金融体系建设和优化升级有很大的影响。在数字化诉求的社会大背景下，科技对金融的影响越来越大，这将改变传统金融行业的运作效率，减少企业运营成本。如今，互联网成为广西与东盟各国的经济纽带，跨境电商更是开发了新的经贸合作模式，不断推动科技金融创新才能建立金融新态势。新加坡作为科技发展后来者，在引进其他国家先进技术、制造和管理经验的同时，培养大量科技人才，弥补了在经济交往中自然条件的缺陷。与其相反，缅甸由于受到西方多年的制裁，科技非常落后，各个方面都制约着其经济的发展。广西科技金融发展相对落后，需要进行更多的实践和创新。现阶段广西科技金融发展存在的问题主要有：科技金融体系和科技创新活动不相适应、缺乏有效的融资渠道、风险退出机制不合理、科技金融生态环境不完善。综观发达国家科技金融服务体系建设成功的案例，有许多先进经验可供借鉴。发达国家大多是政府引导和市场调节相结合，配套完善的风险控制、退出和激励约束机制，从贷款、投资、保险三个方面对科技金融风险进行补偿，保障科技中介服务体系高效运转，为企业提供更大的融资平台和更多的融资渠道。对于促进科技金融生态环境建设，有以下几个建议：一是设立专门服务于银行、保险、信贷、担保的科技金融机构。二是不断完善科技金融基础设施建设。充分运用区块链、云计算等新技术，整合银行、科技担保机构、创投机构和科技企业等的数据，建立开放、共享的科技金融信息服务平台。改善科技金融基础设施，提高配置效率，逐步建立更加统一的专门服务于科技企业的信用信息数据库，推动科技中介服务机构规范、快速、健康发展。三是健全科技风险承担机制，深入推动试点改革。尽快弥补金融体系中的风险问题，加大国家和政策对科技企业的补贴力度，提高各企业的科技创新积极性，对风险分担参与主体制定符合科技企业特征的考核评价体系。四是增强与东盟国家的科技创新合作力度，拓宽合作渠道，促进传统金融行业改良创新，实现优势互补、合作共赢。

参考文献

［1］贤成毅，秦莉．基于金融生态环境理论视角的众筹平台地域差异影响研究［J］．广西社会科学，2018（8）．

［2］赵连飞，何雪松，刘雅晨．对金融生态环境评价的原则及指标分析［J］．华北金融，2008（2）．

［3］赵倩，陈晓菁，张婷．农村社区建设问题分析及对策研究［J］．内蒙古农业大学学报（社会科学版），2010（6）．

［4］黄军勇．广西优化"中国—东盟博览会"金融生态环境探讨［J］．特区经济，2009（10）．

［5］张学圣．社会资本视阈下农村生态环境治理研究［D］．贵阳：贵州财经大学，2015．

［6］武政文．中国与东盟国家金融合作的现实问题及对策思考——基于国际金融话语权视角文学［J］．新金融，2014（14）．

［7］蒋和平．新形势下广西—东盟经贸合作的路径选择［J］．国际经济合作，2010（10）：25－29．

［8］中国人民银行南宁中心支行货币政策分析小组．2017年广西壮族自治区金融运行报告［J］．区域金融研究，2018（8）．

［9］中国人民银行南宁中心支行货币政策分析小组．2016年广西壮族自治区金融运行报告［J］．区域金融研究，2017（10）．

［10］蒋和平．自由贸易区背景下广西与东盟经贸发展的效应、现状和对策［J］．生产力研究，2011（1）．

［11］刘平，周义兴，黄芳蕊．广西金融生态环境评价及优化研究［J］．区域经济研究，2016（4）．

［12］郭皓，高黎黎．浅谈金融危机背景下的社会诚信问题［J］．科技信息，2009（32）．

［13］张建东，王迎华．浅谈欠发达地区金融生态环境建设中存在的问题及建议［J］．黑龙江金融，2010（1）．

［14］徐中亚，董倩倩．中国—东盟金融合作现状问题与对策［J］．经济研究导刊，2010（26）．

［15］李正辉，石锦建．积极解决金融发展不平衡不充分问题［N］．人民日报，2018－01－24．

［16］杨彦龙．地方金融法制环境建设的主要问题及对策［J］．新经济，2016（21）．

［17］张紫平．我国社会信用体系建设对金融生态环境的影响［J］．西南金融，2007（3）．

[18] 徐诺金. 金融生态论：对传统金融生态理念的挑战 [M]. 北京：中国金融出版社，2017.

[19] 刘明显，莫洪兰. 基于 AHP 方法的中国—东盟自贸区金融生态环境影响因素分析 [J]. 当代经济，2005（35）.

[20] 白鹤翔. 打造"信用广西"品牌，构建良好金融生态 [J]. 广西金融研究，2006（1）.

[21] 张宏铭，丁伊妮. "新常态"下沈阳金融生态环境建设对策 [J]. 沈阳大学学报（社会科学版），2016（4）.

[22] 张丹，何林鸽. 湖南省金融生态环境评价问题研究 [J]. 征信，2016（7）.

[23] 李东卫. 日本环境金融的发展与启示 [N]. 中国科技投资，2013（18）.

[24] 余路琳，张明珅. 上海国际金融中心建设中的区域金融生态环境 [J]. 福建金融，2006（3）.

[25] 马光秋. 美国政府经济环境建设的分析与借鉴 [J]. 山东工商学院院报，2003（3）.

[26] 曹先明. 促进广西—东盟贸易便利化的金融措施研究 [D]. 南宁：广西大学，2016.

[27] 袁明. 加强广西征信体系建设　构建和谐金融生态环境 [J]. 当代广西，2006（21）.

[28] 周小川. 区域金融生态环境建设与地方融资的关系 [J]. 中国金融，2009（16）：8-9.

[29] 徐诺金. 金融生态环境建设中的法制问题 [J]. 南方金融，2005（6）.

[30] 赵振宇. 金融生态环境建设问题研究 [J]. 学习与探索，2009（4）：148-150.

[31] 陈慧，李宾. 广西金融生态环境现状及优化对策研究——以柳州为例 [J]. 沿海企业与科技，2014（5）：6-9.

[32] 曾林. 广西金融生态环境的现状及对策 [J]. 桂海论丛，2010（2）：90-94.

（执笔人：刘家养）

6. 中国—越南边境反洗钱合作报告

《广西壮族自治区建设面向东盟的金融开放门户总体方案》（以下简称《总体方案》）提出，探索与越南等国家共同推动双方金融机构加强跨境金融业务反洗钱合作，防范跨境金融业务洗钱风险。因此，中越边境反洗钱合作需要构建以国家间合作机制建设为主导，执法部门防控网络布局为基础，金融机构情报交流为支撑，民众反洗钱价值共识为辅助的政治、法律、金融和社会"四位一体"的反洗钱合作体系。

一、中越边境洗钱现状研究

因特殊的地理位置和历史文化因素，中越边境跨境洗钱问题由来已久，跨国毒品、走私、"地摊银行"等洗钱案件不断涌现。2016年下半年以来，广西防城港市公安局连续破获了"9·5特大跨国地下钱庄案"及"2·28特大跨国地下钱庄案"，两起案件的涉案金额都高达200多亿元。由此可以看出我国边境地区的非法交易已达到非常严重的程度，不仅对边境地区经济金融的健康发展带来了极大威胁，甚至对社会安全稳定造成了很大隐患。中越边境地区众多的非法交流及巨额地下资金流动已成为不可忽视的重大金融风险隐患，因而深化两国反洗钱国际合作成为迫切的现实需要。如何在沿边金融改革的背景下，创新中越边境反洗钱合作方式，防范金融风险，为中国—东盟自贸区健康发展提供决策考察，成为亟须研究的课题。2007年1月1日开始施行的《中华人民共和国反洗钱法》第二条将反洗钱规定为：为了预防通过各种方式掩饰、隐瞒毒品犯罪、黑社会性质的组织犯罪、恐怖活动犯罪、走私犯罪、贪污贿赂犯罪、破坏金融管理秩序犯罪、金融诈骗犯罪等犯罪所得及其收益的来源和性质的洗钱活动，依照本法规定采取相关措施的行为。我国非常重视反洗钱活动的开展，除了从法律上对洗钱犯罪进行明确规定外，人民银行还制定了一系列反洗钱政策法规，以对金融机构开展反洗钱业务进行指导和监督，同时加强与公安、海关、税务等部门的协同合作，共同打击洗钱犯罪，取得了明显效果。随着洗钱犯罪国际化趋势越来越明显，加强国际反洗钱合作是各国开展反洗钱活动中不可或缺的环节。中越边境地区由于特殊的地理位置和经济文化背景，一直是洗钱活动非常活跃的地带。加强中越边境反洗钱合作的研究，一方面有利于更好地打击边境地区洗钱活动，维护边境贸易的正常秩序，另一方面也可以为国际反洗钱合作提供有价值的参考。

(一) 中越边境洗钱的主要资金来源

中越边境地区的洗钱活动主要与以下活动相关：一是与毒品犯罪联系密切；二是与边境实物走私活动联系密切；三是与边境赌博联系紧密。

(1) 涉毒资金。广西边境地区禁毒办的报告材料显示，广西共有8个县（市）100余个乡（镇）与越南毗邻，边境线长约637公里，长期以来，中越边境地区民间贸易与生活往来频繁。但在正常的边贸和生活往来中，也混杂着许多非法交易，例如，毒品违法犯罪活动由于暴利的吸引而屡禁不止，近年来尤其猖獗。2014年至2018年10月，中越联合扫毒行动在广西共破获涉越毒品案件536起，抓获涉毒犯罪嫌疑人741名，缴获各类毒品250.6千克。国际禁毒机构和国家禁毒办监测分析显示，中国30%的海洛因通过广西走私入境，广西成为毒品走私的重要关口。广西与越南边境地区如此大规模的毒品走私自然与洗钱犯罪活动有着千丝万缕的联系。云南也有多个口岸通往缅甸、老挝、越南等国家，云南也是这些国家贩毒集团走私、贩毒的重要通道，在云南边境地区，清洗毒资也是非常突出的洗钱方式。

(2) 走私资金。中国和越南的陆地边界线连绵1300多公里，广西和云南两地的边民通常越过一条河或翻过一个小山便能到达越南境内。中越边境线绵长、交通发达，具有较强的隐蔽性，是走私团伙选择从越南走私入境的重要原因。近年来，中越边境走私货物大案频发。走私货物较多的是冻品、香烟、红木、粮食、珍稀动植物等，也有部分电子产品。

(3) 金融诈骗资金。近年来，随着江浙一带打击金融诈骗力度加大，不少金融诈骗企业纷纷把公司开设在广西，通过各类"互联网金融""交易平台""资本运作"等方式骗取大额资金。在一些大额资金诈骗案件中，涉案人员为了规避司法部门的打击，利用各种洗钱手段把骗取来的资金转移到国外进行"洗白"。

(4) 贪污受贿资金。在广西已经查处的多起贪污受贿案件中，贪官及其亲属为了掩饰、隐瞒贪污受贿所得，通常将贪贿款项转至境外用于购置房产、红木、玉器、贵金属等，或者开设公司、存入个人或他人银行资金账户等进行"清洗"。

(二) 中越边境洗钱的主要方式

(1) 现金交易洗钱。随着中越边境不断加强合作、扩大开放，人民币现钞跨境流动逐年增加，跨境现钞交易地点也由芒街口岸向其他口岸延伸和发展，尤其是在两国边境接壤处，边境贸易仍然大量使用现金进行结算，在带来便利、快捷的同时也为走私、贩毒等洗钱犯罪活动提供了生存空间。虽然近年来两国不断加强银行系统的边贸结算，还是有相当多的交易通过现金进行结算，一方面是交易习惯使然，另一方面也掺杂着许多非法资金交易。

(2) 通过地下钱庄洗钱。中越边境众多的非法交易、巨额资金的流动，催生了大量地下钱庄。通过地下钱庄洗钱，是中越边境大额洗钱的主要方式。地下钱庄在没有获得合法买卖外汇行政许可的情况下,从中国帮助客户将人民币款项兑换成越南盾并汇转至越南账户,或从越南帮助客户将越南盾兑换成人民币汇转至中国账户,开展非法买卖外汇活动,通过赚取手续费和汇率差的方式获取暴利。境外涉案人员为逃避中国法律打击,基本不踏入中国境内;中国境内涉案人员也不用出国,只要通过电话联系和网银转账等结算方式就可完成交易。地下钱庄内部分工明确、策划周密,形成内外接应的协同作案模式。犯罪手段非常隐蔽,一般不问资金来历,谈妥手续费便直接进行交易。涉案资金跨境流转,在境内还分转多个省份。2016 年,广西防城港市公安局经侦支队破获中越边境特大地下钱庄案,捣毁了长期盘踞在中越边境经营地下钱庄的 4 个犯罪团伙,涉案资金高达 280 亿元人民币,共冻结账户 920 多个,冻结资金超过 1 亿元,抓获犯罪嫌疑人 9 人（其中 2 人曾在越南长期生活工作）。

（3）通过投资贸易方式洗钱。该洗钱方式主要表现为：一是以进出口贸易为掩护,以完全不合理的价格交易进行跨境洗钱活动。即非法利益获得者以明显高于市场的异常价格向出口商购买商品,将非法所得作为货款混入正当贸易款项支付给出口方。资金流入境外后再进行分离,存到境外指定的账户,从而完成洗钱过程。出口时则以明显高于市场的价格向进口商出售商品进行反向操作。在中越边境贸易中,许多异常的进出口贸易,都是以贸易为幌子达到洗钱的目的。二是用非法所得购置价值高、易变现的商品,如黄金、钻石、珠宝、名贵字画等。这些贵重物品不仅易变现,而且使用现金购买这些贵重物品是交易习惯,不会引起注意和怀疑。在异常资金流入的诸多渠道中,不管是通过价格转移、转口贸易等货物贸易方式,还是通过现金购买贵重物品等交易方式,都很难被银行获知,难以从表面真实的交易材料中发现洗钱证据。

（4）通过第三方支付等金融平台洗钱。第一,通过网上支付系统可以随时随地转移非法资金。典型的电汇洗钱手法是将一笔大额交易分拆为数笔小额交易,然后通过网上银行和手机银行等方式将大量资金汇出。在这种情况下,金融机构一般很难有效地审查汇款人、收款人信息的真实性和合法性,洗钱行为很容易被湮灭于海量的同类业务中。随着支付宝和微信支付模式的普及化,这两种模式也成为洗钱的重要手段。第二,通过特约商户销售终端支付洗钱。不法分子通过虚拟交易伪装向不法特约商户购买商品,进行刷卡记账,然后将刷出的资金进行套现,实现非法资金的转移。

（三）中越边境洗钱的危害性

（1）洗钱犯罪影响国家形象,威胁社会安全稳定。通常洗钱犯罪与贩毒、走私、贪污等违法犯罪行为交织叠加,使得中越边境地区潜在和现实的犯罪行为更复杂,威胁两国社会的稳定和安全。同时,中越边境地区洗钱活动的猖獗,在一定程度上反映出两国在管理体制上存在漏洞,对洗钱犯罪活动的追查打击行动不力,影响国家形象。

（2）洗钱犯罪扰乱经济秩序,威胁国家经济安全。一方面,大量资金通过洗钱活动转移至境外,影响本国的生产和建设,不利于本国生产力发展;另一方面,大量资金不在政府的监控下暗流涌动,助长了经济泡沫的产生,削弱了宏观经济调控效果,威胁所在国经济安全。

（3）洗钱犯罪滋生腐败行为，损害社会公平正义。洗钱犯罪分子为了顺利地将钱洗白，往往会利用贿赂等手段收买相关人员，极易发生腐败犯罪行为。此外，洗钱犯罪分子及其受益人利用犯罪活动一夜暴富过着纸醉金迷的生活，会产生非常恶劣的示范效应，打击那些依靠辛勤劳动赚取合法收入的人，损害了合法经济体的正当权益，不仅破坏市场公平竞争，也损害了社会正义和公平。

二、中越边境反洗钱合作现状分析

（一）推进中越两国反洗钱合作的必要性

中越两国地理位置毗邻，海上航道和陆上便道四通八达，两国人员往来密切，边境线管控存在很多盲区，在当前区域经济一体化和金融服务国际化的背景下，犯罪分子利用边境管控漏洞进行毒品、走私、赌博、洗钱等跨国犯罪，对两国政治经济金融稳定造成了极大威胁，因此，需要中越两国齐心协力共同做好反洗钱工作。中越边境地区洗钱活动的现实危害、严峻形势和中国—东盟自贸区的发展要求决定了开展反洗钱国际合作的必要性。

（1）深入推进中越两国经贸合作对加强两国反洗钱合作提出迫切要求。中国与东盟的双边经贸互动不断深化，尤其是2002年中国与东盟签署《中国—东盟全面经济合作框架协议》后，中国与东盟之间经济金融合作程度不断加深，双边贸易额屡创新高，从1991年的80亿美元上升至2016年的4522亿美元，增加近56倍。其中，中越之间的经贸合作也从简单的边境互市买卖发展到多层次、宽领域。据统计，中越双边贸易额从1991年的3200万美元增至2011年的400亿美元，增长1200多倍。2013—2017年这五年来，中越边境贸易持续保持高位运行态势，具体如表6-1所示。

表6-1　　　　　　　　　近五年中越边境贸易数据　　　　　　单位：亿美元、%

年份	桂越贸易额	同比增长	滇越经贸额	同比增长	中越边贸额	同比增长
2013	126.97	30.50	13.3	27.40	140.27	30.23
2014	163.38	28.67	15.6	17.29	178.98	27.59
2015	246.38	50.80	23.26	49.10	269.64	50.65
2016	239.75	-2.69	26.82	15.30	266.57	-1.14
2017	241.1	0.56	36.47	35.98	277.57	4.12

按照中国海关的统计，2018年中国与越南的双边贸易额达到了1400亿美元，是越南的第一大贸易合作伙伴国。在加强双边经贸合作的同时，我们也应清醒地认识到，随着中越两国跨境资金往来频率、规模不断扩大，跨境洗钱风险大大增加，需有效应对随着经济发展而涌现的各类金融风险和隐患。因此，为保障两国经贸合作平稳顺利推进，亟

须加强两国反洗钱合作。

（2）各种跨国洗钱案件层出不穷是深化两国反洗钱合作的现实需要。中越两国陆地边境以及海岸线长，东连广西，西接云南，北靠贵州，其中，广西靖西、那坡、凭祥、宁明、龙州、大新、东兴、上思8个边境县与越南4省接壤，呈现出山水相连、路路畅通的自然格局。绵长的边境线加上边境深山内遍布四通八达的小路，为跨境犯罪提供了便利的自然条件。历史上中越两国边境居民相互通婚且大多同属一个民族，生活习惯、边境贸易往来密切，尤其是近年来居民之间交往频繁且难以控制，犯罪分子通常利用两国主权管辖限制以及法律差异而进行跨境洗钱。一直以来，我国始终保持着对跨国毒品、走私等洗钱犯罪活动的高压打击态势。近年来，境内外不法分子为了逃避侦查打击和获取更大利润，不断改变作案手法，形成有组织、国际化和智能化的犯罪链条，单靠一国力量很难起到彻底打击的效果。

（3）中越两国加强反洗钱国际合作是提升国际社会影响力的重要途径。随着国际社会对反洗钱的重视程度越来越高，对违反国际反洗钱条约的国家惩罚力度越来越大，中越两国需要加快与反洗钱国际通行规则的接轨，进一步增强国际合作能力，以便在国际反洗钱工作中获得更多话语权。对于同为发展中国家的中越两国来说，对外开放和金融自由化的不断扩张在带来经济利益的同时，也会呈现出相应的负面效应。法制环境的不健全加上利益调整，洗钱分子很容易利用国家转型时期矛盾多发和制度的不成熟进行跨国洗钱活动。因此，两国应克服自身的局限，加强与国际反洗钱合作组织的交流与合作，完善反洗钱合作的机制，以免给违法分子开展反洗钱犯罪带来可乘之机。

（二）中越边境反洗钱合作面临的机遇

1. 中国—东盟自贸区的建成与推进

2010年中国—东盟自由贸易区全面建成和2015年自贸区升级谈判完成后，中国—东盟双方经贸合作领域不断扩大，合作层次不断提升，充分实现了中国与东盟各国的经济利益互利共赢。中国—东盟自贸区内各国在国际社会事务方面有着广泛的共同语言和共同利益，有着促进经济稳定健康发展的共同愿望，为中越边境加强反洗钱合作奠定了良好的经济基础。

2. 沿边金融改革方案落成

2013年11月，中国人民银行、国家发展改革委、财政部、商务部等11个部委联合印发《云南省广西壮族自治区建设沿边金融综合改革试验区总体方案》，云南、广西毗邻越南，此方案的全面实施，将进一步推动中越两国沿边大开放取得更好更大成效。该方案明确提出要加强金融基础设施建设的跨境合作、建立金融改革风险防范机制，以及健全跨境金融合作交流机制。其中，加强中国与周边国家的金融监管协作和信息共享，进一步加强市场准入、审慎监管和维护区域金融稳定等方面的协调与配合，直接为中越边境扫除反洗钱合作障碍奠定了制度基础。

3. 中越关系持续向好发展

（1）越南已成为中国在东盟的最大交易伙伴

中越双边贸易近年来保持快速增长，据商务部的统计，2017年中国与越南进出口贸易为1213.2亿美元，同比增长23.5%，越南是中国在东盟最大的贸易伙伴；其中，中国对越南出口增长16.2%至709.9亿美元，占中国对东盟出口总额的25.4%；自越南进口503.3亿美元，年增长35.4%，占中国自东盟进口总额的21.4%。中越两国持续友好的经贸关系为加强反洗钱合作共同防范金融风险奠定了良好的经济基础，同时也对两国打击犯罪维护经济金融稳定提出了迫切要求。

（2）边境地区跨境人民币业务取得重大进展

广西启动沿边金融综合改革以前，跨境人民币结算业务仅限于面向越南的边境小额贸易，数量很少。启动沿边金融综合改革以后，广西以"铺一条路、搭一个平台、建一个循环圈"为新一轮金融开放创新的主攻方向，在推动跨境资金结算业务方面进行了许多有益尝试，并取得显著成效。2017年8月，广西实现首笔越南盾现钞成功调运，结束了中越两国货币现钞无法直接调运的历史。中越现钞跨境调运渠道的理顺，有利于规范两国边境贸易结算秩序，进一步扩大人民币在越南乃至东南亚地区的影响力，进而推动人民币的国际化进程。同时，这是中越双边金融合作不断深化的体现，也为两国推进反洗钱合作铺平了道路。

（三）中越边境反洗钱合作的进展

1. 国家层面的合作

（1）亚太反洗钱组织是两国开展反洗钱合作的组织基础。中国与越南同为亚太反洗钱组织的成员，亚太反洗钱组织（APG）于1997年在泰国曼谷成立。APG的主要职责是评估其成员遵守反洗钱和反恐融资国际标准的情况，通过开展技术援助及培训提高其成员执行国际标准的水平，参与和其他反洗钱国际组织及区域性组织的合作等。作为亚太地区反洗钱国际合作组织，APG为中越两国开展反洗钱合作奠定了组织基础。

（2）中越国家领导实现历史性互访，为反洗钱合作奠定了政治基础。2017年，习近平主席和越南阮富仲主席两度实现一年内互访，中越关系进一步取得重大进展。在两国最高领导人的亲自关心和引领下，双边贸易额较四年前实现翻番。"一带一路"和"两廊一圈"对接、跨境经济合作区、互联互通等合作取得积极进展。中越两国有着悠久的友好文化传统，都是共产党领导的社会主义国家，前途相关、命运与共。加强团结合作，共同打击违法犯罪，符合两国人民的根本利益。

（3）2018年5月，越南最高人民法院院长阮和平访问中国，中共中央政治局委员、中央政法委书记郭声琨在北京会见阮和平。郭声琨指出，习近平总书记提出构建新型国际关系和人类命运共同体等重大战略思想，为深化中越两国友好关系指明了方向，提供了新的机遇。希望双方认真落实两国最高领导人共识，深化司法合作，推动中越关系不断向前发展。阮和平表示，愿为加强两国司法合作做出贡献。

（4）2018年10月，越共中央政治局委员、越南公安部部长苏林访问中国。中共中央政治局常委、全国人大常委会委员长栗战书在人民大会堂会见苏林，同时中越两国公安部第六次合作打击犯罪会议在北京举行。双方在不断深化中越执法安全各领域务实合作，为两国友好合作保驾护航，为维护两国安全和社会稳定做出新的贡献方面达成共识。

2. 边境地区政府不断探索合作模式

（1）2016年6月，中国人民银行南宁中心支行首次组织广西金融访问团赴老挝、柬埔寨、越南三国访问，拜会了三国中央银行、证券交易所和主要金融机构，探索建立广西金融管理部门与三国中央银行的常态化联系形式；同年12月，中国人民银行南宁中心支行工会自组团赴越南进行工作访问，与越南国家银行谅山省分行就边境地区支付结算、反洗钱、两国现钞双向跨境调运等议题进行了友好交流。云南省红河州、广西防城港市、崇左市等边境市区的人民银行为有效遏制中越边境地下钱庄等组织的洗钱活动，增强越方银行及金融消费者反洗钱和反恐怖融资意识，与越南金融机构开展合作，以在互市区办理边贸结算的中越客户作为重点宣传对象，传导"预防洗钱活动、打击洗钱犯罪、维护金融秩序"的理念。

（2）2019年4月26日，以广西壮族自治区副主席、公安厅长为团长的代表团与越南谅山、广宁、高平、河江四省公安联合代表团，在桂林市举办中越边境五省（区）警务执法合作第三次会议。会议一致认为要在中越两党两国领导人确定的"十六字"方针和"四好"精神指引下，积极落实两国公安部第六次合作打击犯罪会议、2019年中国广西与越南边境四省党委书记新春会晤精神和"1+5"执法合作机制，共同加大力度打击跨国违法犯罪，为维护中越边境地区安全与稳定和密切两国友好合作关系做出应有的贡献。

（四）中越边境反洗钱合作的障碍

1. 两国关于洗钱的法律规定存在差异

相较于中国而言，越南反洗钱立法工作滞后，只出台了反洗钱草案，还没有关于反洗钱正式的法律法规。出于经济利益考虑，越南承认"地摊银行"（又称地下钱庄）的合法性，对携带越南盾现钞出入境没有制定相关的规定，仅将清洗毒品犯罪收益行为、清洗其他犯罪非法收益行为规定为犯罪，并未将资助恐怖主义作为洗钱的上游犯罪，两国反洗钱法律制度的不一致成为两国合作打击犯罪的制度性障碍。

2. 经济发展水平与金融体制的差异

中越两国经济发展水平差距较大，金融发展程度和金融监管体制等方面也存在着巨大差别。越南金融市场和信用制度极不发达，现金交易量大、范围广，为洗钱活动提供了广阔的生存空间。同时越南没有确立正规的货币价值汇款体系，即允许将资金或价值通过非正规和不受监管的网络或机制进行转移，这就为大大小小的"地摊银行"创造了生存蔓延的土壤。另外，中越货币都属于不可自由兑换货币，虽然两国都允许边境地区商业银行对外加挂两国货币汇率牌价，但没有在结算中起主导作用，现行汇率仍受边境

"地摊银行"的影响,从而导致两国难以就预防和打击洗钱违法犯罪等核心问题达成共识。

3. 反洗钱国际标准不一致

中越两国执行反洗钱国际标准的进展不一致,影响了合作打击犯罪的效果。目前,国际最有影响力的反洗钱合作组织是 FATF(反洗钱金融行动特别工作组),中国在 2007 年成为 FATF 成员,只有按照 FATF 建议的要求采取行动才被国际社会视为符合国际标准。而越南仅是 APG(亚太地区反洗钱组织,属于地区性的)成员国,APG 成员国不需通过评估和审查就可以加入,各成员国仅在形式上遵循反洗钱国际标准,并未能像 FATF 成员国一样具体落实反洗钱措施。中越两国没有统一的反洗钱国际合作标准,因此很难开展实质性的反洗钱合作行动。

4. 情报共享机制缺失

中国对于打击洗钱犯罪非常重视,从 2004 年开始人民银行就组建了中国反洗钱监测分析中心(金融情报机构),致力于加强国际金融情报互利互换,为打击国际洗钱犯罪提供强有力的情报信息支持。但是,越南在打击洗钱犯罪方面只是在法律草案中明确由越南国家银行代表本国与他国金融情报机构开展合作,尚未建立专门的反洗钱情报交流机构,也未建立正式的反洗钱情报信息共享机制。受法律基础和金融监管环境的制约,中越两国在预防、查处、打击边境洗钱等违法犯罪活动上没有搭建制度化的情报信息共享平台,这已成为制约两国反洗钱深入合作的重要障碍。

5. 合作机制松散

目前我国广西等中越边境地区与相邻的越南谅山、广宁、高平、河江四省初步开展了一些警务执法合作方面的会晤,但对加强反洗钱合作重视程度不够,合作层级不高,没有达成可长期遵循的制度安排,因而也就没有实质性的约束力。另外,中越两国中央银行虽然约定应在指导商业银行从事边贸结算和打击洗钱与假币流通等领域开展合作,但在金融监管方面尚未对防控洗钱犯罪建立长期、稳定的制度性合作框架。随着中越两国经贸合作规模不断扩大,合作层次不断加深,隐藏在贸易合作下的跨境洗钱风险也不断增加,当前中越两国反洗钱合作的层次水平难以起到维护两国经贸健康发展的作用。

6. 边境地区尚未形成良好的反洗钱氛围

2010 年 6 月广西边境的崇左、百色、防城港三市开始允许中方商业银行办理跨境贸易人民币结算试点业务,为双边经贸往来结算提供了极大的便利,但据有关数据统计,广西中越边境贸易额的 70% 以上不通过银行办理,而是通过"地摊银行"或现金结算,这就使得反洗钱监测部门难以获取跨境资金交易数据,加大了边境地区反洗钱工作难度。同时,由于长期依赖于现钞及地下钱庄实现贸易结算,民众几乎没有反洗钱意识,加上当地金融机构信息技术手段滞后,工作人员反洗钱知识及专业技能缺乏,在洗钱犯罪越来越智能化、链条化的环境下,反洗钱的难度日益加大。此外,中越边境地区开展的警务执法合作主要为追逃联合行动、反假币、反拐、禁毒、电信诈骗、枪爆走私贩卖和非法出入境、组织偷渡、网络犯罪等方面，在民间及执法合作层面形成反洗钱共识及良好氛围仍任重道远。

三、中国边境地区打击跨国洗钱案例分析

近年来，中越边境地下钱庄连发大案要案，涉案金额高达数百亿元，对国家经济金融安全带来了极大的隐患。为深入了解公安机关打击中越边境地下钱庄的真实情况，课题组对广西区公安厅经侦总队负责打击金融犯罪的民警进行了调研，获取了非常有价值的翔实资料。2016年下半年以来，广西防城港市公安部门连续破获了"9·5特大跨国地下钱庄案"及"2·28特大跨国地下钱庄案"。2015年9月5日，防城港市公安局根据公安部移交的"大额可疑资金交易线索"对一地下钱庄以涉嫌非法经营犯罪立案侦查，代号为"9·5专案"。在该案侦办过程中，办案人员一举捣毁4个长期盘踞在广西东兴市经营地下钱庄的犯罪团伙，抓获犯罪嫌疑人9名，审查非法买卖外汇的越南籍违法人员50余名，冻结涉案资金1亿多元，涉案金额逾280亿元人民币。

"9·5专案"侦破后，专案组侦查员以现有情报数据为基础进行深入侦查，发现一个以越南籍犯罪嫌疑人为主的地下犯罪团伙长期盘踞在广西东兴市经营地下钱庄。2017年2月，防城港市公安局决定将该线索以涉嫌非法经营犯罪立案侦查，代号为"2·28专案"，一举抓获犯罪嫌疑人2名，冻结涉案资金2000万元，涉案金额逾200亿元人民币。广西地处西南边境，毗邻东盟，是我国"一带一路"的重要节点，防城港是广西既沿海又沿边的地区，所处经济位置特殊，民间资本相对宽裕，边境贸易活动频繁，对资金和外汇需求旺盛，这为防城港市地下钱庄犯罪活动提供了生存空间。不法分子之所以非法开办地下钱庄，其中一个重要的原因是中越边境存在大量的走私、毒品交易等犯罪活动，这些非法收入不能通过正规渠道转移，从而选择通过地下钱庄进行"洗白"。

（一）边境地下钱庄交易类型

从防城港市破获的地下钱庄案所涉的经营模式来看，案件中的所有地下钱庄犯罪团伙的经营方式均为汇兑型钱庄，主要的客户群体为中越边境地区从事贸易的个人。作为资金出境的最后一站或资金入境的第一站，中国境内客户（包括中国个人及越南个人）需要将人民币兑换为越南盾并支付，出境时客户按约定将人民币转入地下钱庄控制的中国的银行账户；地下钱庄经营者在中国的银行账户收到资金后，在越南使用越南的银行账户将相应"汇率"（此处汇率指地下钱庄汇率）的越南盾支付到客户指定的越方账户完成交易流程。越方客户（包括中国个人及越南个人）有越南盾兑换人民币需求时，则反向操作。在整个交易过程中，资金不用出境，操作非常简单快速。

（二）边境地下钱庄交易新特点

1. 境内外人员勾结，职责明确且手法隐蔽

中越边境山水相连，民间往来频繁。"9·5专案"及"2·28专案"中的中国籍、越南籍犯罪嫌疑人都有过在中越生活、经商的经历，通晓当地语言并具有一定的境外社会关系。上述嫌疑人回到国内后，利用其境外的社会关系，与中国籍、越南籍钱庄经营者相互分工、各负其责，在中国与越南之间进行跨境的资金支付与买卖外汇。越南籍经营者为逃避中国公安部门的打击，大量使用越南籍、中国籍普通居民身份到银行开设账户，并开通网上银行进行地下钱庄资金支付。一般情况下，资金支付都是通过网上银行操作完成，确需在柜台办理业务时，越南籍经营者通过聘请中国籍普通民众或越南籍普通民众办理，避免入境操作。境内外地下钱庄经营者警惕性高，操作手法较为隐蔽。

2. 地下钱庄依托电子技术，运作方式更为简便与灵活

由于网银及微信等电子技术和手段的普及，地下钱庄经营者的操作方式更为简便，在形成自己固定的客户网络及操作模式后，一个人就可以完成地下钱庄的所有操作。这种一个人操作的小型地下钱庄主动嵌入大钱庄的网络，相互配合且彼此独立，形成了众多小钱庄与大钱庄同时存在的局面。小钱庄依靠大钱庄更充足的境内外资金进行运转，大钱庄依靠小钱庄来扩展业务量，钱庄向客户收取手续费，大钱庄和小钱庄之间也收取手续费。

3. 各钱庄之间相互信任、相互垫资

地下钱庄的经营主要依靠充足的资金和良好的信誉，在"9·5专案"中，小钱庄、大钱庄相互合作、相互信任，需要进行资金支付时，无须资金到账，只需一个电话、信息的确认，其中一方就会先行垫付资金，过后双方再进行对敲或结算。

4. 账户资金化整为零，先试水账户再进行交易

地下钱庄同时拥有多个账户，地下钱庄的账户收到资金后往往会不停地进行交叉转账，以达到分散隐蔽的目的，等到需要进行支付业务时，才汇聚资金转入一个交易账户之中进行资金支付操作。因为近期公安机关加大对地下钱庄的打击力度，冻结地下钱庄部分账户，导致地下钱庄操作更加谨慎，部分地下钱庄会在凌晨利用超级网银的批量业务操作所有账户进行小金额的转入和转出，在确定账户能够正常使用之后，才在第二天使用测试通过的账户进行大金额的转款操作。

5. 地下钱庄以贸易活动为掩护，披着合法外衣从事犯罪行为

部分地下钱庄经营者具有经商经历，熟知边境贸易情况。该类经营者在操控地下钱庄进行违法活动的同时，也从事正常的边境贸易。一方面，该类经营者利用自身从事正常边贸活动的背景，骗取客户的信任，为其经营的地下钱庄揽客；另一方面，其利用地下钱庄客户转入的资金向正常边贸客户显示自己的资金实力，获取订单。且在面对公安机关的问讯时，该类经营者仍以合法经营为幌子，拒不承认犯罪行为。

6. 地下钱庄利用正规的银行途径将资金转移境外

我国对越南在贸易进出口上处于贸易顺差,加上走私、赌博、洗钱等犯罪资金需要出境,地下钱庄在中国的银行账户中人民币收大于支,造成人民币在中国大量节余,越南盾在越南大量支出。地下钱庄经营者为了将中越资金"口袋"进行平仓,往往会虚构贸易背景或利用他人的贸易背景,通过我国边境银行开通的跨境资金结算业务,光明正大地将资金通过正规银行渠道转到境外。

(三) 地下钱庄的发展趋势

1. 地下钱庄经营活动虚拟化及网络化

随着网络的普及,微信、QQ等社交软件已取代传统的电话,成为地下钱庄参与者之间主要的沟通工具。同时,由于电子银行的迅速发展,以及第三方支付平台加入结算体系,地下钱庄可使用的资金划转渠道更为丰富,且更为快捷隐蔽。地下钱庄经营者可以在足不出户、不跨境的情况下完成资金的跨境流转,进一步增加了打击地下钱庄违法犯罪活动的难度。

2. 地下钱庄的运营方式扁平化

当一个大钱庄具有庞大的业务量时,会同时出现多家彼此联系又独立经营的小钱庄。地下钱庄的交易网络以边境为对称点呈两个对称的金字塔状,大钱庄位于对称点,相当于这些小规模地下钱庄的"金主"与"老板",小钱庄位于金字塔的中部,相当于"代理人",客户位于金字塔的底部,相当于整个网络的资金支撑。从整体来看内部网络复杂,但具体到每个环节,却又分工明确,各司其职,运作效率非常高。

3. 资金通道由广东、福建等沿海发达地区逐步向沿边欠发达地区转移

从"9·5专案"及"2·28专案"的情况来看,边境地区地下钱庄主要通过汇率差价赚取手续费,折合为交易金额的万分之三到万分之六,手续较简便,而且大部分地下钱庄经营者不去识别资金来源;而广东等经济发达地区的地下钱庄手续费率相对较高,且近年来广东等地区加大对地下钱庄的打击力度,迫使部分违法犯罪资金向边境地区地下钱庄转移,边境地区地下钱庄的资金来源成分更为复杂。

(四) 打击地下钱庄过程中存在的问题

1. 在大数据时代背景下,数据收集和处理是破案的关键点和难点

地下钱庄案件涉及账户、人员数量巨大,数据分析、情报研判工作量巨大。如"9·5专案"涉及1600多个银行账户信息,涉案对手账户近7万个,银行账户交易流水电子数据超过160多万行。在大数据时代背景下,能否快速收集地下钱庄交易数据及人员信息,能否快速发现交易规律并确定数据分析方法是破案的关键。在反馈数据中,调取银行账户相关资料的反馈周期普遍较长;网银操作信息、网银跨行转账信息、网银批量业务信息等相关数据仍有大部分银行不予提供,这部分数据的缺失相当于封锁了一条破案的捷径。

2. 银行及监管部门存在的漏洞和隐患，给地下钱庄以可乘之机

在"9·5专案"和"2·28专案"中，侦查人员发现银行及监管部门受制于识别能力及技术条件，对越南籍人员在中国开设的银行账户的监管存在漏洞和隐患。一是越南籍人员在中国开设银行账户没有统一规范，越南籍人员凭边民证、护照就可以在中国的银行开户，甚至有使用越南身份证开户的。边民证到期更换后，原本开设的银行账户仍能正常使用，越南籍人员在办理银行开户时提供的证件及填写的材料规格各异，且由于银行部门不具备识别越南籍人员证件的能力，在边境银行开户环节身份核查难度较高，存在越南客户冒用他人身份开户的隐患。二是越南籍个人账户的网银既没有使用限制，也没有类似真实性识别的管理，便于地下钱庄经营者在境外操控境内账户运作，给打击地下钱庄执法行动增加了难度。三是银行受单位或个人利益驱动，有意放松真实性审核尺度，为地下钱庄虚构贸易背景或利用他人的贸易背景非法资金出入境提供了便利。

3. 与越南方合作较少，对于境外涉案资金难以追查

案件中基本都是对中国境内的违法犯罪行为进行打击，对涉案的越南境外人员和公司难以追查。一方面是两国法律制度的差异。越南方对民间外汇买卖行为没有从法律上明确禁止，给大量小型地下钱庄留下了生存空间。另一方面，虽然知道有大量地下钱庄涉及违法行为，但如果加大打击力度，势必会影响边境贸易发展，出于经济利益考虑，越南方也会慎重考虑打击力度。

4. 对洗钱犯罪难以追查

办案民警都知道地下钱庄巨额资金的非法交易中存在洗钱嫌疑，但因为地下钱庄的"行规"是不问上游资金的来源，只要客户有需求，直接谈妥手续费便马上进行交易，因此即便冻结了地下钱庄的大量涉案资金，也难以分辨出那些资金是否涉及洗钱犯罪的上游犯罪。这是反洗钱面临的最大障碍，也称"硬骨头"。这也是很多地下钱庄案只能以"涉嫌非法经营犯罪"立案，而不是以"涉嫌洗钱犯罪立案"的原因。如何打通鉴别上游犯罪与洗钱犯罪的通道，是我国司法部门面临的难题，也是迫切需要解决的问题，不然大量的洗钱犯罪行为将逃脱法律的制裁。

（五）基于以上案件的启示

1. 以银行展业履职为切入点，加强真实性审核

一是强化对非居民银行账户的监管，特别是对越南籍人员在我国境内开设的账户，银行要严格统一规范外籍人员在境内开户时所需提供的材料和填写的相关表格。同时应不定期通过回访、推行产品等方式，测试账户的实际持有人、使用人。二是设置交易类型限制网银转账金额（或针对非居民用户设置），设置实时交易验证限制网银转账金额。例如，对越南籍人员开设的账户进行网银转账金额限制，如每日不能超过5万元等，超过限额须本人持有效证件及银行卡到柜面办理。或设置实时交易验证限制转账金额，实时交易验证为设定条件来确定当前网银使用者，通过设定的条件来识别账户实际持有人、使用人。三是防范地下钱庄借道边贸背景非法汇出，银行办理跨境结算业务的工作人员要加强对借道边贸进口名义违规汇出的监管。一方面,银行办理边贸进口付汇业务要求企业提供合同(代理)、发票(付款指令)、进口报关单等单据,如不属于自营业务,银行须进一步审查企业购付汇的资金来源;另一方面要形成研判数据库,针对交易量大、交易次数多、交易周期性明显及资金来源为多个不特定账户汇聚等可疑特征进行研判,发现资金来源可疑的,要及时形成线索移交公安机关。

2. 建立长期的联合研判机制

银行及监管部门与公安机关在建立长期的联合研判机制时,各自发挥优势,通过数据分析和情报研判精确锁定案件线索。首先是由各银行提供资金、人员的数据支撑,在地下钱庄进行网络操作的背景下,银行须及时、完整地提取网银转账的详细信息,特别是网银操作的 IP 和 MAC 地址、网银跨行转账信息、网银批量业务信息等,为全面梳理地下钱庄的资金脉络提供数据支撑。其次是公安部门充分利用数据分析工具进行资金数据处理以理清资金脉络,再通过公安各情报平台与互联网情报平台的研判功能,及时筛选有效情报信息,灵活运用数据追踪,分析研判可疑账户、人员,理清组织脉络。

3. 加强中越边境打击犯罪合力

案件中都有大量资金流水通过网银和微信等方式转入越南方人员账户,因为资金分小金额分散转出,加大了侦查难度,基本上难以继续追查下去。加上两国在立法和经济发展程度上的差异,两国对打击经济犯罪行为的态度不一致,造成了彻底打击犯罪行为的国别障碍。大量资金游离于国家的安全监测范围之外,而通过地下钱庄进行交易,对两国的经济金融安全会造成极大的隐患,尤其是在区域一体化加速的国际背景下,金融风险会迅速蔓延到其他国家,从而造成区域性金融危机。

四、中越边境反洗钱合作有效性问卷调查

关于反洗钱工作有效性的评估方法,FATF 的《反洗钱 40 项建议》指出,各国反洗钱主管部门在对反洗钱和反恐怖融资系统的有效性进行评估时,"可通过保留与该系统有效性和效率的综合统计资料来实现。其中应包括受理和通报的交易报告;对洗钱和恐怖主义融资的调查、起诉和定罪;资产冻结、扣押和没收;以及法律互助或其他国际合作的请求等统计资料"。FATF 通常利用问卷调查法来评价各国反洗钱的有效性,反洗钱专家学者也善于利用这一实证研究方法进行反洗钱相关学术研究。为全面考察中越边境反洗钱工作的有效性,本课题也采用了问卷调查法进行实证研究。首先,将中越边境反洗钱工作分为四个主要方面:政府合作、刑事司法协助、金融合作和社会文化共建。其中政府合作选取了共同加入国际反洗钱合作组织、中越成立打击犯罪合作平台、两国边境地区政府加强反洗钱合作、人民币跨境资金流通监测、双边信息共享和情报会商 5 个指标分别进行评估;在刑事司法协助方面,选取了立法协调、案件侦查协助、案件追逃(抓捕、冻结资金和引渡)、配合追偿境外犯罪收益 4 个指标进行评估;在金融合作方面,选取了搭建人民币跨境支付结算系统、加强区域金融监管合作、共同建立日常资金监测

制度和金融风险预警机制、金融情报交流、互设跨境金融分支机构、反洗钱金融人才培养的协作6个指标进行评估；在社会文化共建方面，选取了反洗钱宣传和反洗钱知识普及2个指标进行评估。然后，对影响中越边境反洗钱工作有效性的重点问题进行深入分析，挖掘出中越边境反洗钱合作的关键影响因素。最后，在总结归纳上述四个方面各个指标的评估结果的基础上结合关键影响因素的分析结论，总结出中越边境反洗钱合作的总体有效性。

本文采用"主客观相结合"的方法进行分析研究，力求科学评估各项指标的有效性。客观方面，通过阅读大量相关文献和查取官方公布的统计数据，从而选出相关性指标作为评价中越边境反洗钱合作有效性的依据；主观方面，通过问卷调查的方式收集政法系统主要是公安经侦、刑侦和禁毒部门及银行反洗钱工作人员对各指标的主观判断。

为了获取政法系统和银行工作人员对中越边境反洗钱工作总体及各方面有效性的主观判断，我们制作了《中越边境反洗钱合作有效性调查问卷》，该问卷包含两个方面的内容，一是中越边境反洗钱合作有效性主要表现在哪些方面（含4个多项选择题），由被调查者进行多项选择；二是中越边境反洗钱合作在选取的方面所达到的有效性（共17个单项选择题）。并于2018年12月开展了为期一个月的专题问卷调查，共收回问卷101份。考虑到问卷调查的专业性及题量较大，问卷回收量基本满意。其中，政法系统（主要是公安经侦、刑侦和禁毒部门）占比53%，银行系统占比31%，非银行金融机构占比3%，其他行业占比14%；认为中越边境洗钱问题非常严重的占比22%，严重的占比40%，较严重的占比29%，不严重的占比10%。由此可见，60%以上的调查对象认为中越边境洗钱问题达到了严重以上等级。

通过参考《金融行动特别工作组反洗钱和反恐怖融资评估方法》中的评级标准，将中越边境反洗钱合作有效性的评估标准分为五类：完全有效（在所有方面均达到了预期效果）、大部分有效（绝大部分达到了预期效果，仍存在少量不足）、基本有效（采取了实质性的工作，达到了部分预期效果）、大部分无效（存在严重缺陷，绝大部分未达到预期效果）、完全无效（所有方面均未达到预期效果）。

（一）两国政府合作反洗钱工作有效性评估

对中越边境反洗钱政府合作有效性评估，主要分为以下5个方面：共同加入国际反洗钱合作组织、中越成立打击犯罪合作平台、两国边境地区政府加强反洗钱合作、人民币跨境资金流通监测、双边信息共享和情报会商。问卷内容是先进行多项选择，即回答中越边境反洗钱合作有效性主要表现在哪些方面，被调查者进行选择后系统会自动弹出所选项目的有效性调查。调查结果如表6-2所示。

表 6-2　　　　　　　　　中越边境反洗钱工作有效性调查结果　　　　　　　　单位:%

中越边境反洗钱合作有效性主要表现在哪些方面		有效性程度					
		完全有效	大部分有效	基本有效	大部分无效	完全无效	不清楚
两国政府合作	共同加入国际反洗钱合作组织	79.21	14.85	30.69	24.75	0.99	0.99	6.93
	中越成立打击犯罪合作平台	75.25	13.86	32.67	22.77	2.97	0	2.97
	两国边境地区政府加强反洗钱合作	77.23	18.81	30.69	19.8	3.96	0	3.96
	人民币跨境资金流通监测	72.28	16.83	30.69	18.81	2.97	0	2.97
	双边信息共享和情报会商	71.29	15.84	30.69	15.84	3.69	0	4.95

调查结果显示，中越边境反洗钱两国政府合作的有效性体现在共同加入国际反洗钱合作组织、中越成立打击犯罪合作平台、两国边境地区政府加强反洗钱合作、人民币跨境资金流通监控以及双边信息共享和情报会商五个方面，均达到了 70% 以上，说明这五个方面对于强化中越边境反洗钱合作有效性均有重大意义。

答卷对上述 5 个方面有效性的认可度均在 62%~70%，认为"大部分有效"的人员占比较大，这意味着六成以上的公安机关、银行工作人员及其他有相关反洗钱知识的人员认为中越边境反洗钱合作完全有效、大部分有效或基本有效，由此可以判断中越边境反洗钱工作达到了"基本有效"以上的程度。其中有效性认可度较高的是共同加入国际反洗钱合作组织、中越成立打击犯罪合作平台、两国边境地区政府加强反洗钱合作。中越均为 APG（Asia/Pacific Group On Money Laundering，亚太地区反洗钱小组）的成员国，这为两国在反洗钱方面加强国际合作奠定了制度基础。近年来，随着中越两国经贸往来不断加强，两国政府更加重视经济金融安全发展，在共同打击经济犯罪方面已达成共识。在第六届中国—东盟领导人会议上，东盟与中国签署了《中国与东盟关于非传统安全领域合作联合宣言》。在第十二届东盟首脑会议上，东盟十国联合签订了区域性打击恐怖主义犯罪公约《东盟反恐公约》，规定了缔约国在 13 个领域加强反恐合作，之后与中国签署了反恐合作宣言或协议。

（二）中越边境反洗钱刑事司法协助有效性评估

对中越边境反洗钱刑事司法协助有效性评估主要在刑事司法协助方面，选取了立法协调、案件侦查协助、案件追逃（抓捕、冻结资金和引渡）、配合追偿境外犯罪收益 4 个方面进行。问卷方式与上述政府合作有效性评估一致。调查结果如表 6-3 所示。

表 6-3　　　　　中越边境反洗钱刑事司法协助有效性调查结果　　　　　单位:%

中越边境反洗钱合作有效性主要表现在哪些方面			有效性程度					
			完全有效	大部分有效	基本有效	大部分无效	完全无效	不清楚
刑事司法协助	立法协调	68.32	12.87	31.68	17.82	2.97	0	2.97
	案件侦查协助	77.23	16.83	36.63	21.78	0	0	1.98
	案件追逃（抓捕、冻结资金和引渡）	76.24	19.8	31.68	19.8	0.99	0.99	2.97
	配合追偿境外犯罪收益	52.48	14.85	18.81	15.84	1.98	0	0.99

调查结果显示，中越边境反洗钱刑事司法协助的有效性体现在立法协调、案件侦查协助、案件追逃和配合追偿境外犯罪收益四个方面，均达到了 50% 以上，说明这四个方面对于加强中越边境反洗钱刑事司法协助均有较大作用。其中案件侦查协助和案件追逃占比较高，因为这两个方面对于打击跨国洗钱犯罪至关重要。在对公安机关经侦部门进行访谈的过程中，民警们说，因为跨国洗钱涉及犯罪的国别管辖以及政治、经济和语言文化等各种复杂问题，如果没有两国之间的刑事司法协助基本难以推动案件进展。几年来，在两国公安机关的推动下，中越合作打击犯罪的力度大大加强，尤其是在对犯罪分子的引渡方面取得了较好的成效。

答卷对于上述四个方面有效性的认可度除配合追偿境外犯罪收益为 52.48% 之外，其余三项在 62%~75%，可以判断中越边境反洗钱在刑事司法协助方面"基本有效"。其中有效性认可度最高的是案件侦查协助和案件追逃。配合追偿境外犯罪收益的认可度较低是因为目前中越边境反洗钱工作的重心还在摧毁犯罪组织、打击犯罪行为，追偿境外犯罪收益的难度还非常大，取得的成效较小。

2018 年 3 月 5 日至 7 月 21 日，在中国公安部和越南公安部的联合指挥下，两国相邻边境省广西警方与谅山警方密切配合，开展全面合作，采取统一行动，成功破获"305"毒品专案。此案的成功侦破充分体现了中越两国警方执法理念一致，合作进一步密切，机制进一步完善，实现了跨国打链条、摧网络、抓毒枭的目标，加强了涉毒情报共享、线索交流、案件核查、调查取证等方面的合作。下一步，对涉及两国的重大跨境毒品案件，经两国公安部批准，可以互派工作组前往对方协助开展侦查破案工作，推动中越两国禁毒执法合作取得新突破。

（三）中越边境反洗钱金融合作有效性评估

在金融合作方面，选取了搭建人民币跨境支付结算系统、加强区域金融监管合作、共同建立日常资金监测制度和金融风险预警机制、金融情报交流、互设跨境金融分支机构、反洗钱金融人才培养的协作 6 个方面进行评估。问卷方式与上述政府合作有效性评估一致。调查结果如表 6-4 所示。

表 6–4　　　　　　　　中越边境反洗钱金融合作有效性调查结果　　　　　　　　单位:%

中越边境反洗钱合作有效性主要表现在哪些方面		有效性程度					
		完全有效	大部分有效	基本有效	大部分无效	完全无效	不清楚
金融合作	搭建人民币跨境支付结算系统	78.22	20.79	28.71	24.75	0.99	0	2.97
	加强区域金融监管合作	79.21	14.85	30.69	27.72	1.98	0	3.96
	共同建立日常资金监测制度和金融风险预警机制	74.26	14.85	33.66	18.81	3.96	0	2.97
	金融情报交流	63.35	12.87	27.72	18.81	1.98	0	3.97
	互设跨境金融分支机构	58.42	12.87	21.78	16.83	2.97	0	3.96
	反洗钱金融人才培养的协作	64.36	15.84	19.8	22.77	2.97	0	2.97

以上结果显示，中越边境反洗钱金融合作的有效性体现在搭建人民币跨境支付结算系统、加强区域金融监管合作、共同建立日常资金监测制度和金融风险预警机制、金融情报交流、互设跨境金融分支机构和反洗钱金融人才培养的协作六个方面，均达到了50%以上，除了互设跨境金融分支机构之外，其他指标均在60%以上，其中搭建人民币跨境支付结算系统、加强区域金融监管合作、建立日常资金监测制度和金融风险预警机制这三个方面占比均在70%以上，说明这三个方面对于中越边境反洗钱金融合作具有较大意义。

答卷对于上述六个方面有效性的认可度除互设跨境金融分支机构为58.42%之外，其余指标均在60%~75%，可以判断中越边境反洗钱在金融合作方面"基本有效"。其中认可度较高的是搭建人民币跨境支付结算系统、加强区域金融监管合作和共同建立日常资金监测和金融风险预警机制。

2016年9月中国人民银行防城港市中心支行在东兴市成功举办首次中越双边银行机构反洗钱工作交流会，此后两国金融机构不断加强金融信息的沟通交流，对反洗钱合作事宜展开充分探讨研究，不断推动双边反洗钱金融合作取得实质性成效。2017年8月30日，广西首笔越南盾现钞成功调运。2018年11月广西启动沿边金融综合改革，中国人民银行南宁中心支行、国家外汇管理局广西分局根据中央部委的总体方案和自治区的部署，进一步畅通人民币/越南盾现钞跨境调运渠道，进一步扩大了人民币在越南乃至东南亚地区的影响力。

（四）中越边境反洗钱合作文化共建有效性评估

在社会文化共建方面，选取了反洗钱宣传和反洗钱知识普及2个指标进行评估。问卷方式与上述政府合作有效性评估一致。调查结果如表6–5所示。

表 6-5　　　　　　　中越边境反洗钱合作文化共建有效性调查结果　　　　　　单位:%

中越边境反洗钱合作有效性主要表现在哪些方面			有效性程度					
			完全有效	大部分有效	基本有效	大部分无效	完全无效	不清楚
社会文化共建	反洗钱宣传	89.11	15.84	30.69	31.68	10.89	0	0
	反洗钱知识普及	93.07	18.81	29.7	35.64	6.93	0	1.98

以上结果显示,中越边境反洗钱合作文化共建的有效性体现在反洗钱宣传和反洗钱知识普及两个方面,分别达到了89.11%和93.07%,是所有指标中最高的,由此可见,加强中越边境反洗钱宣传和反洗钱知识普及尤为重要。两项指标的有效性认可程度分别为78%和84%,这与中越边境地区人民银行分支机构不断加强反洗钱知识的普及和宣传有较大关联。

2016年9月,《反洗钱法》颁布实施十周年主题宣传月活动之中越跨境反洗钱宣传活动在东兴市互市贸易区成功举办。越南农业与农村发展银行芒街分行、越南外贸股份商业银行芒街支行、越南西贡河内商业股份银行广宁分行芒街办事处代表应邀出席活动,东兴市支行及中支相关科室,东兴市公安局、海关,防城港市保协以及38家银行、保险、证券业金融机构,货币特许兑换机构的分管领导等共计110余人参加宣传活动。宣传活动以传导"预防洗钱活动、打击洗钱犯罪、维护金融秩序"的理念为目的,进一步提高了中越边境地区公众反洗钱意识,为预防和打击边境地区洗钱犯罪活动,维护边境地区金融安全营造良好氛围。

五、反洗钱国际合作的成功经验及其发展趋势

(一) 美国加强反洗钱国际合作的经验

美国经济发达,洗钱活动出现较早,开展反洗钱工作也较早,在打击贸易洗钱活动及国际合作上取得了较好的效果。

1. 美国与哥伦比亚之间跨境贸易洗钱活动监管经验

美国与哥伦比亚领土接壤,两国的边境地区间毒品、走私、贸易活动洗钱猖獗,目前较为成功的监管方式就是建立了"贸易透明度机构"反贸易洗钱组织。主要做法是:由联邦政府、国土安全局、美国海关移民局(ICE)金融和贸易调查司、财政部等多部门共同参与组织,缜密排查并消除两国贸易中可能被不法犯罪组织利用以进行洗钱犯罪的漏洞,从而加强对以跨国贸易为基础的洗钱行为进行打击。两国政府通过签订双边协议,交换各自的贸易数据,信息数据共享为两国打通了反洗钱合作的快速通道。贸易透明机构采用计算机数据分析应用软件,对双边贸易数据进行深入分析和研究,从而筛选出两个国家间的异常交易情况,政府通过异常情况来查明和追缴非法收入,从而打击贸易洗钱活动。

2. 美国与墨西哥之间反洗钱合作经验

美国与墨西哥两国间有漫长的边境线,在共同打击洗钱方面取得了较好的经验。一是加强政府间的国际合作。两国首先在共同维护经济社会稳定方面达成共识,一直对严重的刑事犯罪保持合作打击态势。2012 年 3 月,墨西哥总统卡尔德龙会见了到访的美国副总统拜登,卡尔德龙希望两国在各自的管辖范围内共同努力,优先打击军火走私和洗钱等跨国犯罪活动。拜登副总统表示愿意与墨西哥加强区域合作打击跨国有组织犯罪行动。二是加强现金管理。2010 年 6 月 17 日,为打击美墨边境间日益猖獗的与毒品犯罪相关的洗钱活动,墨西哥政府在其国内宣布实行有史以来最严厉的美元现金交易限制措施。通过最严厉的美元现金交易限制措施不仅有效打击了有组织犯罪集团的洗钱行为,同时还能提高公共金融部门正常的收益。

(二) 德国加强反洗钱国际合作的经验

德国在反洗钱国际合作方面一直严格执行 FAIF 及欧盟的相关规定,同时还积极与有关国家签订有关反洗钱合作的双边协议,共同合作打击有组织的跨国洗钱犯罪活动。对于国外相关机构提供的洗钱犯罪线索信息,德国国内调查当局及时采取措施,对可疑情况进行追踪调查,在调查的过程中依法采取譬如财产扣押、冻结等强制措施。

(三) 国际反洗钱工作的发展趋势

1. 反洗钱国际合作组织

反洗钱国际合作组织分为国际组织、FATF 式区域组织、区域性组织及其他专门组织四大类。其中国际组织有联合国、世界银行(WB)和国际货币基金组织(IMF)、反洗钱金融行动工作组(FATF)和国际保险监管协会。反洗钱金融行动特别工作组(FATF)是国际社会致力于反洗钱行动而成立的最具权威性的国际组织,在反洗钱国际合作组织中处于领导地位。FATF 成立的宗旨是加强以推进反洗钱犯罪的对策为目标的政府间合作,专门研究和制定适合国际社会反洗钱的政策,以及通过国际间合作来促进这些政策的有效实施。FATF 式区域组织有亚太反洗钱工作组(APG)、加勒比地区反洗钱金融行动特别工作组(CFATF)、欧洲理事会评估反洗钱措施特设专家委员会(MONEYVAL)、东南非洲反洗钱工作组(ESAAMLG)、欧亚反洗钱与反恐融资工作组(EAG)等。这些组织主要负责评价和监测各成员国国际反洗钱标准的实施情况。区域性组织有亚洲开发银行(ADB)、美洲开发银行(IDB)、欧洲复兴开发银行(EBRD)、欧美刑警组织等。这些组织主要为国际反洗钱活动提供资金、技术及执法等方面的监督。其他专门组织有埃格蒙特集团、沃尔夫斯堡集团等,为国际反洗钱提供金融情报及调查资源等支持。

2. 反洗钱国际公约

《联合国禁止非法贩运麻醉药品和精神药物公约》对毒品洗钱犯罪行为和毒品一般犯罪行为做出明确规定,将犯罪分子洗钱行为确定为犯罪行为。《联合国打击跨国有组织犯罪国际公约》强调不断扩大上游犯罪的范围,应包括腐败和妨害司法等行为。《联合国反腐败公约》也强调了应扩大洗钱犯罪上游犯罪的范围，将各种腐败犯罪列为洗钱犯罪的上游犯罪。《制止向国际恐怖主义提供资助的国际公约》规定了缔约国之间在进行刑事司法协助时应尽自己最大努力提供最大限度的协助，缔约国之间可以考虑设立必要的信息或证据分享机制。国际最著名的反洗钱指导性文件是 FATF 提出的《40 + 9 条建议》，该文件关于反洗钱国际合作方面的规定主要体现在执法合作、司法合作两个方面的努力，得到了国际社会的广泛认同。以上公约及《中华人民共和国反洗钱法》都对各国履行反洗钱的责任义务及加强反洗钱国际合作等方面做出了规定，具体如表 6 – 6 所示。

表 6 – 6 加强反洗钱国际合作的公约及法律一览表

名称	通过及生效时间	开展反洗钱国际合作的主要规定
《联合国禁止非法贩运麻醉药品和精神药物公约》	在 1988 年 12 月 19 日通过，于 1990 年 11 月 1 日生效。中国于 1988 年 12 月 20 日签署并由全国人大常委会在 1989 年 9 月 4 日批准了该公约	明确规定毒品洗钱犯罪的概念及打击毒品洗钱犯罪的刑法手段和缔约国承担的强制性义务；初步规范了侦查、识别毒品洗钱犯罪案件的国际合作机制等
《制止向国际恐怖主义提供资助的国际公约》	于 1999 年 12 月 9 日在第 54 届联合国大会获得通过，并于 2002 年 4 月 10 日生效。中国于 2001 年 11 月 14 日签署了该公约	旨在断绝恐怖主义的资金来源，是国际社会共同打击恐怖主义犯罪的一项重要举措
《联合国打击跨国有组织犯罪国际公约》	第 55 届联合国大会于 2000 年 11 月 15 日通过该条约。同年 12 月，包括中国在内的 118 个国家和地区签署了该公约	缔约国应努力为打击洗钱而发展和促进司法、执法和金融管理当局间的全球、区域、分区域和双边合作
《联合国反腐败公约》	2005 年 12 月 14 日正式生效，是唯一一份具有法律约束力的国际性反腐败法律文件	缔约国应当努力为打击洗钱而在司法机关、执法机关和金融监管机关之间开展和促进全球、区域、分区域及双边合作
金融行动特别工作组《关于打击清洗黑钱的四十项建议》	最初的 40 项建议在 1990 年制定；1996 年首次修订，并得到全球 130 多个国家的采纳	旨在打击滥用金融体系进行清洗黑钱的手法，成为反清洗黑钱活动的国际标准
金融行动特别工作组《9 项特别建议》	2001 年 10 月，FATF 进一步将其职责扩大到打击恐怖融资领域，并制定了反恐怖融资 8 项特别建议。2004 年 10 月，FATF 针对恐怖分子和犯罪分子跨国境运输现金问题单独制定了一项特别建议，使特别建议的内容从 8 项增加到 9 项	规定各国应根据有关相互法律协助或资料交换的条约、安排或其他机制，就反洗钱有关的刑事执法、民事执法及行政调查、研讯及法律程序，尽可能向另一国家提供最大限度的协助
《中华人民共和国反洗钱法》	《中华人民共和国反洗钱法》于 2006 年 10 月 31 日通过，自 2007 年 1 月 1 日起施行	规定中华人民共和国根据缔结或者参加的国际条约，或者按照平等互惠原则，开展反洗钱国际合作

3. 国际反洗钱工作的发展趋势

在经济全球化的大背景下，洗钱犯罪活动为逃避打击和获取更大利益已经逐渐演变成一种跨境的"全球化"行为。为更有效地打击跨国洗钱犯罪活动，世界各国在加强国内金融监管工作的基础上，进一步完善和加强反洗钱工作的国际合作水平，通过双边甚至是多边合作来共同加大反洗钱力度。国际反洗钱工作呈现出以下几大发展趋势：

（1）反洗钱覆盖领域逐渐扩大，政治化倾向明显

反洗钱最早起源于禁毒，世界第一个反洗钱公约就是1988年针对贩毒的《联合国禁止非法贩运麻醉药品和精神药物公约》。随后延伸到打击走私、恐怖活动、金融诈骗、黑社会犯罪和反腐等领域，再到反大规模杀伤性武器扩散融资。由此可以看出，反洗钱已经覆盖经济金融、法律、政治、外交、军事等诸多领域，许多重要国际多边合作机制，如联合国安理会、亚太经济合作组织等，均将预防和打击洗钱作为重要议题。部分国家已经将反洗钱提高到维护国家经济安全和社会政治稳定的战略高度，将其作为谋取国家利益和实施国际制裁的重要手段。

（2）美国反洗钱的高压态势对国际金融业产生了深远影响

近年来，美国因反恐融资和反扩散融资问题，先后对瑞银、汇丰、渣打等国际大银行开出了高额罚单。2012年7月，美国国会称汇丰银行帮助墨西哥、伊朗、沙特阿拉伯等国家的毒贩或恐怖分子洗钱而对其罚款19.21亿美元。2014年7月，美国指控法国巴黎银行为苏丹等被美国列入黑名单的国家转移了数十亿美元资金，对其罚款89亿美元。2015年3月，德国商业银行因删除了某些原本会引起监管机构警惕的信息而帮助伊朗和苏丹等受制裁国家转移资金，被罚17亿美元。美国反洗钱的高压态势对国际金融业产生了深远影响，国际反洗钱趋势日益严峻，反洗钱违规成本显著提高，一旦碰触反洗钱的合规监管的红线，不仅将面临高额罚款，还会影响国家声誉。

（3）"风险为本"理念成为反洗钱的国际共识

风险为本就是把有限的反洗钱资源合理配置于反洗钱体系中，以取得最大成效。2007年以来，FATF针对全球普遍存在的反洗钱制度有效性不足问题，开始倡导风险为本的反洗钱方法，先后发布了针对银行、证券、房地产等行业风险为本的反洗钱指引和国家洗钱风险评估战略的指引文件。2012年，FATF在新的《反洗钱、反恐怖融资和反扩散融资国际标准》中全面引入风险为本的反洗钱方法，要求各成员国在洗钱风险评估的基础上，合理分配反洗钱资源，提高反洗钱工作效率。2013年2月，FATF全会通过新的《反洗钱合规性和有效性评估方法》，首次将成员国反洗钱法律制度的有效执行与反洗钱法律制度的合规性作为同样重要的内容，突出评估各成员国反洗钱工作的有效性。

六、加强中越边境反洗钱合作的政策建议

(一) 建立国际反洗钱合作协调机制

1. 成立中越边境地区反洗钱合作平台

随着中越边境贸易等经济交往不断深入,出于共同打击洗钱犯罪的需要,两国应在达成反洗钱国际合作共识的基础上搭建合作框架,建立全方位、多层次、宽领域的反洗钱跨国协调合作机制。一是设立专门的边境反洗钱组织机构。由中越两国分别选派反洗钱主管部门有关人员共同组成边境反洗钱机构,主要负责组织、指导和协调边境地区反洗钱工作,联合打击跨国洗钱和恐怖融资犯罪活动。同时,构建两国邻近省、市、县三级响应层面间合作机制,建立完善协调合作的常设机构,加强两国边境地方政府间相应监管部门的联系与对话。二是建立定期会晤制度。中越两国在信息互通、可疑线索移交、案件协查、经验交流等方面应进行全面合作,建立固定的会晤制度,争取在反洗钱管理措施上达成基本共识,全力促进边境地区反洗钱工作的深入开展。

2. 加强中越双边信息共享、情报会商

洗钱团伙常按照分工和职责形成洗钱活动的链条,链条中的各个环节相互独立,各自行动。如果司法部门只是打击了其中一个部门,其他部门仍然可以继续行动,因此,必须对洗钱团伙进行全链条的打击和摧毁,才能取得较好的成效。这就需要两国密切交流情报信息,加强会商研判,掌握洗钱犯罪的规律,仅靠各自掌握的一些零碎线索,很难对整个洗钱犯罪链条进行彻底打击。

(二) 开展司法合作

1. 加强立法合作

一是作为 FATF 的正式成员国,中国应按照 2012 年 2 月 FATF 通过的新的《反洗钱、反恐怖融资和反扩散融资国际标准》,研究修订一套既符合我国国情又满足国际标准的反洗钱法律制度,引入风险为本的反洗钱理念,强化信息透明度。当前我国地下钱庄不问资金来源的"行规"就是对我国当前法律制度的规避,从而使很多地下钱庄案的主犯无法以洗钱罪定罪。除非从上游犯罪深挖而延伸到洗钱犯罪,否则很难从地下钱庄案挖掘出洗钱线索,更难追查出上游犯罪。另外,需结合当前我国发展实际,对现金管理、客户身份识别以及异常交易等反洗钱配套规章中的相关漏洞进行完善,使具体条款更具有可操作性和实用性。二是越南虽然仅是 APG 成员,但是施行反洗钱通行国际准则是国际合作的前提和基础,也是各国加强反洗钱的趋势。因此,越南应在兼顾本国国情的基础上,尽快对反洗钱法草案进行充实修正,特别是在设立独立的金融情报机构、加强对"地摊银行"的治理以及现金管理等方面同国际准则接轨,将反洗钱国际合作落到实处。因此,两国迫切需要按照国际新标准进一步完善各自国内的反洗钱立法,这也是两国实

现跨境反洗钱合作的坚实纽带。

2. 案件侦查协助

打击边境洗钱犯罪具有涉外因素，走出国界侦办案件会遇到语言不同、人际关系复杂、文化差异和法律标准不一致等多重障碍，使得案件追逃非常困难。跨境调查取证、抓捕犯罪嫌疑人、冻结资金等工作经常涉及案件管辖权的冲突，以及各国法律对洗钱罪有关规定的冲突，从而使很多案件难以深入挖掘。在对广西壮族自治区公安厅禁毒总队负责打击边境毒品犯罪的民警进行访谈的过程中，该民警说很多毒品案件本来涉及洗钱线索的，但一发现钱已转入越南境内线索几乎都断裂了，很难继续追查洗钱犯罪活动。因此，中越两国应通过签订双边条约或者加入多边条约，建立案件侦查协助机制，降低侦查合作与司法协助难度。

3. 逃犯引渡及追偿协助

逃犯引渡是打击犯罪的重要环节，目前两国在这一环节的合作上取得了较大进展，对犯罪证据确凿的逃犯通过国际协调都能顺利引渡，但对境外冻结和追偿等核心事项很难达成共识。在洗钱犯罪中，通常涉及大量资金的转移，如果不能及时冻结追回资产，就会造成一国资产的重大损失。两国应充分利用反洗钱国际平台，相互配合严厉打击和遏制将不法资产转移海外以及不法分子潜逃海外的势头，最大限度地维护中越两国的国家利益。

（三）加强金融业务及监管合作

1. 搭建人民币跨境支付结算系统

当前，制约边境贸易发展、人民币现金回流和开展反洗钱工作的瓶颈是边境地区结算渠道不畅，因此建议加强中越两国金融的高层交流，积极为边境省、市、县金融机构搭建平台，推动达成中越双方银行间的双边协议，加强资金结算合作或者在控制风险的情况下，将各自国内的金融机构延伸到对方境内，从而建立合法通畅的资金渠道，尽可能减少现金交易，通过银行结算将大量资金交易纳入监管范围。

2. 加强区域金融监管合作

一是可考虑允许有条件的非正规金融机构合法化，同时加强监管。越南国内大量地下钱庄的存在给金融监管带来了极大的困难，但是全部取缔也难以做到，如果能通过法律的形式进行规范管理，让有条件的机构阳光化、合法化，能够更好地堵塞洗钱通道。二是加强对非居民人民币结算账户的监管，切实解决实名翻译问题。由于边民开立银行账户时涉及姓名的翻译问题，银行账户的户名呈现出随意性，不利于识别风险客户。因而应加强对账户开立时的审查，规范开户时的相关证件，与海关等部门配合，确保边境贸易及结算业务的真实性。

3. 共同建立日常资金监测制度和金融风险预警机制

一是建立健全人民币跨境流通监测、监督管理机制。作为反洗钱主要负责机构的人民银行，应及时掌握我国人民币跨境流通的真实情况，严密监控管理大额现金交易，跟踪人民币在越南的动态演变，加强与越南中央银行的信息交换与情报分析，研究资金发展变化的规律和趋势。边境基层人民银行一方面要掌握经济金融发展形势，树立大局意识，另一方面也要认真做好人民币跨境流通的调查、监测、分析和服务工作，为开展反洗钱工作提供数据支撑。二是积极推动反洗钱监测分析的数据化和信息化建设工作。通过深入研究洗钱案例，掌握洗钱规律，从而构建出相关类罪分析模型，为办理反洗钱案件提供有价值的数据支持。同时，加强与越南中央银行的互通预警，及时预警和发现重大洗钱风险。

4. 互设跨境金融分支机构

一是鼓励我国各商业银行去越南设立境外分支机构，同时创造有利条件引进越南金融机构，为建立中越两国全方位的银行国际支付结算网络体系创造条件。两国经贸合作规模的不断扩大，对金融机构互设提出了现实需要同时也创造了较好条件。二是按照"平等互利，优势互补，共同发展"的原则，积极支持、鼓励边境地区商业银行建立双边发展合作关系。

5. 合作培养反洗钱金融人才

一方面，采取理论专题研究与实务操作相结合、基础人才培养和专家队伍建设相结合、国内培养与境外培训相结合等方式，培养一批反洗钱监管、法律、情报分析和调查专家，切实提高反洗钱的专业性和有效性。另一方面，加大边境地区金融机构从业人员反洗钱培训力度。在相互借鉴先进经验的同时，通过联合培训，使双方边境金融机构对两国在反洗钱法规政策方面的异同进行全面了解和掌握，引导、鼓励其突破本身识别技术、监测分析手段等滞后的瓶颈，因地制宜开展多层次、全方位培训，促进边境金融机构从业人员反洗钱业务素质、专业技能、政策水平的全面提升。

（四）加强边境地区合作宣传，建立反洗钱合作的价值共识

打击中越两国洗钱犯罪工作离不开边境群众的理解和支持，针对中越边境现金交易频繁、洗钱活动突出等问题，强化边民的反洗钱意识具有重要意义。边境地区人民银行分支机构要深入基层、民间开展反洗钱政策宣传，提高他们的反洗钱意识，争取获得更广大群众的理解和支持，为防控洗钱犯罪活动创造良好的社会基础。商业银行等金融机构在办理业务过程中也要加强反洗钱知识的宣传，鼓励客户通过银行进行结算，为推进边境地区反洗钱工作一步步夯实基础。

七、结论及今后工作展望

（一）总结

随着经济全球化及中国—东盟自由贸易区的发展，跨国洗钱活动呈现出愈演愈烈之势。中越边境由于特殊的地理位置、经贸往来及历史文化等因素，洗钱活动规模不断扩

大,洗钱手段越来越多样化、隐蔽化。《云南省广西壮族自治区建设沿边金融综合改革试验区总体方案》和《广西壮族自治区建设面向东盟的金融开放门户总体方案》的落地,使中越边境加强反洗钱合作,共同维护边境地区经济金融安全稳定秩序面临着前所未有的历史机遇;另外,边境贸易的快速发展、人民币跨境流通的加速及资金监控的不充分给边境地区反洗钱带来严峻的挑战;同时,两国经济金融发展水平层次的差距、司法体制的迥异以及对反洗钱认知度的不同构成了两国反洗钱合作的障碍。从反洗钱问卷调查结果来看,中越边境反洗钱合作的有效性达到了"基本有效"以上的等级,这与两国政府高层务实推进双边执法安全合作、共同维护经济社会稳定紧密相关,同时也是边境地区政府和金融机构不断深化合作、共同探索反洗钱有效模式的结果。从另一个角度看,中越边境反洗钱合作的有效性还没有达到"大部分有效"的层级,说明两国在加强反洗钱合作方面还需要付出很大的努力。

通过剖析现有中越边境反洗钱合作机制的深层次问题,借鉴国际反洗钱合作经验,在沿边金融改革背景下中越边境反洗钱合作中,应构建以国家之间的合作机制建设为主导,执法部门防控网络布局为基础、金融机构情报交流为支撑,民众反洗钱价值共识为辅助的政治、法律、金融和社会"四位一体"的反洗钱合作体系,如图6-1所示。

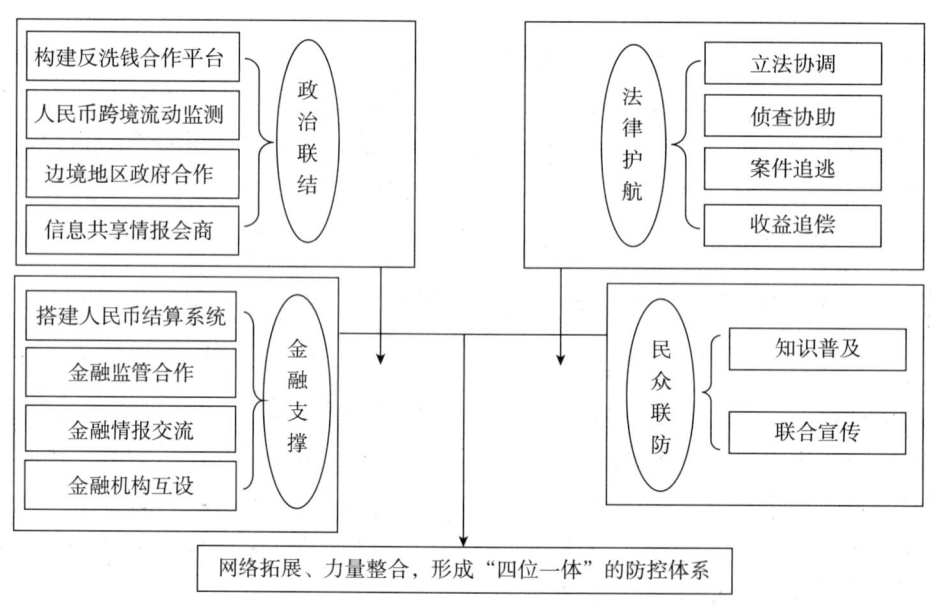

图6-1 "四位一体"的反洗钱合作体系

(二) 下一阶段的工作展望

(1) 引入博弈论探讨中越两国在反洗钱方面的博弈关系,设计出科学合理的激励约束机制以促使两国从自身利益出发共同采取反洗钱合作行动。反洗钱的过程就是一个博弈过程,是一个不断反馈信息和修正行动的动态过程,通过金融犯罪情报信息的收集与分析及双边协调机制的建立,建立强有力的跨境反洗钱体系。

（2）结合广西壮族自治区建设面向东盟的金融开放门户的政策背景，深入研究广西与东盟国家的反洗钱合作，构建广西与东盟跨境金融风险防控体系。金融开放的背后往往伴随着金融风险，在鼓励金融创新的同时，对金融风险的防范不仅不能放松反而更需加强。洗钱是附着于金融体系之上的一颗毒瘤，它的存在严重破坏了经济金融秩序，甚至危及社会的稳定，打击洗钱犯罪是有效防范金融风险的一道屏障。

（3）针对目前国内对反洗钱的研究依然停留在宏观理论层面的问题，应探索反洗钱量化研究的道路，为反洗钱研究开创新的视角。近年来，国内学者对反洗钱进行了广泛而深入的研究，有的从法制层面，有的从金融监管层面，也有的从金融机构层面，各个视角的探索丰富了反洗钱研究的内容，也拓宽了研究思路。但综观反洗钱研究的文献，能明确感知到目前研究所面临的瓶颈，即无法从量化的角度对反洗钱研究进行深入拓展。要取得反洗钱研究的重大突破，必须开拓新的研究视角。

参考文献

［1］严立新. 中国反洗钱战略（2013—2018）的升级转型及其实施机制的建立［J］. 管理世界，2013（9）：1－8.

［2］唐旭，师永彦，曹作义. 中国反洗钱工作有效性研究［J］. 金融研究，2009（8）：1－15.

［3］王宝运，王怡靓. 我国商业银行反洗钱有效性影响因素分析［J］. 金融理论与实践，2017（7）：99－103.

［4］王宝运. 对提升我国商业银行反洗钱有效性的思考［J］. 国际金融，2014（12）：23－29.

［5］成娜. 全球化背景下我国参与反洗钱国际合作机制框架的研究［J］. 国际金融，2016（8）：67－74.

［6］唐朱昌，任品. 反洗钱制度"象征性采纳"现象的原因分析——基于转型国家的实证研究［J］. 世界经济研究，2016（7）：124－134.

［7］李建文. 国际反洗钱形势的新变化及对我国反洗钱工作的战略思考［J］. 金融发展研究，2013（5）：3－7.

［8］李竞雄. 让反洗钱监管成为上海国际金融中心建设的助推器［J］. 中国金融，2007（19）：42－43.

［9］赵永林. 论我国反洗钱犯罪的国际合作［J］. 法学杂志，2011（5）：61－64.

［10］万魏，陈康贤，陈小敏. "一带一路"框架下中国—东盟自由贸易区反洗钱监管合作研究［J］. 区域金融研究，2015（12）：50－53.

［11］李彬. 中越两国反洗钱合作战略研究——以中国反洗钱法与越南反洗钱法草案为视角［J］. 区域金融研究，2013（5）：4－9.

［12］王宝运. 金融机构反洗钱有效性评价指标体系构建研究［J］. 金融理论与实

践, 2018 (3): 33-38.

[13] Donato Masciandaro. Combating Black Money: Money Laundering and Terrorism Finance [R]. International Cooperation and the G8 Role, 2004.

[14] Marco Arnone, Pier Carlo Padoan. Anti-money laundering by international institutions: a preliminary assessment [J]. European Journal of Law and Economics, 2008, 26 (3).

[15] Donato Masciandaro. False and Reluctant Friends? National Money Laundering Regulation, International Compliance and Non-Cooperative Countries [J]. European Journal of Law and Economics, 2005, 20 (1).

[16] Norman M. The Institutional Framework Against Money Laundering and its Underlying Predicate Crimes [J]. Journal of Financial Regulation and Compliance, 2011, 19 (1): 174-194.

[17] Rusmin R, Alistair M B. Regulatory Context: Recent Progress on Key Aspects of Indonesia's Antimoney Laundering Regime: A Narrative Analysis [J]. Journal of Money Laundering Control, 2012, 15 (3): 257-266.

[18] Marco A, Leonardo B. International Anti-money Laundering Programs: Empirical Assessment and Issues in Criminal Regulation [J]. Journal of Money Laundering Control, 2010, 13 (3): 226-271.

(执笔人：李娟)

7. 新加坡离岸金融业报告

新加坡是东盟地区最发达的国家，是后发国家的典型代表，对中国以及广西的借鉴意义更大。在新加坡离岸金融市场业务中，如包括亚洲货币单位（ACU）在内的离岸银行业务、离岸保险业务和离岸人民币等业务，对中国及广西甚至有着可直接复制的借鉴性。因此，研究新加坡离岸金融业的发展经验具有突出的现实意义，尤其是结合广西经济社会条件，助推人民币"走出去"，以及探索发展广西离岸金融业务。

一、新加坡离岸金融业整体概况

（一）新加坡离岸金融业历史沿革

在20世纪60年代，新加坡政府为建设国际金融中心，促进经济发展，决定参照欧洲美元市场的发展模式，发展亚洲美元市场（Asian Dollar Market，ADM）。为便于发展亚洲美元市场业务，监管部门对银行会计专门分设亚洲货币单位（Asian Currency Unit，ACU），用于对银行在亚洲美元市场业务下的外币业务进行簿记和管理。目前，大部分在新加坡的银行会同时经营ACU和境内银行业务（Domestic Banking Unit，DBU）。广义上，ACU可理解为新加坡银行的离岸业务，DBU为新加坡银行的在岸业务。

新加坡ACU业务的动因并非要推进新加坡元的国际化，反而是想控制新加坡元的国际化。新加坡并不担心新加坡元的国际化，认为新加坡元过多的国际化会影响其国内经济和国内政策稳定。新加坡金融管理局对ACU业务进行管理，即严格限制新加坡元在国外（包括离岸市场）流动。这一点从新加坡对ACU业务与DBU业务的操作规定上可以充分得到体现：第一，DBU项下可以办理所有币种的业务，ACU项下只能办理除新加坡元以外的其他币种业务。新加坡政府通过限制ACU账户从事新加坡元业务来限制新加坡元的跨境流通。第二，新加坡金融管理局对每家银行的ACU业务总资产设定上限（新加坡三家本地银行：星展银行、大华银行和华侨银行除外）。银行若要调高上限，需要向监管当局提出申请，而DBU业务没有总资产规模的限制。第三，新加坡金融管理局仅对DBU业务规定了最小现金余额和最小流动性资产余额要求，对ACU业务则没有类似要求。

（二）新加坡离岸金融整体概况

新加坡金融业从在20世纪60年代发展至今，之所以能在土地及人口有限的区域上发展成为国际金融中心,主要依赖于发达的离岸金融市场。新加坡离岸金融业资产远远大于其国内资本市场募集的资金(见表7-1),甚至达到了量级上的优势。

表7-1　　　2009—2018年新加坡国内资本与离岸金融资产对比　　　单位：百万美元

项目		2009年	2010年	2011年	2012年	2013年
国内资本市场募集资金情况	政府募集的资金净额	16793.20	23742.40	41075.20	39864.30	60985.50
	私营部门筹集的新资金	24452.80	12673.40	16887.80	6019.80	13767.10
	发行债务证券	15320.50	25880.70	24800.70	32780.80	25499.50
	募集资金净额合计	56566.50	62296.50	82763.70	78664.90	100252.10
亚洲美元(离岸)市场资产情况	非银行客户贷款	219614.40	268081.70	312814.00	340914.00	400597.00
	银行间资金	460726.40	501891.40	528823.20	562970.60	614645.60
	其中：新加坡本土	80941.50	92715.50	113361.80	133171.60	162830.70
	ACU内部	41678.40	53762.10	53383.90	53768.70	56274.70
	新加坡以外	338106.50	355413.70	362077.50	376030.30	395540.20
	大额可转让存单	1187.70	1111.30	686.10	1745.60	4883.30
	其他资产	187871.20	200215.00	177209.60	187634.30	160248.90
	资产合计	1330126.10	1473190.70	1548356.10	1656235.10	1795020.40
项目		2014年	2015年	2016年	2017年	2018年
国内资本市场募集资金情况	政府募集的资金净额	59242.20	11581.50	31564.40	48432.70	15554.30
	私营部门筹集的新资金	11298.60	7307.60	8071.60	14077.50	1408.60
	发行债务证券	26025.30	26675.90	21606.10	27597.70	6524.80
	募集资金净额合计	96566.10	45565.00	61242.10	90107.90	23487.70
亚洲美元(离岸)市场资产情况	非银行客户贷款	433648.40	407968.80	388691.80	465056.90	486029.40
	银行间资金	569140.40	536726.30	540056.30	567180.50	578631.50
	其中：新加坡本土	169487.90	149080.80	159712.20	182529.10	180599.60
	ACU内部	51138.20	60510.70	50997.90	50229.10	53397.70
	新加坡以外	348514.30	327134.90	329346.20	334422.30	344634.20
	大额可转让存单	7312.60	6748.10	7180.20	9816.20	8988.40
	其他资产	180374.00	204379.40	198171.30	195845.10	203712.10
	资产合计	1759615.80	1692549.00	1674155.90	1805079.20	1855992.90

注：2018年数据截至第一季度。

资料来源：MAS Annual Report 2017/2018。

二、新加坡离岸银行业发展现状及分析

(一) 新加坡银行业的国内业务与离岸业务整体比较

新加坡银行牌照分为商人银行（Merchant Bank）和商业银行（Commercial Bank）两种。在 20 世纪 60 年代，新加坡政府为建设国际金融中心，促进经济发展，决定参照欧洲美元市场的发展模式，发展亚洲美元市场（ADM）。为便于发展亚洲美元市场业务，监管部门对银行会计专门分设新加坡亚洲货币单位（ACU），用于对银行在亚洲美元市场业务下的外币业务进行簿记和管理。目前，大部分在新加坡的银行会同时经营新加坡亚洲货币单位业务（ACU）和境内银行业务（DBU）。广义上，ACU 可理解为新加坡银行的离岸业务，DBU 为新加坡银行的在岸业务。

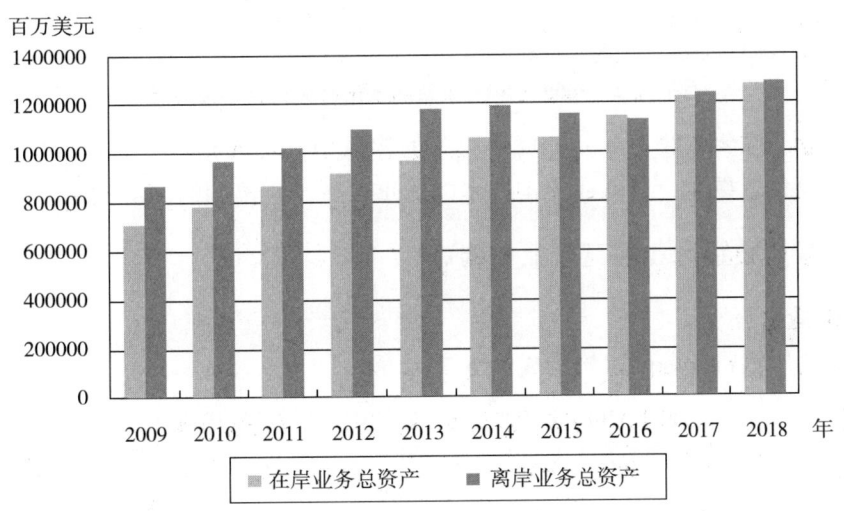

注：2018 年数据为预测值。

资料来源：Monetary Authority of Singapore Statistics。

图 7-1 2009—2018 年新加坡银行业总资产

总体而言，新加坡银行业的 ACU 资产是大于 DBU 的。在 20 世纪 90 年代，ACU 业务占有较大比重，但一直以来 DBU 业务所占比重都在缓慢上行，最近十年（见图 7-1）新加坡银行业的 ACU 与 DBU 资产已较为接近，ACU 只是略大于 DBU。原因可能在于，新加坡金融管理局从审慎管理原则出发，对于涉及多个币种的同一笔业务，只要其中有一个簿记项目涉及新加坡元，银行就只能簿记在 DBU 业务项下。大部分银行按对监管原则的理解和审慎性原则，仍自觉地将本地个人居民的业务簿记在 DBU 业务项下。

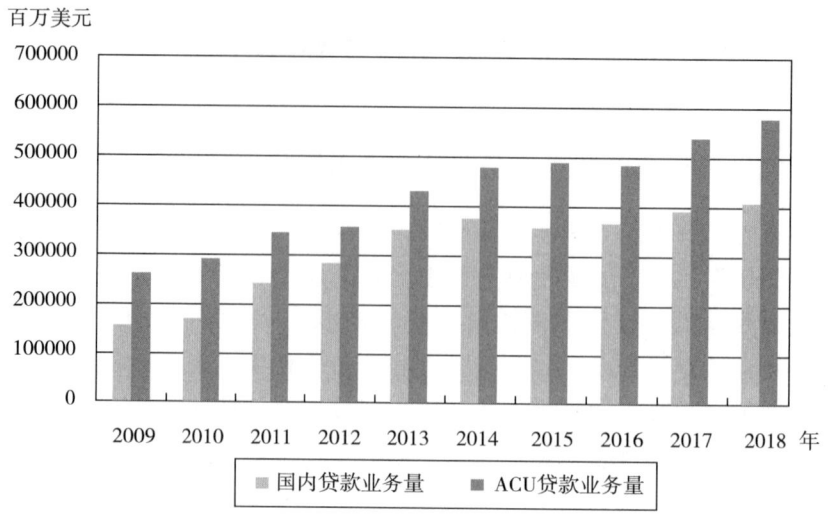

注：上述客户均为非银行客户，且不含消费者贷款业务。
资料来源：Monetary Authority of Singapore Statistics。

图 7-2 2009—2018 年新加坡银行业贷款业务情况

从银行业的主要营收业务——贷款业务的构成中也可看出，业务构成中同样是离岸业务比国内业务量更大，贷款业务中离岸的比重较资产中离岸的比重更大。

（二）新加坡银行业的离岸业务构成

1. 机构构成

新加坡离岸银行业务的机构构成如表 7-2 所示。

表 7-2　　　　2009—2018 年新加坡离岸银行业务的机构构成情况　　　　单位：家

年份	2009	2010	2011	2012	2013	2014	2015	2016	2017	2018
本土	6	7	6	6	6	5	5	5	5	4
外国	108	113	114	117	117	119	121	119	123	123
其中：综合银行	27	25	26	26	27	28	28	28	29	29
批发银行	41	46	50	52	53	55	56	53	57	92
离岸银行	40	42	38	39	37	36	37	38	37	2

注：不包括银行办事处机构，其中 2018 年截至第一季度。
资料来源：MAS Annual Report 2017/2018。

在新加坡国外银行的数量远远比本土银行多，占有压倒性优势，本土银行由于机构整合数量仅为个位数，从机构构成的现状也可知，这也是为什么新加坡能在仅仅只有 719.1 平方公里土地面积以及不足 600 万人口的条件下，仍然能成为世界金融中心。其离岸金融发展策略中，对国外金融机构的吸纳作用在几十年的经营中取得了非常卓越的效果。

2. 区域构成

新加坡离岸银行业务的区域构成如图 7-3 和表 7-3 所示。

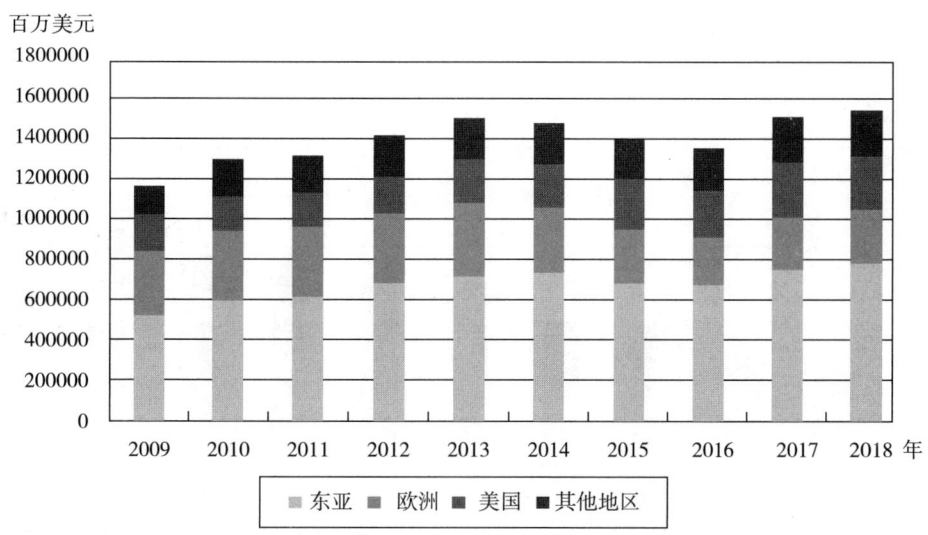

注：上述业务为非银行客户存款、应付银行款项、来自银行的到期款项、包括票据在内的非银行客户贷款和借款、债券和股票业务之和。

资料来源：Monetary Authority of Singapore Statistics。

图 7-3　2009—2018 年新加坡 ADM 业务区域构成情况

表 7-3　　　　　　2009—2018 年新加坡 ADM 业务区域构成占比状况　　　　单位：百万美元、%

年份	东亚		欧洲		美国		其他地区		全球整体业务量
	业务量	占比	业务量	占比	业务量	占比	业务量	占比	
2009	519560.8	44.5	320723.0	27.4	182071.2	15.6	146173.4	12.5	1168528.4
2010	597182.4	46.0	349223.7	26.9	172842.6	13.3	177657.3	13.7	1296906.0
2011	615741.1	46.6	353192.7	26.7	168575.6	12.7	185101.5	14.0	1322610.9
2012	680343.2	48.0	355401.2	25.1	181441.5	12.8	201372.5	14.2	1418558.4
2013	716947.3	47.3	369248.8	24.4	215122.2	14.2	213720.3	14.1	1515038.6
2014	740288.2	49.9	314709.4	21.2	219663.9	14.8	209457.1	14.1	1484118.6
2015	685684.8	48.9	267442.8	19.1	250466.0	17.9	197292.5	14.1	1400886.1
2016	673026.7	49.4	241767.3	17.8	234144.6	17.2	212239.1	15.6	1361177.7
2017	748730.0	49.4	265941.0	17.6	265876.2	17.5	234421.2	15.5	1514968.4
2018	779124.3	50.2	272585.5	17.6	263722.1	17.0	236504.9	15.2	1551936.8

注：上述业务为非银行客户存款、应付银行款项、来自银行的到期款项、包括票据在内的非银行客户贷款和借款、债券和股票业务之和。

资料来源：Monetary Authority of Singapore Statistics。

由上述图表可见，近十年来，新加坡银行的离岸业务主要来源地区是东亚、欧洲和美国，其中东亚的比重最大，多年来保持接近 50% 的占比。可见，新加坡金融中心地位的保持主要的根基在于与自身邻近的亚洲区域，其金融中心的国际化程度与纽约、伦敦相比仍存在差距。

3. 行业构成

新加坡离岸银行业务的行业构成如图7-4所示。

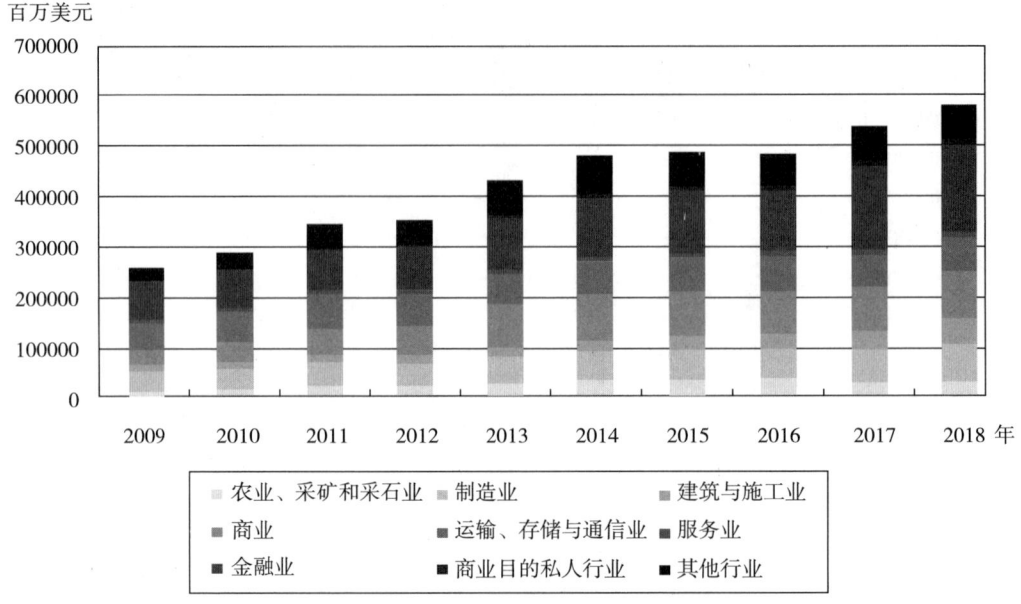

注：上述客户均为非银行客户，且不含消费者贷款业务。
资料来源：Monetary Authority of Singapore Statistics。

图7-4　2009—2018年新加坡ACU贷款与借款业务的行业构成情况

表7-4　　2009—2018年新加坡ACU贷款与借款业务的行业占比情况

单位：百万美元、%

年份	农业、采矿和采石业		制造业		建筑与施工业		商业		运输、存储与通信业	
	业务量	占比	业务量	占比	业务量	占比	业务量	占比	业务量	占比
2009	8735.0	3.4	40632.7	15.9	15664.6	6.1	28132.7	11.0	52928.3	20.7
2010	11821.7	4.1	43008.8	15.0	14558.3	5.1	37861.7	13.2	62028.1	21.6
2011	19193.1	5.6	49402.0	14.4	14566.9	4.2	49607.5	14.4	70287.2	20.4
2012	19576.1	5.5	47640.7	13.5	14682.2	4.2	57362.4	16.2	64978.5	18.4
2013	24944.1	5.8	54361.9	12.6	17425.1	4.1	86326.0	20.1	60033.4	14.0
2014	30329.2	6.3	59468.9	12.3	21012.8	4.4	92815.0	19.2	64165.6	13.3
2015	32200.4	6.6	58988.6	12.1	28767.1	5.9	88940.6	18.3	65974.3	13.5
2016	32902.0	6.8	60361.6	12.5	31685.7	6.6	83803.4	17.4	68663.1	14.2
2017	26859.2	5.0	64144.4	11.9	37850.3	7.0	88445.5	16.4	62333.3	11.6
2018	26703.9	4.6	76983.7	13.3	51506.9	8.9	91493.8	15.8	67422.3	11.6

续表

年份	服务业		金融业		商业目的私人行业		其他行业		整体业务量
	业务量	占比	业务量	占比	业务量	占比	业务量	占比	
2009	6478.9	2.5	75425.0	29.5	1052.6	0.4	27040.4	10.6	256090.2
2010	5755.2	2.0	78525.5	27.3	1059.3	0.4	32691.5	11.4	287310.1
2011	6064.5	1.8	83428.9	24.3	1382.4	0.4	49975.5	14.5	343908.0
2012	5055.6	1.4	88746.4	25.1	2272.8	0.6	52688.5	14.9	353003.2
2013	7824.1	1.8	104426.5	24.3	5414.8	1.3	69110.0	16.1	429865.9
2014	8518.1	1.8	118069.5	24.4	8219.1	1.7	80336.2	16.6	482934.4
2015	10586.0	2.2	123857.8	25.4	8232.1	1.7	69624.4	14.3	487171.3
2016	10814.2	2.2	120754.3	25.0	10033.3	2.1	63612.7	13.2	482630.3
2017	11030.6	2.0	168885.6	31.3	10622.5	2.0	68679.4	12.7	538850.8
2018	12393.0	2.1	175283.9	30.2	11131.7	1.9	67099.8	11.6	580019.0

注：上述客户均为非银行客户，且不含消费者贷款业务。

资料来源：Monetary Authority of Singapore Statistics。

近十年来，在新加坡银行的离岸业务的行业构成中，比重最大的是金融业，其次为商业，再次为制造业。这也体现出金融业在新加坡四大支柱产业（金融业、航运业、高技术制造业、生物医药）中的重要性。

三、新加坡离岸保险业发展现状及分析

（一）新加坡保险业的国内业务与离岸业务整体比较

新加坡金融监管部门要求保险公司将本地账户与离岸账户分开运营，分为两类：Singapore Insurance Business Fund（SIF）即新加坡保险基金，以及 Offshore Insurance Business Fund（OIF）离岸保险基金。

我国保险业按保险标的可分为寿险业与财产险业两种，依据同样的分类口径，新加坡保险业分为寿险业与一般保险业两种，若将一般保险业视同财产险业，则新加坡保险业分类与我国是相同的。按风险转移层次，可分为原保险（或称直接保险）与再保险两类。结合保险业的两类划分，则保险市场有4类，即寿险原保险市场、寿险再保险市场、财产险原保险市场、财产险再保险市场。在上述4类市场中，除了寿险原保险市场，新加坡的离岸保险业务在剩余3类市场中均发展较为成熟，因此本部分将重点分析新加坡关于寿险再保险市场、财产险原保险市场、财产险再保险市场的离岸保险业务（见图7-5）。

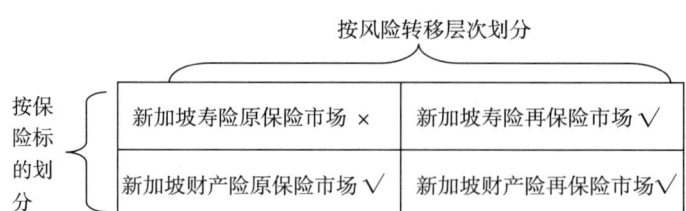

资料来源：作者自拟。

图 7-5 本部分研究内容构成情况

1. 财产险市场的比较

（1）整体财产险业务比较

新加坡离岸保险业务在业绩情况、利润情况、财务情况三个方面，均强于在岸业务（见表 7-5）。但新加坡离岸财产险业务风险较在岸业务更大，这体现在三个方面：一是自留比率，在岸业务的自留比率更高；二是承保利润占总体营业利润的比例，尽管离岸业务总体利润更高，但各年度承保利润占比并不稳定；三是对利润的贡献，尽管总体来说离岸业务贡献了更多的利润，但是在某些年份（如 2011 年、2018 年）存在着巨大亏损的局面、经营不稳健的局面。

表 7-5 2009—2018 年新加坡整体财产险业的在岸业务与离岸业务业绩状况对比

单位：百万美元、%

在岸/离岸	年份	毛保费		再保险分出		净保费	自留比率
		业务量	增长率	向新加坡国内分出	向新加坡国外分出		
SIF	2009	2940.8	-0.7	306.5	626.6	2235.8	76.0
OIF		4495.4	16.3	107.0	1334.2	3054.3	67.9
SIF	2010	3230.6	9.9	298.8	639.6	2518.1	77.9
OIF		5349.4	19.0	122.7	1555.9	3670.8	68.6
SIF	2011	3423.6	6.0	321.5	688.8	2645.3	77.3
OIF		6396.8	19.6	164.1	2132.9	4099.8	64.1
SIF	2012	3626.7	5.9	310.6	710.4	2784.9	76.8
OIF		6789.8	6.1	177.5	2513.7	4098.7	60.4
SIF	2013	3738.1	3.1	326.3	739.0	2866.9	76.7
OIF		7364.3	8.5	179.2	2521.3	4663.8	63.3
SIF	2014	3850.5	3.0	335.8	767.8	2936.1	76.3
OIF		7917.6	7.5	162.1	2659.5	5096.0	64.4
SIF	2015	3999.1	3.9	312.7	1176.2	2649.5	66.3
OIF		8997.7	13.6	193.5	3682.9	5121.4	56.9

续表

在岸/离岸	年份	毛保费		再保险分出		净保费	自留比率
		业务量	增长率	向新加坡国内分出	向新加坡国外分出		
SIF	2016	3971.6	-0.7	305.3	1151.6	2669.2	67.2
OIF		8865.6	-1.5	236.9	3344.5	5284.2	59.6
SIF	2017	3956.3	-0.4	623.7	988.7	2503.4	63.3
OIF		8730.6	-1.5	244.3	3102.8	5383.5	61.7
SIF	2018	3943.4	—	651.8	878.3	2565.6	—
OIF		11494.7	—	222.2	4002.9	7269.6	—

注：不包含自保公司业务，2018年为未经审计的季度快报数据。

资料来源：MAS保险年度统计（2017年、2012年）。

表7-6　2009—2018年新加坡整体财产险业的在岸业务与离岸业务利润状况对比

单位：百万美元、%

年份	在岸/离岸	已赚保费		净赔付额		销售费用		管理费用		承保利润（亏损）		净投资收益		营业利润（亏损）	
		业务量	变化率	业务量	变化率	业务量	变化率	业务量	变化率	业务量	变化率	业务量	变化率	业务量	变化率
2009	SIF	2308.1	7.8	1292.8	56.0	322.9	14.0	431.4	18.7	260.9	11.3	311.5	-305.9	572.5	—
	OIF	2599.7	13.3	1602.5	61.6	565.9	21.8	265.8	10.2	165.6	6.4	241.7	-699.2	407.3	648.7
2010	SIF	2471.2	7.1	1361.8	55.1	350.8	14.2	482.4	19.5	276.3	11.2	219.7	-29.5	496.1	-13.3
	OIF	3004.1	15.6	1971.8	65.6	694.1	23.1	319.2	10.6	19.0	0.6	87.0	-64.0	106.0	-74.0
2011	SIF	2576.0	4.2	1449.1	56.3	361.9	14.0	532.5	20.7	232.5	9.0	44.1	-79.9	276.6	-44.2
	OIF	3297.4	9.8	8634.0	261.8	750.3	22.8	410.6	12.5	-6497.5	-197.1	474.2	445.2	-6023.3	-5783.3
2012	SIF	2728.2	5.9	1468.6	53.8	371.4	13.6	542.8	19.9	345.6	12.7	302.9	587.5	648.6	134.5
	OIF	3418.7	3.7	1623.6	47.5	686.2	20.1	443.3	13.0	665.2	19.5	50.1	-89.4	715.3	-111.9
2013	SIF	2826.7	3.6	1458.0	51.6	396.9	14.0	601.5	21.3	370.3	13.1	135.1	-55.4	505.4	-22.1
	OIF	3783.7	10.7	1556.7	41.1	775.0	20.5	487.7	12.9	964.3	25.5	-42.7	-185.2	921.6	28.8
2014	SIF	2915.0	3.1	1399.9	48.0	416.2	14.3	658.2	22.6	440.5	15.1	246.2	82.3	686.2	35.8
	OIF	4310.0	13.9	2108.3	48.9	848.7	19.7	574.6	13.3	777.8	18.0	507.9	-1289.4	1285.8	39.5
2015	SIF	2694.4	-7.6	1353.6	50.2	283.5	10.5	735.8	27.3	321.5	11.9	92.0	-62.7	413.4	-39.8
	OIF	4325.8	0.4	2774.1	64.1	831.5	19.2	636.3	14.7	83.9	1.9	313.1	-38.4	397.0	-69.1
2016	SIF	2693.1	0.0	1410.9	52.4	321.4	11.9	775.8	28.8	185.4	6.9	210.2	128.6	395.6	-4.3
	OIF	4803.7	11.0	3071.8	63.9	869.6	18.1	686.5	14.3	176.0	3.7	331.7	5.7	507.7	27.7
2017	SIF	2481.0	-7.9	1279.8	51.6	269.7	10.9	802.4	32.3	129.2	5.2	356.3	69.5	485.5	22.7
	OIF	4608.8	-4.1	2123.6	46.1	955.4	20.7	723.8	15.7	806.1	17.5	47.6	-85.2	853.7	68.3
2018	SIF	10.4	—	215.6	—	39.3	—	129.3	—	15.7	—	-162.0	—	-178.4	—
	OIF	6617.9	—	5461.7	—	1487.3	—	746.6	—	-1077.6	—	187.0	—	-890.6	—

注：不包含自保公司业务，2018年为未经审计的季度快报数据。

资料来源：MAS保险年度统计（2017年、2012年）。

表7-7　2009—2018年新加坡整体财产险业的在岸业务与离岸业务财务状况对比

单位：百万美元

年份	在岸/离岸	资产							负债				
		股本证券	债券	土地和建筑	贷款	现金与存款	其他资产	总资产	保费准备金	保单负债	再保险存款	其他负债	总负债
2009	SIF	517.3	3880.9	183.0	43.1	2460.3	676.8	7761.4	1137.8	2396.5	86.5	865.2	4485.9
	OIF	795.0	4158.7	5.2	925.1	2389.8	1835.3	10108.9	1099.2	3706.8	114.0	1176.4	6108.8
2010	SIF	906.6	4274.2	165.3	49.9	2212.2	755.8	8363.9	1181.5	2593.3	91.3	920.0	4786.2
	OIF	1278.3	4050.4	5.4	1081.8	2829.4	1951.6	11197.0	1234.5	4417.8	131.3	1199.2	6985.3
2011	SIF	800.1	4451.4	199.9	34.5	2399.6	856.7	8742.2	1251.3	2861.3	90.9	1019.9	5223.4
	OIF	2125.8	8324.7	6.4	1635.2	4858.9	2657.7	19608.5	1601.7	10786.0	148.5	1692.7	14228.9
2012	SIF	960.1	4703.5	200.2	39.8	2578.0	964.9	9446.5	1309.4	3006.1	119.9	1033.7	5469.2
	OIF	2249.3	5961.7	6.9	1844.8	4231.0	3275.0	17568.7	1617.7	7946.3	160.0	1634.0	11358.0
2013	SIF	1016.0	4967.9	260.3	48.6	2721.0	974.9	9989.2	1351.3	3102.5	100.7	1196.3	5750.8
	OIF	1991.0	5473.5	8.0	1685.3	4114.2	3909.1	17180.7	1837.4	6374.5	162.3	1796.4	10170.5
2014	SIF	1027.9	5495.9	293.0	44.8	2577.2	1050.6	10489.3	1364.9	3118.1	87.5	1266.0	5836.6
	OIF	2034.1	6444.2	11.7	2210.9	4090.0	4226.3	19017.2	2054.2	6890.9	117.7	1725.9	10787.3
2015	SIF	941.4	6155.4	286.6	50.8	2273.7	1362.7	11070.6	1403.5	3110.7	193.3	1574.9	6111.0
	OIF	1913.5	7653.6	9.9	2149.3	4661.2	4767.2	21154.8	2286.7	7559.0	118.7	2264.8	12170.1
2016	SIF	955.5	5971.6	290.6	55.8	2273.4	1593.8	11140.7	1339.6	2943.6	189.9	1569.3	5961.2
	OIF	2608.2	8178.0	6.9	2153.1	4234.4	5009.8	22190.3	2219.0	7941.9	89.3	2444.8	12663.6
2017	SIF	935.7	5638.9	307.9	26.7	2495.6	1436.3	10841.7	1332.6	2779.6	190.1	1481.5	5783.8
	OIF	2293.3	8076.6	6.6	1867.0	3942.4	5176.1	21362.0	2276.1	7337.0	100.4	2383.8	12097.4
2018	SIF	882.7	5694.0	296.2	17.6	2376.5	1455.1	10722.6	13753.0	2658.0	184.7	1414.3	5632.3
	OIF	2770.1	9510.6	6.2	7.0	2945.1	7317.1	22556.2	25963.0	9367.7	101.3	3212.9	15278.3

注：不包含自保公司业务，2018年为未经审计的季度快报数据。

资料来源：MAS保险年度统计（2017年、2012年）。

（2）财产险原保险业务比较

原保险业的在岸业务与离岸业务对比，与整体保险业结果大体一致，同样在业绩情况、利润情况、财务情况三个方面，离岸业务均强于在岸业务，如表7-8、表7-9和表7-10所示。但原保险业的整体利润并不稳定，2012年之前均为负，而在岸业务长期保持稳定的正利润，这说明在岸业务的风险比离岸业务小。

表7-8　2009—2018年新加坡财产险原保险的在岸业务与离岸业务业绩状况对比

单位：百万美元、%

在岸/离岸	年份	毛保费		再保险分出		净保费	自留比率
		业务量	增长率	向新加坡国内分出	向新加坡国外分出		
SIF	2009	2940.8	-0.7	306.5	626.6	2007.6	68.3
OIF		1002.7	38.5	72.2	424.4	506.1	50.5
SIF	2010	3230.6	9.9	298.8	639.6	2292.3	71.0
OIF		1342.0	33.8	86.5	583.9	671.6	50.0
SIF	2011	3423.6	6.0	321.5	688.8	2413.3	70.5
OIF		1632.9	21.7	100.8	731.8	800.4	49.0
SIF	2012	3626.7	5.9	310.6	710.4	2605.7	71.8
OIF		1898.0	16.2	102.1	809.5	986.4	85.0
SIF	2013	3738.1	3.1	326.3	739.0	2672.9	71.5
OIF		2261.6	19.2	97.8	955.6	1208.2	53.4
SIF	2014	3850.5	3.0	335.8	767.8	2746.8	71.3
OIF		2529.1	11.8	112.4	1100.0	1316.6	52.1
SIF	2015	3999.1	3.9	312.7	1176.2	2510.1	62.8
OIF		2935.1	16.1	119.4	1450.5	1365.2	46.5
SIF	2016	3971.6	-0.7	305.3	1151.6	2514.7	63.3
OIF		2987.2	1.8	165.0	1437.4	1384.8	46.4
SIF	2017	3956.3	-0.4	623.7	988.7	2344.0	59.2
OIF		3214.4	7.6	184.2	1606.7	1423.5	44.3
SIF	2018	3943.4	—	651.8	878.3	2413.3	—
OIF		3207.8	—	189.8	1585.2	1433.0	—

注：不包含自保公司业务，2018年为未经审计的季度快报数。
资料来源：MAS保险年度统计（2017年、2012年）。

表7-9　2009—2018年新加坡财产险原保险的在岸业务与离岸业务利润状况对比

单位：百万美元、%

年份	在岸/离岸	已赚保费		净赔付额		销售费用		管理费用		承保利润（亏损）		净投资收益		营业利润（亏损）	
		业务量	变化率	业务量	变化率	业务量	变化率	业务量	变化率	业务量	变化率	业务量	变化率	业务量	变化率
2009	SIF	2074.4	8.3	1208.7	58.3	261.9	12.6	409.8	19.8	194.0	9.4	288.4	-295.1	482.4	-976.6
	OIF	432.5	31.8	253.9	58.7	81.7	18.9	117.4	27.1	-20.5	-4.7	32.9	-137.0	12.4	-108.8
2010	SIF	2243.7	8.2	1278.8	57.0	285.8	12.7	461.2	20.2	218.0	9.7	197.9	-31.4	415.8	-13.8
	OIF	603.6	39.6	366.7	60.8	106.2	17.6	152.0	25.2	-21.3	-3.5	-12.4	-137.8	-33.8	-371.8
2011	SIF	2349.1	4.7	1315.3	56.0	300.0	12.8	509.1	21.7	224.7	9.6	21.4	-89.2	246.1	-40.8
	OIF	710.6	17.7	2834.7	398.9	148.6	20.9	218.1	30.7	-2490.8	-350.5	32.3	-359.6	-2458.5	—
2012	SIF	2530.1	7.7	1357.3	53.6	327.3	12.9	525.6	20.8	319.9	12.6	271.7	1168.2	591.7	140.4
	OIF	892.7	25.6	239.0	26.8	159.5	17.9	237.9	26.6	256.3	28.7	-75.6	-334.2	180.7	-107.3

续表

年份	在岸/离岸	已赚保费		净赔付额		销售费用		管理费用		承保利润（亏损）		净投资收益		营业利润（亏损）	
		业务量	变化率	业务量	变化率	业务量	变化率	业务量	变化率	业务量	变化率	业务量	变化率	业务量	变化率
2013	SIF	2633.7	4.1	1374.6	52.2	352.1	13.4	580.5	22.0	326.5	12.4	136.1	-49.9	462.6	-21.8
	OIF	1090.2	22.1	286.5	26.3	175.4	16.1	267.0	24.5	361.3	33.1	133.3	-276.2	494.6	173.7
2014	SIF	2717.6	3.2	1328.2	48.9	366.6	13.5	637.5	23.5	385.3	14.2	222.5	63.5	607.8	31.4
	OIF	1234.9	13.3	834.4	67.6	178.4	14.4	315.8	25.6	-93.7	-7.6	75.5	-43.3	-18.2	-103.7
2015	SIF	2550.5	-6.2	1300.7	51.0	243.9	9.6	713.0	28.0	292.9	11.5	83.9	-62.3	376.8	-38.0
	OIF	1338.7	8.4	790.3	59.0	143.1	10.7	365.1	27.3	40.2	3.0	79.8	5.7	120.0	—
2016	SIF	2535.1	-0.6	1326.6	52.3	286.4	11.3	750.8	29.6	171.3	6.8	189.4	125.7	360.7	-4.3
	OIF	1371.2	2.4	691.4	50.4	177.2	12.9	407.6	29.7	95.0	6.9	71.9	-9.9	166.9	39.1
2017	SIF	2358.4	—	1288.1	—	210.9	—	793.9	—	65.5	—	105.5	—	171.0	—
	OIF	1359.2	—	1043.8	—	118.4	—	416.5	—	-219.5	—	74.7	—	-144.7	—

注：不包含自保公司业务，2018 年为未经审计的季度快报数据。

资料来源：MAS 保险年度统计（2017 年、2012 年）。

表 7-10 2009—2018 年新加坡财产险原保险的在岸业务与离岸业务财务状况对比

单位：百万美元

年份	在岸/离岸	资产							负债				
		股本证券	债券	土地和建筑	贷款	现金与存款	其他资产	总资产	保费准备金	保单负债	再保险存款	其他负债	总负债
2009	SIF	489.5	3177.3	183.0	43.1	2159.9	554.8	6607.6	1044.5	1962.2	79.2	776.7	3862.6
	OIF	61.0	517.4	0.0	1.8	851.2	402.0	1833.4	244.5	601.3	56.3	481.6	1383.8
2010	SIF	864.3	3564.9	165.3	49.9	1942.1	632.8	7219.2	1092.3	2182.3	84.2	836.0	4194.8
	OIF	111.1	661.7	0.0	1.8	931.3	487.6	2193.4	303.7	771.9	62.7	578.9	1717.1
2011	SIF	759.3	3783.6	199.9	34.5	2159.0	692.7	7629.0	1156.6	2423.2	88.3	889.1	4557.2
	OIF	114.3	3580.4	0.0	2.8	1585.9	728.6	6011.9	394.6	3314.9	74.9	810.3	4594.8
2012	SIF	923.5	4022.9	200.2	39.8	2352.1	825.2	8363.7	1237.1	2607.6	116.9	934.0	4895.7
	OIF	122.6	1811.9	0.0	7.0	1697.4	929.4	4568.2	481.9	2116.8	111.7	955.6	3666.1
2013	SIF	981.3	4279.3	260.9	48.6	2495.3	820.4	8885.9	1277.3	2717.9	99.1	1071.3	5165.6
	OIF	134.1	1347.8	0.0	7.0	1691.6	1008.1	4188.7	599.6	1437.1	106.7	1131.3	3274.7
2014	SIF	992.4	4779.4	293.0	44.8	2367.8	865.2	9342.6	1298.6	2706.2	86.1	1149.4	5240.4
	OIF	229.3	1619.3	0.0	7.0	1768.8	1216.4	4840.8	687.6	1654.1	71.8	1263.3	3676.9
2015	SIF	907.5	5429.1	286.6	50.8	2066.6	1246.7	9987.3	1344.0	2762.8	191.9	1463.6	5590.6
	OIF	238.0	2169.4	0.0	7.0	1793.6	1505.5	5713.4	760.6	1796.5	76.1	1441.6	4015.4
2016	SIF	924.4	5269.7	290.6	55.8	2080.5	1464.2	10085.1	1284.3	2602.7	188.7	1460.3	5454.8
	OIF	209.4	2358.9	0.0	7.0	1990.9	1760.6	6326.3	768.5	1853.1	65.3	1705.4	4360.9
2017	SIF	903.5	4957.6	307.9	26.7	2293.0	1312.2	9800.9	1272.5	2423.4	189.1	1393.6	5278.1
	OIF	60.2	2745.2	0.0	7.0	1808.4	1900.8	6521.6	806.1	1916.3	72.9	1767.8	4563.1
2018	SIF	852.2	4978.1	296.2	17.5	2192.4	1310.9	9647.3	1315.8	2315.0	183.9	1311.8	5126.4
	OIF	78.0	2930.1	0.0	7.0	2010.4	2064.4	7089.9	854.0	2205.5	60.4	2018.4	5138.3

注：不包含自保公司业务，2018 年为未经审计的季度快报数据。

资料来源：MAS 保险年度统计（2017 年、2012 年）。

（3）财产险再保险业务比较

结果同整体保险业一致，如表 7-11、表 7-12、表 7-13 所示。通过观察发现，新加坡在岸保险市场的总资产及负债主要是由原保险构成，再保险业务量达到原保险的十倍以上，而离岸保险市场的总资产及负债主要是由再保险构成，可见新加坡离岸财产险市场主要开展再保险业务。这说明原保险业务可能存在天花板效应，发展空间有限，而更有前景的是发展再保险业务，尤其是面向全球的转分保业务。

表 7-11　2009—2018 年新加坡财产险再保险的在岸业务与离岸业务业绩状况对比

单位：百万美元、%

在岸/离岸	年份	毛保费		再保险分出		净保费	自留比率
		业务量	增长率	向新加坡国内分出	向新加坡国外分出		
SIF	2009	279.8	-0.1	29.8	21.7	228.2	81.6
OIF		2679.9	11.9	33.5	495.7	2150.8	80.3
SIF	2010	280.6	0.3	28.3	26.4	225.8	80.5
OIF		3079.3	14.9	31.5	551.1	2496.8	81.1
SIF	2011	290.3	3.5	22.2	36.1	232.0	79.9
OIF		3700.0	20.2	53.1	835.7	2811.2	76.0
SIF	2012	265.1	-8.7	45.0	40.9	179.2	67.6
OIF		3748.9	1.3	57.6	1225.4	2465.9	65.8
SIF	2013	283.3	6.8	43.3	46.0	194.0	68.5
OIF		3884.1	3.6	51.8	1028.7	2803.6	72.2
SIF	2014	274.3	-3.2	37.2	47.9	189.3	69.0
OIF		4244.1	9.3	37.0	1039.5	3167.6	74.6
SIF	2015	213.4	-22.2	24.4	49.6	139.4	65.3
OIF		4990.8	17.6	34.7	1795.7	3160.5	63.3
SIF	2016	212.5	-0.4	21.8	36.2	154.5	72.7
OIF		4895.2	-1.9	35.6	1475.0	3384.5	69.1
SIF	2017	199.3	-6.2	11.7	28.1	159.5	80.0
OIF		4519.8	-7.7	34.6	1213.3	3271.8	72.4
SIF	2018	204.4	—	12.8	39.3	152.3	—
OIF		8286.9	—	32.6	2417.7	5836.6	—

注：不包含自保公司业务，2018 年为未经审计的季度快报数。

资料来源：MAS 保险年度统计（2017 年、2012 年）。

表 7-12　2009—2018 年新加坡财产险原保险的在岸业务与离岸业务利润状况对比

单位：百万美元、%

年份	在岸/离岸	已赚保费		净赔付额		销售费用		管理费用		承保利润（亏损）		净投资收益		营业利润（亏损）	
		业务量	变化率	业务量	变化率	业务量	变化率	业务量	变化率	业务量	变化率	业务量	变化率	业务量	变化率
2009	SIF	233.7	3.3	84.1	36.0	61.0	26.1	21.7	9.3	66.9	28.6	23.2	-766.9	90.1	62.2
	OIF	2167.3	10.2	1348.6	62.2	484.2	22.3	148.4	6.8	186.1	8.6	208.8	329.3	394.9	102.2
2010	SIF	227.5	-2.6	83.0	36.5	65.0	28.6	21.2	9.3	58.3	25.6	21.9	-5.5	80.2	-10.9
	OIF	2400.5	10.8	1605.1	66.9	587.9	24.5	167.2	7.0	40.3	1.7	99.4	-52.4	139.8	-64.6
2011	SIF	226.9	-0.3	133.8	59.0	61.9	27.3	23.4	10.3	7.8	3.4	22.6	3.4	30.4	-62.1
	OIF	2586.8	7.8	5799.4	224.2	601.6	23.3	192.5	7.4	-4006.8	-154.9	441.9	344.5	-3564.8	-2650.8
2012	SIF	198.0	-12.7	111.2	56.2	43.9	22.2	17.2	8.7	25.7	13.0	31.2	37.8	56.9	86.9
	OIF	2526.0	-2.4	1385.0	54.8	526.7	20.9	205.4	8.1	408.8	16.2	125.8	-71.5	534.6	-115.2
2013	SIF	193.0	-2.6	83.4	43.2	44.8	23.2	20.9	10.9	43.8	22.7	-1.0	-103.3	42.8	-24.8
	OIF	2693.5	6.6	1270.2	47.2	599.7	22.3	220.7	8.2	603.0	22.4	-176.0	-239.9	427.0	-20.1
2014	SIF	197.3	2.3	71.7	36.3	50.3	25.5	20.6	10.5	54.7	27.7	23.8	-2424.5	78.5	83.5
	OIF	3075.1	14.2	1274.4	41.4	670.3	21.8	258.8	8.4	871.6	28.3	432.4	-345.7	1304.0	205.4
2015	SIF	143.9	-27.1	53.0	36.8	39.6	27.5	22.8	15.8	28.6	19.8	8.0	-66.3	36.6	-53.4
	OIF	2987.6	-2.9	1983.9	66.4	688.4	23.0	271.2	9.1	43.7	1.5	233.3	-46.0	277.0	-78.8
2016	SIF	158.0	9.8	84.3	53.4	35.0	22.2	24.6	15.6	14.1	8.9	20.8	158.9	34.9	-4.6
	OIF	3432.5	14.9	2380.2	69.3	692.4	20.2	278.9	8.1	81.0	2.4	259.2	11.1	340.2	22.8
2017	SIF	153.9	-2.6	67.0	43.6	41.5	27.0	20.2	13.1	25.2	16.4	29.8	43.3	55.0	57.5
	OIF	3246.5	-5.4	1409.8	43.4	792.8	24.4	292.7	9.0	751.4	23.1	29.8	-88.5	781.1	129.6
2018	SIF	153.2	—	64.6	—	36.0	—	17.6	—	35.1	—	8.3	—	43.3	—
	OIF	5258.8	—	4417.9	—	1368.8	—	330.1	—	-858.1	—	112.1	—	-746.0	—

注：不包含自保公司业务，2018 年为未经审计的季度快报数据。
资料来源：MAS 保险年度统计（2017 年、2012 年）。

表 7-13　2009—2018 年新加坡财产险再保险的在岸业务与离岸业务财务状况对比

单位：百万美元

年份	在岸/离岸	资产							负债				
		股本证券	债券	土地和建筑	贷款	现金与存款	其他资产	总资产	保费准备金	保单负债	再保险存款	其他负债	总负债
2009	SIF	27.8	703.5	0.0	0.0	300.5	122.0	1153.8	93.3	434.3	7.2	88.5	623.4
	OIF	610.0	3623.7	5.2	70.1	910.3	1040.2	6259.3	685.0	2666.1	57.7	424.6	3833.5
2010	SIF	42.3	709.3	0.0	0.0	270.0	123.0	1144.7	89.2	411.0	7.1	84.1	591.4
	OIF	1060.5	3375.6	5.4	38.5	1207.2	1090.0	6777.1	756.0	3065.2	68.6	367.8	4257.6
2011	SIF	40.8	667.8	0.0	0.0	240.6	164.0	1113.1	94.7	438.0	2.6	130.8	666.2
	OIF	1908.3	4730.9	6.4	281.3	2461.9	1643.4	11032.5	983.8	6661.4	73.6	644.2	8363.1
2012	SIF	36.6	680.6	0.0	0.0	225.9	139.7	1082.8	72.3	398.5	3.0	99.7	573.5
	OIF	2018.1	4137.4	6.9	269.1	1769.5	2036.8	10237.9	887.9	5109.6	48.3	549.6	6595.4

续表

年份	在岸/离岸	资产							负债				
		股本证券	债券	土地和建筑	贷款	现金与存款	其他资产	总资产	保费准备金	保单负债	再保险存款	其他负债	总负债
2013	SIF	34.7	688.6	0.0	0.0	225.7	154.5	1103.4	74.0	384.6	1.6	125.0	585.2
	OIF	1747.3	4112.3	8.0	290.7	1563.7	2359.6	10081.7	995.5	4266.8	55.5	561.7	5879.5
2014	SIF	35.4	716.5	0.0	0.0	209.4	185.4	1146.7	66.2	411.9	1.5	116.6	596.2
	OIF	1660.0	4815.2	11.7	329.9	1464.0	2597.8	10878.6	1081.3	4424.1	41.5	377.6	5924.5
2015	SIF	33.9	726.3	0.0	0.0	207.2	116.0	1083.3	59.5	348.0	1.4	111.6	520.5
	OIF	1546.2	5464.7	9.9	279.9	1973.2	2789.5	12063.3	1224.8	5066.2	38.2	710.8	7039.9
2016	SIF	31.0	701.9	0.0	0.0	193.0	129.7	1055.6	55.2	340.9	1.2	109.0	506.3
	OIF	2263.0	5798.6	6.9	0.0	1290.0	2647.3	12005.9	1167.8	5428.5	19.6	367.6	6983.7
2017	SIF	32.2	681.3	0.0	0.0	202.6	124.1	1040.3	60.1	356.2	1.0	88.3	505.7
	OIF	2134.3	5323.6	6.6	0.0	1195.5	2464.5	11124.5	1172.7	4803.1	27.6	514.6	6518.0
2018	SIF	30.5	716.0	0.0	0.0	184.0	144.2	1074.7	59.5	343.0	0.9	102.5	505.9
	OIF	2692.1	6580.5	6.2	0.0	934.7	5252.7	15466.2	1742.3	7162.2	40.9	1194.5	10140.0

注：不包含自保公司业务，2018 年为未经审计的季度快报数据。

资料来源：MAS 保险年度统计（2017 年、2012 年）。

2. 寿险市场的比较

（1）整体寿险业务比较

如前所述，新加坡寿险市场中，离岸业务主要发生在再保险市场，原保险市场主要是在岸业务，故本部分只讨论新加坡寿险再保险市场业务中的离岸业务，而对寿险原保险市场业务不予讨论。而总体寿险市场由原保险与再保险组成，因不讨论原保险，故总体寿险市场也不讨论。

（2）寿险原保险业务比较

此处不予讨论，原因见"（1）整体寿险业务比较"。

（3）寿险再保险业务比较

同样，也将离岸保险与在岸保险从业绩情况、利润情况、财务情况三个方面进行比较。由表 7-14、表 7-15、表 7-16 可见，在寿险市场中与财产险市场相同，新加坡离岸保险业务在业绩情况、利润情况、财务情况三个方面也均强于在岸业务，存在倍数的优势。

在岸与离岸的新单保费年度间存在波动，有效业务年度间是稳定增长的。值得注意的是，新加坡寿险再保险市场出现了在岸业务与离岸业务呈现此消彼长的特殊现象，可见在全球再保险转分保业务市场的环境下，新加坡市场与新加坡外市场存在着替代效应。由此可说明新加坡的寿险再保险业务在全球范围可能是较为领先的，离岸不接收的业务会迅速在其国内得到消化。

表 7-14　2009—2018 年新加坡寿险再保险的在岸业务与离岸业务业绩状况对比

单位：百万美元、%

年份	在岸/离岸	新单保费						有效业务			
		期交保费		趸交保费		保额		期缴保费		保额	
		业务量	增长率	业务量	增长率	业务量	增长率	业务量	增长率	业务量	增长率
2009	SIF	26.4	-30.4	5.0	318.0	4095.5	-65.0	110.4	18.3	34250.4	-3.6
	OIF	668.0	237.0	0.1	-57.1	154171.3	264.2	1208.7	133.3	355095.8	54.2
2010	SIF	39.9	51.2	5.7	13.6	12380.4	202.3	135.6	22.8	40506.3	18.3
	OIF	1542.6	130.9	0.1	57.9	343156.8	122.6	2083.4	72.4	578763.3	63.0
2011	SIF	41.0	2.7	2.5	-56.7	20660.0	66.9	150.8	11.2	46596.0	15.0
	OIF	660.4	-57.2	0.0	-71.2	141475.8	-58.8	2017.2	-3.2	418531.3	-27.7
2012	SIF	27.7	-32.5	0.5	-93.9	11383.3	-44.9	153.3	1.7	56619.5	21.5
	OIF	309.4	-53.2	0.0	-51.9	151005.2	6.7	2209.2	9.5	439926.3	5.1
2013	SIF	117.8	325.7	0.0	-99.3	35922.6	215.6	266.1	73.5	82513.2	45.7
	OIF	417.9	35.1	0.0	-101.7	136382.4	-9.7	2021.6	-8.5	404556.7	-8.0
2014	SIF	92.1	-21.8	0.0	-100.0	62548.1	74.1	289.4	8.8	146558.8	77.6
	OIF	356.0	-14.8	0.0	-100.0	145701.8	6.8	2203.5	9.0	493622.3	22.0
2015	SIF	48.5	-47.3	0.0	0.0	42794.4	-31.6	270.4	-6.6	147400.1	0.6
	OIF	1016.7	185.6	0.0	0.0	165579.3	13.6	3145.0	42.7	662037.6	34.1
2016	SIF	117.0	117.0	0.0	0.0	51427.3	20.2	355.3	31.4	163113.7	10.7
	OIF	1214.1	19.4	0.0	0.0	210569.3	27.2	3656.5	16.3	708604.3	7.0
2017	SIF	249.0	112.8	0.0	0.0	42402.4	-17.5	585.7	64.9	185198.0	13.5
	OIF	395.1	-67.5	0.0	0.0	124338.8	-41.0	3282.8	-10.2	790153.1	11.5
2018	SIF	24.9	—	0.0	—	22603.2	—	24.9	—	0.0	—
	OIF	1030.4	—	0.5	—	613888.4	—	1030.4	—	0.5	—

注：不包含自保公司业务，2018 年为未经审计的季度快报数据。

资料来源：MAS 保险年度统计（2017 年、2012 年）。

表 7-15　2009—2018 年新加坡寿险再保险的在岸业务与离岸业务利润状况对比

单位：百万美元

年份	在岸/离岸	利息或股息收入	上一报告期的实际收益（损失）	较上一报告期的变更	投资费用	净投资收益
2009	SIF	2.9	0.0	-1.2	0.1	1.7
	OIF	10.7	1.8	-12.6	0.9	-1.0
2010	SIF	2.9	-1.1	-0.9	0.1	0.7
	OIF	8.7	3.1	-24.2	0.8	-13.2

续表

年份	在岸/离岸	利息或股息收入	上一报告期的实际收益（损失）	较上一报告期的变更	投资费用	净投资收益
2011	SIF	3.9	-1.3	-0.5	0.1	2.0
	OIF	7.6	-4.9	14.0	0.1	16.5
2012	SIF	2.3	0.2	-0.2	0.1	2.2
	OIF	6.3	4.3	-20.2	0.5	-10.0
2013	SIF	2.8	-0.5	-3.2	0.2	-1.1
	OIF	6.3	-3.9	0.1	0.6	1.9
2014	SIF	6.2	0.9	5.9	0.4	12.7
	OIF	8.0	-4.3	27.6	0.7	30.6
2015	SIF	8.4	0.6	-5.4	0.5	3.2
	OIF	8.7	22.0	4.8	0.7	34.7
2016	SIF	10.9	7.3	-3.2	0.7	14.3
	OIF	13.2	-2.9	1.4	1.1	10.6
2017	SIF	12.2	5.5	8.2	0.9	25.1
	OIF	17.3	-3.3	-25.0	1.1	-12.1
2018	SIF	3.4	-0.6	23.9	0.3	26.4
	OIF	12.9	-1.1	10.2	0.5	21.5

注：不包含自保公司业务，2018年为未经审计的季度快报数据。

资料来源：MAS保险年度统计（2017年、2012年）。

表7-16　2009—2018年新加坡寿险再保险的在岸业务与离岸业务财务状况对比

单位：百万美元

年份	在岸/离岸	资产							负债			
		股本证券	债券	土地和建筑	贷款	现金与存款	其他资产	总资产	保单负债	未决索赔	其他负债	总负债
2009	SIF	0.0	127.7	0.0	0.0	99.0	61.7	288.4	82.6	3.7	48.9	135.2
	OIF	37.8	294.3	0.0	0.0	234.4	558.2	1124.7	667.6	4.2	57.6	729.3
2010	SIF	17.0	152.4	0.0	0.0	103.0	66.4	338.8	95.4	4.6	65.1	165.2
	OIF	37.8	258.5	0.0	0.0	329.1	673.6	1299.0	706.9	6.8	227.5	941.2
2011	SIF	17.0	156.8	0.0	0.0	71.3	70.5	315.7	84.1	5.7	56.5	146.3
	OIF	52.5	393.7	0.0	0.0	184.7	777.5	1408.5	724.5	7.8	332.3	1064.7
2012	SIF	12.0	212.5	0.0	0.0	80.3	65.3	370.1	110.9	3.7	38.1	152.7
	OIF	56.4	439.9	0.0	0.0	179.5	983.8	1659.6	835.2	10.6	339.8	1185.6
2013	SIF	0.0	256.2	0.0	0.0	94.9	148.6	499.6	224.8	2.1	85.6	312.5
	OIF	70.9	489.9	0.0	0.0	137.2	941.8	1639.9	793.3	8.7	362.7	1164.7

续表

年份	在岸/离岸	资产							负债			
		股本证券	债券	土地和建筑	贷款	现金与存款	其他资产	总资产	保单负债	未决索赔	其他负债	总负债
2014	SIF	0.0	531.2	0.0	0.0	55.8	228.8	815.8	320.2	1.5	205.4	527.2
	OIF	95.9	422.4	0.0	0.0	140.4	1217.6	1876.2	911.6	3.9	458.2	1373.6
2015	SIF	0.0	601.8	0.0	0.0	62.9	267.5	932.1	377.0	0.0	228.5	605.5
	OIF	98.3	602.4	0.0	0.0	171.3	1539.4	2411.4	923.9	5.5	607.5	1536.9
2016	SIF	4.4	653.2	0.0	0.0	41.5	213.2	912.2	517.6	0.9	45.0	563.4
	OIF	197.5	768.9	0.0	0.0	237.2	2374.6	3578.3	1481.6	12.8	663.5	2158.0
2017	SIF	4.8	844.4	0.0	0.0	53.6	474.8	1377.5	808.5	4.0	99.5	912.0
	OIF	94.8	778.8	0.0	0.0	159.8	2371.0	3404.4	1457.1	16.5	637.4	2111.0
2018	SIF	15.0	659.1	0.0	0.0	42.4	379.4	1095.8	199.0	5.0	172.7	376.8
	OIF	70.2	1652.4	0.0	0.0	144.5	7255.0	9122.0	5171.6	18.8	2088.1	7278.5

注：不包含自保公司业务，2018 年为未经审计的季度快报数据。
资料来源：MAS 保险年度统计（2017 年、2012 年）。

（二）新加坡保险业的离岸业务构成

1. 财产险市场构成

（1）经营主体构成

截至 2017 年 12 月 31 日，新加坡离岸财产险市场中，原保险经营主体共有 59 家，再保险经营主体共有 27 家，从数量来看是较为丰富的。在此，对各经营主体同样在业绩情况、利润情况、财务情况三个方面展开进行观察，具体情况如表 7-13 至表 7-22 所示。

表 7-17　2017 年度新加坡离岸财产险原保险公司业绩状况　　　单位：千美元

公司	货物险	船舶与责任险	财产损失险	意外伤害险及其他	公司	货物险	船舶与责任险	财产损失险	意外伤害险及其他
ACYC	0	0	0	19366	GEG	1279	1562	3473	601
AETNA 2	0	0	0	176	GREAT AMERICAN	17276	18866	1417	2496
AETNA S'PORE BRANCH	0	0	0	5100	HDI GLOBAL	2606	0	20208	979
AIA SPORE	0	0	0	0	HELVETIA SWISS	2517	19	7831	0
AIG ASIA	3875	24020	27606	14152	HL ASSURANCE	0	0	0	0
ALLIANZ GLOBAL C&S	3363	9440	129403	37797	INDIA INTERNATIONAL	3417	50562	21644	293
ALLIED WORLD	6784	307	84378	20459	IRONSHORE	431	72	4696	9325

续表

公司	货物险	船舶与责任险	财产损失险	意外伤害险及其他	公司	货物险	船舶与责任险	财产损失险	意外伤害险及其他
AUTO & GENERAL	0	0	0	0	JAPAN SHIP OWNERS' 1	0	0	0	0
AVIVA	0	0	0	0	LIBERTY	1318	0	99	4467
AXA CORPORATE	19972	5107	46219	4668	LIBERTY INTERNATIONAL	1616	3227	26950	43852
AXA INSURANCE	903	2186	8947	4078	LLOYD'S ASIA SCHEME	68564	150086	409727	132301
AXIS SPECIALTY	973	448	125490	29543	LONPAC	0	0	0	0
BERKLEY INSURANCE	1468	1019	11503	12575	MSIG	10754	587	5260	2055
BERKSHIRE	7684	4029	244203	43499	NORTH OF ENGLAND P&I 1	0	0	0	0
CHINA TAIPING	2137	521	7151	7253	NTUC INCOME	444	241	3137	38
CHUBB INS	4191	2064	39244	25609	QBE INS	12734	17175	34110	23609
CIGNA EUROPE	0	0	0	0	BEARDON 2	0	0	0	0
COFACE	0	0	0	17221	SHIPOWNERS' MUTUAL P&I	0	90044	0	0
COSMIC	0	0	0	0	SKULD 1	0	9837	0	0
DIRECT ASIA	0	0	0	0	SOMPO INS	5289	10	1772	1846
ECICS LTD	0	0	0	237	STANDARD CLUB 1	0	42117	0	0
EQ INS	146	0	0	172	STARR INTERNATIONAL	2606	35	91704	10576
ERGO	1073	3099	612	279	SWISS RE INTERNATIONAL	4107	11230	54399	38477
ETIQA PL	451	0	7140	0	TOKIO MARINE INS	11047	240	75610	18297
EULER HERMES	0	0	0	23297	TT CLUB	0	2232	0	0
FACTORY MUTUAL	0	0	0	0	UK CLUB（EUROPE）1	0	0	0	0
FIRST CAPITAL	1762	56428	146037	39318	UOI	398	95	14718	9484
FWD SINGAPORE	0	0	0	0	XL INS	10313	15849	48681	63854
GARD（BERMUDA）1	0	37380	0	0	ZURICH	2239	0	22995	44189
GARD MARINE	0	2635	0						

注：截止时间为 2017 年 12 月 31 日。

资料来源：MAS 保险年度统计（2017 年）。

表7-18　　2017年度新加坡离岸财产险原保险公司利润状况　　单位：千美元

公司	已赚保费	净赔付额	管理费用	销售费用	承保利润（亏损）	净投资收益	营业利润（亏损）
ACYC	3102	792	5720	-1736	-1674	24	-1650
AETNA 2	729	-374	197	31	875	25	899
AETNA S'PORE BRANCH	2864	2787	522	310	-754	35	-720
AIA SPORE	0	0	0	0	0	0	0
AIG ASIA	13366	2998	13485	-10872	7755	816	8571
ALLIANZ GLOBAL C&S	135135	68719	42972	19922	3522	15192	18714
ALLIED WORLD	16253	24069	31448	-6134	-33130	3042	-30088
AUTO & GENERAL	0	0	0	0	0	0	0
AVIVA	0	0	0	0	0	0	0
AXA CORPORATE	42843	29321	7817	7490	-1786	4971	3185
AXA INSURANCE	10940	8159	3161	796	-1,176	98	-1078
AXIS SPECIALTY	22395	12842	4338	3740	1474	1500	2975
BERKLEY INSURANCE	20624	9115	8535	5318	-2345	-2333	-1678
BERKSHIRE	57126	44829	10133	6893	-4729	463	-4266
CHINA TAIPING	9272	6704	1781	3181	3394	232	-2162
CHUBB INS	22515	-1765	8986	4863	10431	-3061	7370
CIGNA EUROPE	0	0	0	0	0	0	0
COFACE	8422	4185	4067	3069	-2899	595	-2304
COSMIC	0	-2480	435	0	2045	144	2189
DIRECT ASIA	0	0	0	0	0	0	0
ECICS LTD	21	0	118	-48	-49	14	-34
EQ INS	146	-1	16	28	103	2	104
ERGO	428	231	1293	165	-1260	3	-1256
ETIQA PL	7692	1218	1152	3128	2195	29	2224
EULER HERMES	1554	-1110	10125	-1526	-5935	439	-5496
FACTORY MUTUAL	0	0	0	0	0	0	0
FIRST CAPITAL	61274	34423	16480	-16171	26542	8003	34545
FWD SINGAPORE	0	0	0	0	0	0	0
GARD (BERMUDA) 1	12190	7959	257	448	3525	280	3805
GARD MARINE	1204	628	23	205	348	153	501
GEG	3021	2309	1210	-347	-152	19	-134
GREAT AMERICAN	26042	14736	6438	7285	-2417	146	-2272
HDI GLOBAL	10163	7102	3017	1532	-1488	217	-1271
HELVETIA SWISS	7961	7183	4590	1569	-5381	285	-5096

续表

公司	已赚保费	净赔付额	管理费用	销售费用	承保利润（亏损）	净投资收益	营业利润（亏损）
HL ASSURANCE	0	0	0	0	0	0	0
INDIA INTERNATIONAL	51999	46085	5926	9289	-9301	-3309	-12609
IRONSHORE	7208	540	3302	2249	1117	490	1607
JAPAN SHIP OWNERS' 1	0	0	0	0	0	0	0
LIBERTY	4985	2407	812	784	982	118	1100
LIBERTY INTERNATIONAL	29188	12554	18561	3625	-5551	1136	-4415
LLOYD'S ASIA SCHEME	582225	305866	95762	124854	55743	-12276	43466
LONPAC	0	0	0	0	0	0	0
MSIG	8945	2064	5473	432	976	245	1221
NORTH OF ENGLAND P&I 1	0	0	0	0	0	0	0
NTUC INCOME	3251	8735	652	32	-6168	54	-6114
QBE INS	21392	15613	14132	-7466	-887	86	-801
BEARDON 2	0	39	790	0	-829	144	-685
SHIPOWNERS' MUTUAL P&I	30613	4448	10970	11499	3697	34	3731
SKULD 1	2263	732	1080	1141	-690	0	-690
SOMPO INS	4204	-7524	1700	-710	10738	2768	13506
STANDARD CLUB 1	9878	-2823	6864	3658	2179	-190	1988
STARR INTERNATIONAL	853	1495	7878	-9065	545	2751	3297
SWISS RE INTERNATIONAL	50824	18367	25537	-4414	11334	-10313	1021
TOKIO MARINE INS	5613	1481	5125	-4555	3562	885	4447
TT CLUB	545	4	257	129	155	-28	127
UK CLUB（EUROPE）1	0	-12	0	0	12	1	12
UOI	12055	4054	2467	1197	4338	3023	7361
XL INS	34689	13750	20141	6071	-5272	-2061	-7333
ZURICH	4319	1502	15327	-9275	-3235	2897	-339

注：截止时间为2017年12月31日。
资料来源：MAS保险年度统计（2017年）。

表7-19　　2017年度新加坡离岸财产险原保险公司财务状况　　单位：千美元

公司	资产						负债			
	股本证券	债券	土地和建筑	贷款	现金与存款	其他资产	保费准备金	未决赔款	再保险存款	其他负债
ACYC	0	0	0	0	5180	18272	2434	2979	0	12065
AETNA 2	0	2599	0	0	1981	81	49	201	0	173
AETNA S'PORE BRANCH	0	3000	0	0	3062	3323	3219	1371	0	1153
AIA SPORE	0	0	0	0	0	0	0	0	0	0

续表

公司	资产						负债			
	股本证券	债券	土地和建筑	贷款	现金与存款	其他资产	保费准备金	未决赔款	再保险存款	其他负债
AIG ASIA	0	65674	0	0	7491	59010	16726	12366	13526	31915
ALLIANZ GLOBAL C&S	0	483847	0	0	15777	85205	65414	225825	19	25347
ALLIED WORLD	4412	172456	0	0	11046	75127	26130	66612	8	50374
AUTO & GENERAL	0	0	0	0	0	0	0	0	0	0
AVIVA	0	0	0	0	0	0	0	0	0	0
AXA CORPORATE	0	178660	0	0	22095	53311	29304	63892	1543	42383
AXA INSURANCE	0	0	0	0	22033	22894	2273	21534	0	9095
AXIS SPECIALTY	0	133378	0	0	31657	86032	19380	34079	0	100883
BERKLEY INSURANCE	0	74523	0	0	33570	14766	9897	44483	0	20869
BERKSHIRE	0	39888	0	0	96897	192583	32705	65659	0	123034
CHINA TAIPING	4238	0	0	0	14364	3299	4438	5903	124	3805
CHUBB INS	0	80522	0	0	7690	35287	11205	21552	0	37622
CIGNA EUROPE	0	0	0	0	0	0	0	0	0	0
COFACE	0	42101	0	0	5442	13888	8732	8355	0	32662
COSMIC	8	0	0	0	6342	39	0	0	0	101
DIRECT ASIA	0	0	0	0	0	0	0	0	0	0
ECICS LTD	0	0	0	0	1846	77	13	0	0	121
EQ INS	0	0	0	0	1028	56	53	75	172	216
ERGO	0	0	0	0	769	3545	161	289	22	3849
ETIQA PL	0	0	0	0	6885	3714	2731	1337	1	1349
EULER HERMES	0	8294	0	0	21196	15857	5108	4242	0	24670
FACTORY MUTUAL	0	0	0	0	0	0	0	0	0	0
FIRST CAPITAL	0	0	0	7000	438150	87426	41406	133613	16105	84060
FWD SINGAPORE	0	0	0	0	0	0	0	0	0	0
GARD (BERMUDA) 1	0	9936	0	0	15268	6441	0	4270	0	13914
GARD MARINE	0	2781	0	0	4395	1926	91	824	0	4261
GEG	0	0	0	0	5152	2754	792	2246	445	549
GREAT AMERICAN	0	9982	0	0	16972	19593	12123	14485	0	4813

续表

公司	资产						负债			
	股本证券	债券	土地和建筑	贷款	现金与存款	其他资产	保费准备金	未决赔款	再保险存款	其他负债
HDI GLOBAL	0	31978	0	0	9354	8908	6395	14544	0	18451
HELVETIA SWISS	0	13615	0	0	4688	5014	5563	9205	0	362
HL ASSURANCE	0	0	0	0	0	0	0	0	0	0
INDIA INTERNATIONAL	10553	85151	0	0	104721	38396	26670	74891	6988	42143
IRONSHORE	0	26559	0	0	18944	18101	12295	8319	0	16668
JAPAN SHIP OWNERS' 1	0	0	0	0	0	0	0	0	0	0
LIBERTY	0	6753	0	0	8907	999	5073	924	0	736
LIBERTY INTERNATIONAL	0	65399	0	0	30544	53792	32176	29099	0	31039
LLOYD'S ASIA SCHEME	11820	510776	0	0	603123	541525	248958	818500	3036	691773
LONPAC	0	0	0	0	0	0	0	0	0	0
MSIG	0	0	0	0	29772	2483	1391	2575	0	2988
NORTH OF ENGLAND P&I 1	0	0	0	0	0	0	0	0	0	0
NTUC INCOME	0	4848	0	0	3718	3554	220	9866	0	234
QBE INS	0	62169	0	0	7738	37770	16187	36765	0	15877
BEARDON 2	0	7325	0	0	1170	70	0	4791	68	731
SHIPOWNERS' MUTUAL P&I	0	0	0	0	24683	19918	14060	10122	0	6381
SKULD 1	0	0	0	0	4683	346	142	1058	0	2595
SOMPO INS	0	104104	0	0	47157	14079	981	5620	8	5786
STANDARD CLUB 1	0	6781	0	0	7432	11556	8	6218	0	11042
STARR INTERNATIONAL	0	101550	0	0	8791	49112	9834	5536	0	42457
SWISS RE INTERNATIONAL	0	147708	0	0	11404	106966	54432	55053	0	72510
TOKIO MARINE INS	3339	21209	0	0	11457	24811	2929	1242	18816	9242
TT CLUB	0	0	0	0	30	4744	49	212	0	692

续表

公司	资产						负债			
	股本证券	债券	土地和建筑	贷款	现金与存款	其他资产	保费准备金	未决赔款	再保险存款	其他负债
UK CLUB（EUROPE）1	0	0	0	0	709	203	0	43	0	2
UOI	16235	28414	0	0	16183	5004	4937	16036	758	4599
XL INS	0	157110	0	0	53137	118323	52205	58316	11216	126947
ZURICH	9633	56100	0	0	3748	30651	17223	11166	0	35216

注：截止时间为2017年12月31日。

资料来源：MAS保险年度统计（2017年）。

表7-20　　　　2017年度新加坡离岸财产险再保险公司业绩状况　　　　单位：千美元

公司	货物险	船舶与责任险	财产损失险	意外伤害险及其他	公司	货物险	船舶与责任险	财产损失险	意外伤害险及其他
ALLIANZ SE	9023	25766	422440	154638	ODYSSEY RE	2613	6428	202360	30346
ASIA CAPITAL RE	4835	84377	191452	160111	PARTNER RE	5046	39153	336035	178710
ASPEN INSURANCE	2746	2157	36315	16842	QATAR RE	225	3091	27570	13935
CARDINAL RE 2	85	6	11	245	RENAISSANCE RE	819	6555	55505	13724
CHINA REINSURANCE	2010	2573	48526	58814	SAMSUNG RE	42696	-619	53972	4923
DAVINCI RE	0	0	13148	0	SCOR RE AP	5257	2802	198402	28327
ENDURANCE SPECIALTY	5582	3690	182124	3481	SIRIUS INTERNATIONAL	439	3345	62260	1034
EVEREST RE	1668	1649	182108	24273	SINGAPORE RE	1240	7589	49945	10177
GENERAL RE	46	85	1892	388	SWISS RE	3869	4277	175761	50628
IAG RE	4214	3020	328870	149441	TOA RE	2236	468	18297	16174
KOREAN RE	4441	3659	56345	38581	TRANSATLANTIC REINSURANCE	601	568	35186	25029
MAPFRE RE	1385	782	47170	3473					
MILLI RE	429	197	16877	5464	VALIDUS RE	1006	2017	25024	1150
MUNICH RE	3984	524	95222	89255	XL BERMUDA	6124	8649	237878	14489

注：截止时间为2017年12月31日。

资料来源：MAS保险年度统计（2017年）。

表7-21　　　　　2017年度新加坡离岸财产险再保险公司利润状况　　　　　单位：千美元

公司	已赚保费	净赔付额	管理费用	销售费用	承保利润（亏损）	净投资收益	营业利润（亏损）
ALLIANZ SE	528403	162928	21046	149704	194725	-25455	169270
ASIA CAPITAL RE	315995	166343	37456	104600	7596	64256	71852
ASPEN INSURANCE	13631	6144	6412	12	1063	2703	3767
CARDINAL RE 2	348	-168	847	79	-410	292	-119
CHINA REINSURANCE	77921	48276	4392	34227	-8975	356	-8618
DAVINCI RE	5494	9867	847	259	-5479	8	-5474
ENDURANCE SPECIALTY	113583	55218	14013	20149	24203	3940	28143
EVEREST RE	206481	85472	12495	40847	67667	-15518	52149
GENERAL RE	2491	-4095	3189	-538	3934	-2620	1314
IAG RE	230429	-9012	3630	27999	207812	60217	268028
KOREAN RE	92155	41486	3299	31259	16110	1769	17880
MAPFRE RE	43876	30038	2505	16317	-4983	-2611	-7595
MILLI RE	23137	13081	3210	4159	2687	1706	4393
MUNICH RE	174512	22040	16083	69303	67086	-38139	28947
ODYSSEY RE	201544	94229	9215	55404	42697	16667	59364
PARTNER RE	232532	183031	11109	34554	3838	17350	21187
QATAR RE	13580	7279	2332	4704	-735	294	-441
RENAISSANCE RE	16983	25095	5958	-2040	-12030	0	-12030
SAMSUNG RE	9891	14182	5425	-3453	-6262	-1249	-7511
SCOR RE AP	249610	216339	16824	54190	-37744	9114	-28630
SINGAPORE RE	17403	9257	4340	4662	-856	2750	1894
SIRIUS INTERNATIONAL	26078	6008	8313	1610	10148	-12195	-2047
SWISS RE	317612	80752	60275	41983	134602	-29156	105446
TOA RE	32627	1838	3243	12790	14757	-629	14128
TRANSATLANTIC REINSURANCE	60402	35363	6722	12503	5815	182	5997
VALIDUS RE	28779	10973	5157	7911	4738	2148	6886
XL BERMUDA	211006	97702	24353	69573	19378	-26334	-6956

注：截止时间为2017年12月31日。
资料来源：MAS保险年度统计（2017年）。

表7-22　　　　　2017年度新加坡离岸财产险再保险公司财务状况　　　　　单位：千美元

公司	资产						负债			
	股本证券	债券	土地和建筑	贷款	现金与存款	其他资产	保费准备金	未决赔款	再保险存款	其他负债
ALLIANZ SE	1296087	262327	0	0	152129	140094	157610	864158	1639	19913
ASIA CAPITAL RE	340812	401473	0	0	18027	375656	149509	472037	495	-10837
ASPEN INSURANCE	0	73104	0	0	24121	42402	16520	39394	0	54241
CARDINAL RE 2	0	0	0	0	5224	251	0	248	0	3053
CHINA REINSURANCE	0	0	0	0	66779	52709	34726	45864	0	20015
DAVINCI RE	8027	0	0	0	10123	5659	908	13674	0	1481
ENDURANCE SPECIALTY	0	144025	0	26	88763	60959	35878	123922	90	24839
EVEREST RE	0	848344	0	0	24988	44673	27956	282999	0	13424
GENERAL RE	0	28766	0	0	3843	2094	2621	14280	0	7962
IAG RE	293504	416541	0	0	105529	240074	137226	255463	-61	-219848
KOREAN RE	0	113541	0	0	59264	55102	38063	108142	755	5785
MAPFRE RE	0	16037	0	0	18233	41761	27714	30081	0	13601
MILLI RE	0	0	0	0	58235	12486	10536	26559	0	1289
MUNICH RE	0	552730	0	0	11854	82064	44587	302098	0	8430
ODYSSEY RE	17821	485633	0	0	24643	74581	60162	280375	0	56417
PARTNER RE	0	505207	0	0	33743	315359	78234	365119	7	192967
QATAR RE	0	10845	0	0	29847	21903	5129	7441	0	31310
RENAISSANCE RE	0	0	0	0	48014	40655	7262	45306	0	16999
SAMSUNG RE	0	13906	0	0	76783	34797	10977	25466	157	40135
SCOR RE AP	31733	277730	0	0	13516	123457	49142	332758	140	11173
SINGAPORE RE	13875	44229	6605	0	29136	21977	15763	50049	1803	17820
SIRIUS INTERNATIONAL	0	176677	0	0	25485	40305	4802	59268	11685	119086
SWISS RE	132436	370961	0	0	20221	413324	96019	652701	64	37306
TOA RE	0	235055	0	0	6869	21019	11515	68699	0	1654

续表

公司	资产						负债			
	股本证券	债券	土地和建筑	贷款	现金与存款	其他资产	保费准备金	未决赔款	再保险存款	其他负债
TRANSA TLANTIC EINSURANCE	0	26766	0	0	42159	24661	22656	45187	0	2508
VALIDUS RE	0	61599	0	0	22096	17827	10289	43813	0	4490
XL BERMUDA	0	258109	0	0	175863	158643	116938	247968	10802	39423

注：截止时间为2017年12月31日。
资料来源：MAS保险年度统计（2017年）。

值得注意的是，新加坡财产险市场（在岸市场）中有中资保险企业的身影，具体为：代表处1家，为中国平安1996年设立的新加坡代表处；保险中介公司1家，为招商局集团2013年在新加坡设立的CM Houlder Insurance Brokers（Singapore）Pte. Ltd.；财产险公司1家，为中国太平保险（新加坡）有限公司，该公司可以追溯到民国时期，历经多次股权整合如今归属为中资险企；再保险公司2家，分别是中国再保险集团2016年成立的新加坡分公司以及中民投集团2016年收购的思诺国际保险集团（Sirius International）亚洲总部（位于新加坡）。其中，中国太平保险（新加坡）有限公司的业务规模2013年为7988.0万新加坡元，占比2.14%；2014年为8211.7万新加坡元，占比2.13%；2015年为8830.6万新加坡元，占比2.21%；2016年为8260.0万新加坡元，占比2.08%；2017年为7540.1万新加坡元，占比1.81%。

（2）险种构成

新加坡离岸财产险业务的险种构成如表7-23所示。

表7-23　2009—2018年新加坡离岸财产险市场总保费的险种构成情况

单位：百万美元、%

类型	年份	货物险		船体与责任险		财产损失险		意外伤害险及其他		总计	
		保费收入	比重	保费收入	比重	保费收入	比重	保费收入	比重	保费收入	比重
整体	2009	241.1	7.9	364.2	11.9	1804.6	59.1	644.4	21.1	3054.3	100.0
	2010	271.5	7.4	458.5	12.5	2100.4	57.2	840.5	22.9	3670.8	100.0
	2011	322.6	7.9	452.1	11.0	2560.8	62.5	764.4	18.6	4099.8	100.0
	2012	324.1	7.9	455.9	11.1	2551.4	62.3	767.2	18.7	4098.7	100.0
	2013	456.8	6.2	880.6	12.0	4728.6	64.2	1298.3	17.6	7364.3	100.0
	2014	453.7	5.7	856.7	10.8	5282.5	66.7	1324.7	16.7	7917.6	100.0
	2015	430.2	4.8	950.4	10.6	5757.4	64.0	1859.5	20.7	8997.7	100.0
	2016	387.4	4.4	837.2	9.4	5993.4	67.6	1647.6	18.6	8865.6	100.0
	2017	412.6	4.7	806.4	9.2	5464.3	62.6	2047.3	23.4	8730.6	100.0
	2018	313.0	4.3	509.5	7.0	4435.5	61.0	2011.7	27.7	7269.6	100.0

续表

类型	年份	货物险		船体与责任险		财产损失险		意外伤害险及其他		总计	
		保费收入	比重	保费收入	比重	保费收入	比重	保费收入	比重	保费收入	比重
原保险	2009	86.5	17.1	161.7	32.0	132.2	26.1	125.7	24.8	506.1	100.0
	2010	116.3	17.3	201.7	30.0	210.5	31.3	143.1	21.3	671.6	100.0
	2011	157.0	19.6	242.4	30.3	264.7	33.1	136.3	17.0	800.4	100.0
	2012	157.7	16.0	267.3	27.1	366.6	37.2	194.9	19.8	986.4	100.0
	2013	203.6	9.0	579.4	25.6	1073.9	47.5	404.7	17.9	2261.6	100.0
	2014	217.7	8.6	597.1	23.6	1326.0	52.4	388.3	15.4	2529.1	100.0
	2015	222.8	7.6	651.1	22.2	1466.6	50.0	594.6	20.3	2935.1	100.0
	2016	209.5	7.0	579.8	19.4	1661.2	55.6	536.7	18.0	2987.2	100.0
	2017	213.7	6.6	562.8	17.5	1726.4	53.7	711.5	22.1	3214.4	100.0
	2018	158.4	11.1	245.8	17.2	663.5	46.3	365.3	25.5	1433.0	100.0
再保险	2009	92.6	4.3	190.3	8.8	1436.3	66.8	431.6	20.1	2150.8	100.0
	2010	81.1	3.3	248.0	9.9	1580.8	63.3	586.8	23.5	2496.8	100.0
	2011	88.3	3.1	200.3	7.1	2007.1	71.4	515.4	18.3	2811.2	100.0
	2012	89.6	3.6	183.5	7.4	1787.8	72.5	405.0	16.4	2465.9	100.0
	2013	163.5	4.2	270.2	7.0	2779.1	71.5	671.4	17.3	3884.1	100.0
	2014	145.0	3.4	229.3	5.4	3164.9	74.6	704.9	16.6	4244.1	100.0
	2015	120.1	2.4	269.4	5.4	3507.0	70.3	1094.4	21.9	4990.8	100.0
	2016	98.6	2.0	223.9	4.6	3655.4	74.7	917.3	18.7	4895.2	100.0
	2017	112.6	2.5	212.8	4.7	3100.7	68.6	1093.7	24.2	4519.8	100.0
	2018	154.5	2.6	263.5	4.5	3771.9	64.6	1646.5	28.2	5836.6	154.5

注：不包含自保公司业务，2018年为未经审计的季度快报数据。

资料来源：MAS保险年度统计（2017年、2012年）。

从具体险种构成来看，不论是整体还是原保险与再保险，新加坡离岸财产险市场中占比最高的是财产损失险，除外依次是意外伤害险及其他、船体与责任险、货物险。其中在财产损失险中，再保险的比重较原保险更大，可见新加坡离岸财产险业务主要是将大型财产险损失进行国际转分保，这也解释了在全球大多数国家的在岸财产险市场是以车险为主，而新加坡离岸财产险市场中车险占比很低，因为车险保额很小不需要进行国际转分保。

（3）区域构成

新加坡财产险市场的离岸再保险业务区域构成如图7-6和表7-24所示。

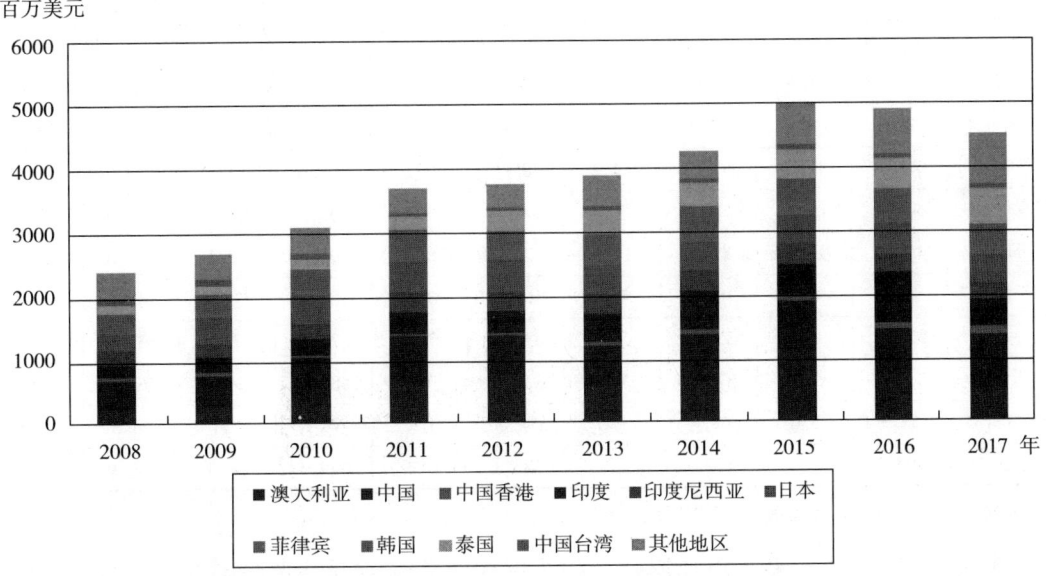

资料来源：MAS保险年度统计（2017年、2012年）。

图7-6 2008—2017年新加坡财产险离岸再保险市场总保费的区域构成状况

表7-24 2008—2017年新加坡财产险离岸再保险市场总保费的区域构成占比状况

单位：百万美元、%

国家及地区	2008年		2009年		2010年		2011年		2012年	
	保费收入	比重	保费收入	比重	保费收入	比重	保费收入	比重	保费收入	比重
澳大利亚	268.0	11.2	294.9	11.0	395.8	12.9	656.3	17.7	783.9	20.9
中国	419.9	17.5	466.4	17.4	637.8	20.7	710.5	19.2	595.2	15.9
中国香港	49.3	2.1	52.2	1.9	45.9	1.5	35.7	1.0	30.9	0.8
印度	191.8	8.0	243.1	9.1	253.8	8.2	346.5	9.4	358.3	9.6
印度尼西亚	235.8	9.8	209.6	7.8	244.7	7.9	311.6	8.4	272.8	7.3
日本	267.6	11.2	422.5	15.8	445.0	14.5	482.7	13.0	525.8	14.0
菲律宾	80.4	3.4	91.2	3.4	99.0	3.2	120.9	3.3	148.8	4.0
韩国	236.1	9.9	268.5	10.0	318.5	10.3	388.4	10.5	300.4	8.0
泰国	133.6	5.6	130.4	4.9	140.1	4.6	188.3	5.1	315.2	8.4
中国台湾	105.9	4.4	104.1	3.9	94.8	3.1	58.1	1.6	56.1	1.5
其他地区	407.1	17.0	397.0	14.8	403.9	13.1	400.9	10.8	361.5	9.6
国家及地区	2013年		2014年		2015年		2016年		2017年	
	保费收入	比重	保费收入	比重	保费收入	比重	保费收入	比重	保费收入	比重
澳大利亚	598.8	15.4	642.5	15.1	1160.1	23.2	756.2	15.4	501.7	11.1
中国	610.1	15.7	726.9	17.1	741.6	14.9	695.8	14.2	859.9	19.0

续表

国家及地区	2013年		2014年		2015年		2016年		2017年	
	保费收入	比重	保费收入	比重	保费收入	比重	保费收入	比重	保费收入	比重
中国香港	57.6	1.5	83.4	2.0	85.6	1.7	91.6	1.9	118.8	2.6
印度	436.4	11.2	603.4	14.2	485.6	9.7	804.0	16.4	439.0	9.7
印度尼西亚	309.5	8.0	318.5	7.5	332.9	6.7	268.0	5.5	229.5	5.1
日本	450.0	11.6	444.0	10.5	434.3	8.7	493.4	10.1	459.3	10.2
菲律宾	162.7	4.2	182.1	4.3	190.2	3.8	160.2	3.3	142.4	3.2
韩国	327.0	8.4	379.4	8.9	376.4	7.5	373.5	7.6	332.7	7.4
泰国	376.1	9.7	373.3	8.8	456.0	9.1	486.1	9.9	562.9	12.5
中国台湾	63.0	1.6	68.4	1.6	84.8	1.7	67.1	1.4	66.6	1.5
其他地区	493.2	12.7	422.1	9.9	643.1	12.9	699.3	14.3	806.9	17.9

资料来源：MAS 保险年度统计（2017年、2012年）。

由表 7-24 可见，新加坡离岸财产险再保险业务的前五位来源国及地区是中国、澳大利亚、印度、日本、韩国，来自东盟内部的印度尼西亚、菲律宾、泰国占比也较高，这从另一个侧面印证了新加坡的离岸业务是立足于周边领域，而后才是面向全球，东盟的"10+X"是新加坡离岸业务最为倚仗的机制。

2. 寿险市场构成

（1）经营主体构成

根据前文"（1）整体寿险业务比较"中的解释，不予讨论新加坡寿险原保险市场业务，只讨论再保险市场业务。

截至 2017 年 12 月 31 日，新加坡离岸寿险市场中，再保险经营主体共有 10 家，离岸再保险经营主体数量与在岸相差不大（11家）。但离岸与在岸的再保险经营主体数量都远不如原保险业务经营主体多，这体现出与财产险市场不同的特点，在财产险市场中再保险经营主体数量可达原保险的三分之一。2017 年新加坡寿险市场离岸再保险各经营主体业绩情况如表 7-25 所示。

表 7-25　　2017 年新加坡寿险市场离岸再保险各经营主体业绩状况　　单位：百万美元

公司名称	保单估值		现值估值					
	保额	办公费	费用	成本	保费收入	垫付	准备金	合计
ALLIANZ SE	36180591	139356	474381	8819	465668	8535	0	26068
ASIA CAPITAL RE	0	0	0	0	0	0	0	0
GENERAL RE	0	87429	305065	34283	326506	32487	7062	52391
MAPFRE RE	0	0	0	0	0	0	0	0
MUNICH RE	156373303	1550939	7970529	128231	8461936	207424	429087	273335

续表

公司名称	保单估值		现值估值					
	保额	办公费	费用	成本	保费收入	垫付	准备金	合计
PACIFIC LIFE RE	37322387	86545	928691	307386	1381291	153266	78808	86859
PARTNER RE ASIA	13372007	36801	254200	13094	211062	46020	5484	107736
RGA INTL	0	0	0	0	0	0	0	0
SCOR GLOBAL	353060079	805178	576307	2136	0	69611	0	648054
SWISS RE	143289715	259442	1117848	73237	1422669	217741	276494	262651

注：数据为估值，截止日期为2017年12月31日。

资料来源：MAS保险年度统计（2017年）。

新加坡寿险市场（在岸市场）中有1家中资寿险企业，是中国人寿保险（新加坡）有限公司，2015年保费收入为11.4万新加坡元，占比接近0.00%，2016年保费收入为3001.4万新加坡元，占比0.18%，2017年保费收入为5359.7万新加坡元，占比0.16%。

（2）险种构成

既然只分析再保险市场业务，则无有关险种构成的讨论基础，因为再保险只有一个险种，即再保险分入业务，也可以说从险种构成上是再保险占比100%。

（3）区域构成

由于数据获取原因，本部分略。

四、新加坡离岸人民币业务发展现状及分析

在境内交易的人民币是在岸人民币，相对地，在境外交易的人民币是离岸人民币。交易出去的人民币并不能完全通过交易"回来"，而在国内人民币与外币的兑换也是有额度限制的，因此一些通过外贸生意流到境外的人民币有部分是"回不来"的，这些"回不来"的人民币就在境外形成了离岸人民币市场。人民币的汇率目前不是自由浮动的，在岸人民币汇率受央行政策影响较大，而离岸人民币汇率则是由市场的供给和需求决定的。

（一）新加坡离岸人民币业务的发展制度进程

1. 新加坡离岸人民币业务整体进程

新加坡一直支持人民币国际化，推动人民币在本区域的广泛使用，积极发展离岸人民币业务。2012年，中国工商银行新加坡分行和中国银行新加坡分行获批为合格全牌照银行；2013年，中国工商银行新加坡分行授权担任人民币清算银行，成为大中华区之外的第一家人民币清算银行；同年，中国人民银行和新加坡金融管理局的双边货币互换协议规模增加一倍至3000亿元人民币；2014年，中国外汇交易中心开展人民币对新加坡元直接交易；2015年，新加坡的人民币合格境外投资者额度扩大至1000亿元人民币；2016

年,新加坡金融管理局把人民币纳入官方外汇储备;2017年,新加坡成为大中华区之外最大的跨境人民币收付的离岸人民币中心;同年,人民币成为新加坡的五大交易外汇之一。

2. 新加坡离岸人民币业务进程的具体制度进程

鉴于人民币国际化步伐的加快,借助人民币有助于提升区域金融中心的地位,新加坡积极发展离岸人民币业务,近年来采取了一系列制度及措施安排,成为重要的人民币离岸中心。

(1) 2012年10月,中国工商银行新加坡分行和中国银行新加坡分行获批为合格全牌照银行。当年7月,中国—新加坡自由贸易协定(CSFTA)签署增强银行服务承诺,中国工商银行和中国银行的新加坡分行获得了符合条件的全银行特权,自2012年10月5日起生效。特许全面银行是新加坡金融监管部门颁发给外国银行的最高类别的牌照,拥有该牌照的银行在新加坡被赋予明显的经营优势,这是新加坡首次向中资银行发放特许全面银行牌照。

(2) 2013年2月,中国人民银行在新加坡任命人民币清算银行。2013年2月8日,新加坡金融管理局正式宣布,中国工商银行新加坡分行已被任命为新加坡人民币清算银行。新加坡人民币清算银行的任命是中国人民银行与新加坡金融管理局之间日益增长的金融合作的重要里程碑,将使新加坡金融中心在促进人民币更多地用于贸易、投资和其他方面发挥有益作用。

(3) 2013年4月,新加坡金融管理局与中国人民银行签署人民币业务合作谅解备忘录。根据谅解备忘录,新加坡金融管理局和中国人民银行将密切合作,审查新加坡的人民币业务和清算安排。两家中央银行还同意定期举行对话,审查人民币流动性状况,并讨论有关人民币市场稳定性的问题。中国人民银行还与中国工商银行新加坡分行签署了人民币清算协议。中国人民银行于2013年2月8日任命中国工商银行新加坡分行为新加坡人民币清算银行后,中国工商银行新加坡分行现已获准在未来五年内向参与银行及其客户提供人民币清算服务。这些发展将有助于人民币用于跨境贸易和其他经济交易,并增加人民币在该地区的可及性。这些反映了新加坡与中国之间强大的金融服务合作。

(4) 2013年5月,新加坡金融管理局就中国人民币外汇兑换的监管要求提供咨询。2013年5月2日新加坡金融管理局(MAS)发布了一份咨询文件,内容涉及新加坡参与银行和商业银行通过新加坡人民币清算银行在中国进行外汇兑换的监管要求。作为人民币清算安排的一部分,中国人民银行授予新加坡人民币清算银行人民币外汇兑换额度,允许参与银行和商业银行通过新加坡人民币清算银行在中国进行外汇兑换,结算符合条件的跨境贸易。新加坡金融管理局的咨询文件规定了新加坡参与银行和商业银行在进行外汇兑换时必须遵守的监管要求。

(5) 2013年10月,新加坡同中国就加强金融部门发展和监管合作的新举措达成一致。在第10届双边合作联合委员会(JCBC)上,新加坡和中国就加强金融部门发展和监管合作的新举措达成一致,新举措将进一步促进通过新加坡人民币的国际使用,具体内容是：第一，中国将把人民币合格境外机构投资者（RQFII）计划扩展到新加坡，总配额为人民币 500 亿元。这将允许合格的新加坡机构投资者将离岸人民币从新加坡引入中国证券市场。RQFII 许可证持有人还可以使用新额度向新加坡的广大投资者发行人民币投资产品。RQFII 计划将有助于使中国资本市场的投资者基础多样化，并促进人民币的投资。第二，根据新的人民币合格境内机构投资者计划，新加坡将被视为投资目的地之一。这将允许合格的中国机构投资者使用人民币投资新加坡的资本市场。该措施将有助于扩大中国投资者可用资产的范围，以及新加坡资本市场的投资者基础。第三，中国和新加坡将引入人民币与新加坡元之间的直接货币交易。进一步的细节将另行公布。第四，正在研究新措施，以允许新加坡与苏州工业园区（SIP）以及天津生态城（TEC）之间的人民币跨境流动。

同时，新加坡和中国也宣布了加强监管合作的措施，具体内容是：第一，相关机构正在讨论促进获得监管部门批准的中国注册公司直接在新加坡上市，而不是通过在中国境外注册的实体。第二，新加坡交易所与上海期货交易所签署谅解备忘录，以加强商品衍生品联合开发方面的合作。第三，新加坡和中国同意通过就共同感兴趣的主题进行交流和对话，加强在国际监管问题上的协调，加强银行监管问题的合作。这些新举措以 2013 年早些时候达成的协议为基础，包括签署新加坡金融管理局（MAS）与中国人民银行（PBC）之间的人民币业务合作谅解备忘录，以及加强双边互换协议。这两家中央银行为 2013 年 5 月在新加坡推出人民币清算职能铺平了道路。

（6）2014 年 1 月，新加坡许可证申请开放在中国证券市场投资离岸人民币。新加坡金融管理局（MAS）于 1 月 24 日宣布，符合条件的金融机构可以提交人民币合格境外机构投资者（RQFII）许可申请，使这些机构能够提供人民币投资产品并投资离岸人民币进入中国证券市场。申请将通过经批准的托管银行向中国证券监督管理委员会（CSRC）提出。所有经 MAS 批准进行基金管理活动的新加坡金融机构均可申请许可。根据中国的 RQFII 计划，新加坡的总配额为人民币 500 亿元。该计划将刺激更广泛的人民币产品和服务的发展，以满足投资需求。

（7）2014 年 7 月，新加坡通过促进人民币国际使用的新举措。新加坡金融管理局于 2014 年 7 月 1 日启动向新加坡金融机构提供隔夜人民币流动性工具。中国银行（PBC）南京分行将允许苏州工业园区（SIP）的合格企业和个人与新加坡进行跨境人民币交易。这两项举措进一步促进人民币的国际使用，促进新加坡人民币离岸市场的增长。

隔夜人民币流动性融资将在任何一天提供高达人民币 50 亿元的隔夜资金。新加坡人民币市场发展迅速，该机构将进一步巩固市场信心，为金融机构提供短期人民币融资需求的保证。该设施补充了现有的 MAS 人民币设施，允许银行在贸易、直接投资和市场稳定目的的基础上借入人民币资金。随着新加坡人民币活动量的增加，隔夜人民币流动性融资将有助于缓解金融机构的日终融资压力。这将为新加坡人民币活动的持续扩张提供有利环境。

SIP 跨境人民币计划是 2013 年 10 月 22 日第 10 届双边合作联合委员会达成的加强中

新金融合作协议的一部分。PBC 的指令将允许一系列跨境交易：第一，新加坡银行可以向 SIP 的企业进行跨境人民币贷款。第二，SIP 的企业可以在新加坡发行人民币债券。第三，SIP 的股权投资基金可以对新加坡的企业进行直接投资。第四，SIP 的个人可以在中国和新加坡之间进行人民币汇款，用于结算经常账户交易和直接投资新加坡的公司。新加坡与 SIP 之间引入跨境人民币渠道，将有助于为在 SIP 工作的公司提供更多融资，鼓励对新加坡企业的直接投资，并扩大可以开展的人民币活动范围。

（8）2014 年 7 月，新加坡允许中新天津生态城之间的跨境人民币流动。2014 年 7 月 9 日，新加坡金融管理局欢迎中国人民银行（PBC）天津分行今天发布的指令，该指令将允许中新天津生态城（SSTEC）的合格企业和个人进行跨境人民币与新加坡金融机构和企业的交易。该举措将有助于在该地区更多地使用人民币，并有助于新加坡离岸人民币市场的增长。中国人民银行天津分行的举措类似于 2014 年 6 月 13 日中国人民银行南京分行为中新苏州工业园区宣布的跨境人民币规则。这两项举措都是新加坡与中国于 2013 年 10 月举行的第 10 届双边合作联合委员会关于加强经济和金融合作的更广泛协议的结果。中国人民银行天津分行的指令将允许：第一，新加坡银行向中新天津生态城的企业提供人民币。第二，中新天津生态城的企业在新加坡发行人民币债券。第三，中新天津生态城的股权投资基金用于直接投资新加坡和东盟地区。第四，中新天津生态城的个人进行人民币汇款以结算往来账户和直接投资交易。

（9）2014 年 10 月，新中两国通过新举措进一步加强金融合作。2014 年 10 月 27 日，在苏州举行的第 11 届双边合作联合委员会（JCBC）会议上，新加坡和中国同意通过离岸人民币市场、资本市场和保险领域的新举措，进一步加强金融合作。会议上商定的两项举措将加强新加坡与中国之间的经济和金融联系，进一步促进人民币在贸易和投资方面的国际使用：第一，人民币与新加坡元之间的直接货币交易将于 2014 年 10 月 28 日开始。这将降低外汇交易成本，并鼓励在跨境贸易和投资中更多地使用这两种货币。第二，新加坡建议允许在中国注册的金融机构直接在新加坡发行以人民币计价的债务工具。这将有助于中国金融机构的长期融资多元化，允许它们进入新加坡的国际机构投资者基础。

新加坡和中国也同意加强在资本市场和保险领域的合作。新加坡金融管理局（MAS）和中国证券监督管理委员会（CSRC）将研究加强新加坡与中国衍生品市场合作的措施。新加坡金融管理局和中国保险监督管理委员会将探讨巨灾风险保险领域的合作举措。这些新的合作领域将扩大新加坡与中国之间的金融关系，并有利于两国交流。以往金融合作举措的成功实施产生了显著效益。来自中新苏州工业园区和中新天津生态城的约 30 家公司通过跨境人民币贷款计划向新加坡银行借款近 20 亿元人民币。7 家新加坡机构投资者已获得中国证监会批准参加人民币合格境外机构投资者计划。金融合作已成为中新双边关系的支柱。第 11 届双边合作联合委员会会议上成功实施的金融合作举措和新的合作领域，证明了 MAS 与中国同行之间的良好关系。随着中国进行结构转型和金融改革，两国之间的金融合作将变得越来越重要，互利互惠。

（10）2015 年 10 月，新加坡与中国就促进人民币业务的新举措达成一致。2015 年

10 月 13 日，在第 12 届双边合作联合委员会（JCBC）上，新加坡和中国同意通过新加坡进一步促进人民币国际使用的新举措。新举措将拓宽新加坡与中国之间的跨境人民币渠道，具体内容为：第一，新加坡与中国—新加坡苏州工业园区（SIP）和新加坡—中国天津生态城（SSTEC）之间现有的跨境人民币计划将扩展至苏州和天津。这意味着新加坡的银行将能够向苏州和天津的企业提供人民币贷款，苏州和天津的企业将能够在新加坡发行人民币债券。这将为苏州和天津的企业提供更多的融资选择，并为新加坡的金融机构和投资者提供额外途径，以便在新加坡部署不断增长的人民币流动性。第二，苏州和天津的企业将被允许从在新加坡发行的债券中收回 100% 的收益。这种更大的灵活性将为苏州和天津的企业在新加坡筹集人民币资金提供更强的激励。第三，SIP 的企业将被允许从新加坡公司借款。这将促进 SIP 企业通过新加坡进行海外扩张，并为它们提供更强大的动力，在新加坡设立财务中心。第四，中新天津生态城的合格私人银行将获准从新加坡银行借款。这将为中新天津生态城的私营银行发展提供支持，并允许中新天津生态城的银行与新加坡的银行建立商业关系。此外，新加坡支持将人民币纳入国际货币基金组织（IMF）特别提款权一篮子货币。

（11）2015 年 11 月，中新两国承诺加强跨境人民币流动以及资本市场间的联系与合作。2015 年 11 月 9 日，新加坡宣布了三项重点举措，进一步拓展跨境人民币流动渠道，丰富生态系统，支持中国境外人民币的更多使用。第一，中国和新加坡同意向重庆市提供与苏州和天津相同的跨境人民币计划。这意味着，新加坡的银行将被允许向重庆的公司提供人民币，而重庆的公司可以在新加坡发行人民币债券并全额汇回所得款项。增强的跨境渠道将有助于进一步推动新加坡的人民币活动。它们还将为中国企业提供更多种类的融资解决方案，并有助于加强新加坡与中国西部地区之间的金融联系。第二，新加坡人民币合格境外机构投资者（RQFII）计划的配额将从人民币 500 亿元增加一倍至 1000 亿元人民币。这是为了回应新加坡资产管理公司和投资者对在中国投资的强烈兴趣。这个更大的配额将允许新加坡更多的基金经理为投资者提供更广泛的人民币基金产品。它还将有助于为中国的资本市场带来更大的流动性，并有助于扩大其投资者基础。第三，新加坡金融管理局（MAS）和中国人民银行同意续签和加强两个中央银行之间建立的双边货币互换安排（BCSA）。现有的 PBC – MAS BCSA 于 2013 年 3 月签署，并将于 2016 年 3 月到期。通过为市场参与者提供及时的流动性支持，随着新加坡人民币市场的持续增长，更强大的 BCSA 将有助于巩固市场信心。

新加坡与中国金融合作议程的一个新方面是加强资本市场合作的协议，两项具体举措将有助于推动这一进程：第一，双方同意在新加坡金融管理局（MAS）和中国证券监督管理委员会（CSRC）之间定期举行高层对话。这将有助于两个监管机构就影响各自资本市场的监管问题交换意见并达成共识。第二，MAS 和 CSRC 同意探索产品合作以扩大资本市场产品。凭借更大的资本市场连通性，新加坡将有能力支持中国"一带一路"倡议下的中国政策性银行，满足企业和投资者的需求。

（12）2016 年 3 月，新加坡允许与重庆之间的跨境人民币流动。2016 年 3 月 25 日，新加坡金融管理局欢迎中国人民银行重庆运营办公室（PBC 重庆）采取行动，允许重庆的合格企业和个人与金融机构进行跨境人民币（RMB）交易。中国人民银行将允许：第一，重庆的企业在新加坡发行人民币债券，并全额汇回募集资金。除重庆外，筹集的资金可用于本市以外的中国西部地区经济活动和基础设施的发展。第二，重庆股权投资基金在中国境外直接投资，包括新加坡和东盟地区。第三，重庆个人向新加坡汇款以结算往来账户交易。该举措将促进该地区人民币的更多使用，并有助于新加坡离岸人民币市场的增长。它还将加强重庆和新加坡之间的金融连通性。这将有助于实现在 2015 年 11 月宣布的中国—新加坡（重庆）战略连通性示范倡议下，加强中国西部地区现代连通性和服务的目标。

（13）2016 年 6 月，新加坡金融管理局（MAS）宣布将把人民币金融投资作为其官方外汇储备（OFR）的一部分。此举旨在确认中国金融市场的稳定和校准自由化，以及人民币资产在全球机构投资者组合中的接受程度。自 2012 年以来，MAS 一直通过中国的合格境外机构投资者和银行间债券市场计划进行人民币金融投资。投资中国为 MAS 提供投资组合多元化收益。尽管 MAS 是外国资产的一部分，但由于此前对这些资金的遣返存在限制，因此无法将这些投资纳入 OFR。在过去一年中，中国已采取重大举措，为外国机构投资者开放外汇市场和证券市场。例如，大多数外国机构投资者获得了进入中国银行间债券市场的机会，并取消了投资配额。对入境和出境汇款的限制已经解除，现在不需要事先批准汇回投资于中国银行间债券市场的资金。国际货币基金组织于 2015 年 11 月宣布人民币符合可自由使用货币的标准，因此将于 2016 年 10 月 1 日起纳入特别提款权篮子。将人民币资产纳入 MAS 的 OFR 是及时的，过去一年中国经过校准的金融自由化已经鼓励人们越来越多地接受人民币。一个例子是中国和新加坡 2015 年 11 月宣布的一系列举措，旨在进一步扩大跨境人民币流动渠道，支持人民币在中国境外的更多使用。

（14）2016 年 11 月，新加坡将和上海在亚洲金融格局中增强协同作用。新加坡金融管理局副总裁 Jacqueline Loh 于 2016 年 11 月 30 日在上海举行的第二届上海—新加坡金融论坛上发表了主题演讲，以下是演讲内容中关于新加坡离岸人民币业务的有关内容：新加坡金融管理局（MAS）和上海市金融服务办公室（FSO）希望两个城市能够共同努力，在未来建立更强大、更加面向未来的伙伴关系。这对于上海和新加坡都很重要，上海和新加坡是快速发展的亚洲金融格局中的国际金融中心。

双方 2016 年提出的关键举措主要有：第一，新加坡采取了重要措施，加深了对中国市场的承诺。2016 年 1 月，MAS 是第一批签约参与中国银行间外汇市场的中央银行和主权财富基金之一。此外，第三个中新政府对政府项目在重庆启动。2016 年 6 月，MAS 宣布将人民币投资纳入新加坡官方外汇储备。这是为了表彰中国金融市场稳定和经过校准的自由化，以及人民币资产在全球机构投资者组合中日益被接受。第二，加强了监督合作。2016 年 4 月，首届中国证券监督管理委员会（证监会）—MAS 监管圆桌会议就监管资本市场活动交换了意见和看法。2016 年 7 月，中国保险监督管理委员会（CIRC）和新加坡金融管理局组织了第一次交流会，以促进在保险领域进行更深入的双边讨论。

展望未来，上海和新加坡在一些领域的协同和合作潜力很大：第一，与上海当局就自由贸易区或试点财务政策进行合作。作为一个重要的离岸人民币中心，新加坡一直支持中国的金融自由化和国际化政策。新加坡金融机构热衷于与上海当局和金融机构合作。它们深刻的国际和东盟经验有助于有效校准试点计划。新加坡参与实施试点的一些好例子包括2014年2月，在中国人民银行宣布支持上海自贸区更多跨境人民币交易后不久，中国工商银行新加坡分行向上海自贸区内的公司提供了两笔跨境人民币贷款。2015年10月，星展银行（中国）有限公司成为首批入选上海跨境国际支付系统（CIPS）的银行之一。除银行业外，新加坡资本市场参与者还可以与上海当局合作，试行与资产管理和证券领域相关的金融政策。第二，加强"一带一路"的伙伴关系。中国的主要金融机构已经在这方面与新加坡密切合作。过去两年，它们在新加坡大大扩展了与BRI相关的活动。中国和新加坡的金融机构正在利用彼此的优势来帮助中国企业"走出去"。例如2015年6月，中国银行（BOC）在新加坡发行了四种货币"丝绸之路"债券，其中包括5亿新加坡元和50亿元人民币。2016年8月，中国建设银行（CCB）在新加坡交易所（SGX）上市首只人民币10亿元的BRI基础设施债券。2016年9月，中国工商银行（ICBC）与新加坡交易所（SGX）签署协议，支持希望在新加坡交易所上市股票或债券的中国公司。双方还将探讨在新加坡交易所上市的人民币计价合约的衍生品交易、债券交易和做市的合作。相信上海和新加坡有很多机会加深在这方面的合作，两个金融中心之间的BRI相关合作将成为未来新亚洲金融格局的一个显著标志。

（15）2017年4月，新加坡—上海金融论坛将金融合作推向新的高度。2017年4月12日，新加坡金融管理局（MAS）和上海市金融服务办公室（SFSO）在新加坡举办了第三届新加坡—上海金融论坛（SSFF）。SSFF是年度论坛，汇集了来自新加坡和上海的行业参与者，讨论相关的市场发展并探索金融合作机会。在SSFF的第一次会议上，新加坡与上海的金融机构和企业签署了9份谅解备忘录（MOU）。上海浦东发展银行与新加坡交易所签署协议，深化资本市场合作，鼓励更多中国企业进军新加坡资本市场。华侨银行和上海银行也承诺密切合作，扩大跨多个业务的合作。大华银行和Nufin Data Private Limited进一步同意共同开发数据分析解决方案，以更有效地服务于上海和中国其他地区的银行客户。经过多年的发展，上海已成为中国最大的金融中心，为全球人民币中心奠定了基础。面对不断变化的全球金融世界秩序带来的新机遇和挑战，上海和新加坡可以深化人民币国际化、发展"一带一路"和加强金融科技能力三个领域的合作。

（16）2018年9月，新加坡和中国在金融合作方面取得了新的里程碑。2018年9月20日，在第14届双边合作联合委员会（JCBC）上，新加坡和中国在金融合作方面取得了新的里程碑，双方讨论了加深现有合作和扩大合作领域的方法。正在进行的合作促进人民币在该地区的使用取得了良好的效果。根据人民币存款、贸易融资和清算活动，新加坡仍然是全球三大离岸人民币中心之一。人民币也是新加坡交易的前五大外币之一。新加坡—中国金融合作的下一阶段将集中在四个方面：第一，加强监督合作。两国金融当局承诺加强监管合作，因为两国的金融机构和投资者增加了彼此市场的活动。加强的监督合作将有助于更深入地了解彼此的监管方法，并在必要时促进更有效的跨境监管和监管监督。双方还将通过定期的高层对话和工作人员互访加强双边合作。第二，增强财务连通性。为了支持投资者在中期内越来越多地参与彼此的市场，双方将探讨可以促进此类投资流动的可能举措。第三，扩大金融科技合作。在快速变化的全球金融格局以及新加坡和中国金融科技活动的快速增长中，两国的金融机构正在扩大金融科技事务方面的合作。这包括促进有关金融科技发展和风险的信息交流，以及就跨境金融科技活动提供监管合作。第四，支持"一带一路"倡议。中国的"一带一路"倡议与东盟的基础设施融资和发展倡议相吻合，潜力很大。特别是，新加坡的亚洲基础设施可以为中国的基础设施开发商和金融机构提供一个开放的平台，以便与新加坡的相关参与者合作，并参与支持东盟需求的区域基础设施项目。

（17）2018年11月，新加坡将拓展和深化沪新合作。新加坡金融管理局副总裁 Jacqueline Loh 于2018年11月27日在第四届上海—新加坡金融论坛上发表主题演讲，以下是演讲内容中关于新加坡离岸人民币业务的有关内容：2018年9月，国务院副总理韩正访问新加坡，参加第14届双边合作联合委员会（JCBC），双方的金融机构肯定了双方在人民币国际化方面合作奠定的坚实基础。未来五年，期待与中国进行更广泛和更深入的金融合作，在更多领域实现更多里程碑，包括"一带一路"、资本市场连通性、人民币国际化和金融科技合作。作为亚洲的国际金融中心和世界上最大的离岸人民币中心之一，新加坡可以在融资和推进"一带一路"项目中发挥关键作用，特别是在东南亚。上海浦东发展银行于2018年10月在新加坡开设了第一家海外商品中心，为全球商品业务提供与商品相关的金融服务和解决方案。新加坡银行也正在与上海银行开展 BRI 合作。新加坡大华银行于2018年9月与上海浦东发展银行签署谅解备忘录，为希望利用 BRI 机遇的公司提供服务，提供涵盖投资咨询、跨境人民币交易、银团贷款项目和贸易融资以及现金结算的金融解决方案。

（二）新加坡离岸人民币业务发展现状

新加坡金融监管部门十分重视发展离岸人民币业务：第一，MAS 的首要任务是确保发展稳定高效的人民币基础设施，以支持不断增长的人民币数量和活动，满足新加坡和该地区客户的需求。第二，鉴于新加坡作为跨国公司的枢纽，为维持区域资金管理中心，必须推动人民币存款增长。第三，在贸易融资方面，到新加坡人民币信用证贴现的增长强劲，反映了出口商（如新加坡和该地区的国际商品交易商）越来越多地接受以人民币计价的付款。新加坡金融监管部门也在工作时采取具体措施，主要集中在三个方面：首先，寻求拓宽和深化新加坡的人民币生态系统。虽然在人民币贸易融资活动中获得了强大的吸引力，但更希望在资本市场和资产管理领域促进更大的活动。随着时间的推移，必须推出更广泛的人民币产品，以满足区域和国际投资者的需求。新加坡现已进一步扩大其现有的外汇（FX）期货套票，以包括人民币货币期货。人民币货币期货为投资者提供额外工具，以在透明和受监管的平台上对冲外汇风险。其次，促进新加坡金融机构的跨境市场准入,以满足苏州工业园区(SIP)和天津生态城(TEC)企业的人民币融资和投资需求。这一举措补充了新加坡与每个区域建立的密切经济联系,并反映了人民银行承诺提供适当的融资安排以支持实际经济活动。最后,通过开发人民币实时总结算(RTGS)系统加强人民币市场的基础设施,有助于提高新加坡人民币支付结算的效率。在新加坡开发人民币即时支付结算系统将使金融机构和市场参与者充满信心,新加坡人民币数量和活动的长期增长得益于强大的基础设施。

1. 新加坡离岸人民币储备业务现状

新加坡积极开展人民币离岸业务,离岸人民币业务如今成为其继ADM、ACU后离岸业务及金融中心的又一重要组成部分,目前人民币存款业务情况良好(见表7-26)。新加坡是亚洲美元市场和亚洲本币市场的重要交易中心,作为东盟人民币交易中心,新加坡的人民币储备水平可满足东盟国家与中国的贸易和投资的人民币金融业务需求,并发挥其作为东南亚商品交易中心的地位,推动东盟大宗商品中的天然橡胶和棕榈油国际交易以人民币作为计价和结算货币。新加坡为人民币首先推进了"东盟化",为人民币国际化进程发挥了突出作用。

表7-26　　　　　新加坡近年各期末人民币存款水平　　　　单位:10亿元人民币

月份	2013年	2014年	2015年	2016年	2017年	2018年
3月	—	205	196	164	127	139
6月	133	224	234	142	138	136
9月	149	223	225	120	139	132
12月	186	230	189	126	152	—

注:存款数据在2015年12月进行调整,以反映金融机构重新提交的数据。
资料来源:Monetary Authority of Singapore Statistics。

2. 新加坡元对人民币汇率发展现状

新加坡元对人民币汇率严格来说并不属于离岸人民币业务,但人民币对新加坡元近年来不断升值,毫无疑问是受到了新加坡离岸人民币业务发展的影响,这也彰显了中国的经济实力。以2011年4月新加坡国务资政吴作栋访华,新加坡正式加入人民币离岸市场竞争这一事件,作为研究的时间节点(起点),持续观察至今(2019年3月31日),以"星期"为时间频次,新加坡元对人民币的历史汇率情况如表7-27所示。

表 7－27　　　　　　　　　近年来新加坡元对人民币汇率情况　　　　　　　　　单位：元、%

年份	日期	开盘价	收盘价	变化率	日期	开盘价	收盘价	变化率	日期	开盘价	收盘价	变化率	日期	开盘价	收盘价	变化率
2011	—	—	—	—	4.03	5.1945	5.1991	0.06	7.03	5.2698	5.2957	0.48	10.02	4.8735	4.9084	0.55
	—	—	—	—	4.10	5.1972	5.2543	1.06	7.10	5.2884	5.2997	0.08	10.09	4.9099	5.0403	2.69
	—	—	—	—	4.17	5.2561	5.2691	0.28	7.17	5.2985	5.3350	0.67	10.16	5.0382	5.0152	-0.50
	—	—	—	—	4.24	5.2686	5.3014	0.61	7.24	5.3338	5.3468	0.22	10.23	5.0116	5.12	2.09
	—	—	—	—	5.01	5.3062	5.2374	-1.21	7.31	5.3495	5.2927	-1.01	10.30	5.1142	5.0111	-2.13
	—	—	—	—	5.08	5.2359	5.2172	-0.39	8.07	5.3127	5.2707	-0.42	11.06	5.0138	4.9527	-1.17
	—	—	—	—	5.15	5.2061	5.2431	0.50	8.14	5.2802	5.2853	0.28	11.13	4.9606	4.894	-1.19
	—	—	—	—	5.22	5.2420	5.2524	0.18	8.21	5.2871	5.3094	0.46	11.20	4.8919	4.8584	-0.73
	—	—	—	—	5.29	5.2507	5.2698	0.33	8.28	5.3076	5.3037	-0.11	11.27	4.8853	4.9493	1.87
	—	—	—	—	6.5	5.2684	5.2362	-0.64	9.04	5.2941	5.1996	-1.96	12.04	4.9603	4.9306	-0.38
	—	—	—	—	6.12	5.2390	5.2442	0.15	9.11	5.1952	5.1439	-1.07	12.11	4.9275	4.8694	-1.24
	—	—	—	—	6.19	5.2418	5.2272	-0.32	9.18	5.1247	4.9215	-4.32	12.18	4.8639	4.8939	0.50
	—	—	—	—	6.26	5.2294	5.2703	0.82	9.25	4.9290	4.8817	-0.81	12.25	4.8926	4.8527	-0.84
2012	1.01	4.8519	4.8781	0.52	4.01	5.0267	5.0017	-0.11	7.01	5.0194	5.0027	-0.39	10.07	5.1114	5.1276	0.30
	1.08	4.8773	4.8820	0.08	4.08	4.9998	5.0499	0.96	7.08	4.9973	5.0420	0.79	10.14	5.1293	5.1196	-0.16
	1.15	4.8725	4.9819	2.05	4.15	5.0497	5.0534	0.07	7.15	5.0466	5.0748	0.65	10.21	5.1156	5.119	-0.01
	1.22	4.9725	5.0619	1.61	4.22	5.0491	5.0993	0.91	7.22	5.0675	5.1149	0.79	10.28	5.1180	5.0966	-0.44
	1.29	5.0603	5.0745	0.25	4.29	5.0955	5.0667	-0.64	7.29	5.1136	5.1308	0.31	11.04	5.0970	5.1027	0.12
	2.05	5.0661	4.9936	-1.59	5.06	5.0497	5.0367	-0.59	8.05	5.1272	5.1116	-0.37	11.11	5.0971	5.0834	-0.38
	2.12	5.0052	5.0099	0.33	5.13	5.0329	4.9623	-1.48	8.12	5.1075	5.0720	-0.77	11.18	5.0806	5.095	0.23
	2.19	5.0259	5.0168	0.14	5.20	4.9678	4.9510	-0.23	8.19	5.0698	5.0825	0.21	11.25	5.0917	5.1026	0.15
	2.26	5.0168	5.0322	0.31	5.27	4.9686	4.9277	-0.47	8.26	5.0809	5.0890	0.13	12.02	5.0970	5.1035	0.02
	3.04	5.0308	5.0301	-0.04	6.03	4.9269	4.9641	0.74	9.02	5.0816	5.1324	0.85	12.09	5.1019	5.1181	0.29
	3.11	5.0243	5.0282	-0.04	6.10	5.0018	5.0091	0.91	9.09	5.1392	5.1775	0.88	12.16	5.1143	5.1029	-0.30
	3.18	5.0238	5.0009	-0.54	6.17	5.0212	4.9814	-0.55	9.16	5.1737	5.1514	-0.50	12.23	5.0990	5.0919	-0.22
	3.25	4.9964	5.0072	0.13	6.24	4.9831	5.0221	0.82	9.23	5.1462	5.1197	-0.62	12.30	5.0909	5.0772	-0.29
	—	—	—	—	—	—	—	—	9.30	5.1182	5.1124	-0.14	—	—	—	—
2013	1.06	5.0756	5.0738	-0.07	4.07	4.9932	5.0064	0.12	7.07	4.7865	4.8621	1.60	10.06	4.9055	4.913	0.04
	1.13	5.0698	5.0629	-0.21	4.14	5.0027	4.9932	-0.26	7.14	4.8632	4.8465	-0.32	10.13	4.9155	4.9201	0.14
	1.20	5.0633	5.0393	-0.47	4.21	4.9912	4.9867	-0.13	7.21	4.8473	4.8500	0.07	10.20	4.9197	4.923	0.06
	1.27	5.0306	5.0197	-0.39	4.28	4.9816	4.9888	0.04	7.28	4.8506	4.8199	-0.62	10.27	4.9226	4.9089	-0.29
	2.03	5.0180	5.0366	0.34	5.05	4.9866	4.9604	-0.57	8.04	4.8198	4.8689	1.02	11.03	4.9033	4.8839	-0.51
	2.10	5.0338	5.0386	0.04	5.12	4.9520	4.8779	-1.66	8.11	4.8662	4.8139	-1.13	11.01	4.8838	4.8871	0.07
	2.17	5.0342	5.0399	0.03	5.19	4.8816	4.8502	-0.57	8.18	4.8131	4.7858	-0.58	11.17	4.8931	4.8751	-0.25
	2.24	5.0295	5.0181	-0.43	5.26	4.8494	4.8523	0.04	8.25	4.7816	4.8000	0.30	11.24	4.8745	4.8552	-0.41
	3.03	5.0069	4.9832	-0.70	6.02	4.8532	4.9108	1.21	9.01	4.8032	4.8042	0.09	12.01	4.8518	4.8674	0.25
	3.10	4.9772	4.9811	-0.04	6.09	4.9117	4.8992	-0.24	9.08	4.8043	4.8208	0.35	12.08	4.8712	4.8369	-0.63
	3.17	4.9671	4.9764	-0.09	6.16	4.8998	4.8060	-1.90	9.15	4.8245	4.8911	1.46	12.15	4.8343	4.7951	-0.86
	3.24	4.9740	5.0069	0.61	6.23	4.8018	4.8402	0.71	9.22	4.8907	4.8712	-0.41	12.22	4.7936	4.7828	-0.26
	3.31	5.0025	5.0006	-0.13	6.30	4.8353	4.7855	-1.13	9.29	4.8708	4.9108	0.81	12.29	4.7834	4.7756	-0.15

续表

年份	日期	开盘价	收盘价	变化率	日期	开盘价	收盘价	变化率	日期	开盘价	收盘价	变化率	日期	开盘价	收盘价	变化率
2014	1.05	4.7751	4.7883	0.27	4.06	4.9325	4.9746	0.80	7.06	4.9782	4.9995	0.44	10.05	4.7883	4.8066	0.40
	1.12	4.7890	4.7411	-0.99	4.13	4.9729	4.9689	-0.11	7.13	4.9983	5.0020	0.05	10.12	4.8031	4.8018	-0.10
	1.19	4.7431	4.7309	-0.22	4.20	4.9695	4.9766	0.15	7.20	5.0031	4.9848	-0.34	10.19	4.7996	4.796	-0.12
	1.26	4.7295	4.7473	0.35	4.27	4.9778	4.9951	0.37	7.27	4.9869	4.9561	-0.58	10.26	4.7935	4.7514	-0.93
	2.02	4.7455	4.7812	0.71	5.04	4.9966	4.9875	-0.15	8.03	4.9532	4.9161	-0.81	11.02	4.7560	4.7509	-0.01
	2.09	4.7809	4.8177	0.76	5.11	4.9878	4.9822	-0.11	8.10	4.9174	4.9366	0.42	11.09	4.7456	4.725	-0.55
	2.16	4.8180	4.8078	-0.21	5.18	4.9830	4.9763	-0.12	8.17	4.9356	4.9249	-0.24	11.16	4.7231	4.712	-0.28
	2.23	4.8078	4.8474	0.82	5.25	4.9787	4.9826	0.13	8.24	4.9223	4.9195	-0.11	11.23	4.7116	4.7099	-0.04
	3.02	4.8477	4.8289	-0.38	6.01	4.9836	4.9939	0.23	8.31	4.9207	4.8986	-0.42	11.30	4.7159	4.6501	-1.27
	3.09	4.8319	4.8613	0.67	6.08	4.9937	4.9642	-0.59	9.07	4.8956	4.8567	-0.86	12.07	4.6472	4.7085	1.26
	3.16	4.8618	4.8847	0.48	6.15	4.9638	4.9842	0.40	9.14	4.8545	4.8465	-0.21	12.14	4.7127	4.7305	0.47
	3.23	4.8887	4.9366	1.06	6.22	4.9810	4.9758	-0.17	9.21	4.8490	4.8067	-0.82	12.21	4.7307	4.6913	-0.83
	3.30	4.9339	4.9351	-0.03	6.29	4.9806	4.9776	0.04	9.28	4.8072	4.7873	-0.40	12.28	4.6893	4.6617	-0.63
2015	1.04	4.6612	4.6559	-0.12	4.05	4.5862	4.5378	-1.08	7.05	4.6105	4.5960	-0.33	10.04	4.4384	4.5466	2.48
	1.11	4.6551	4.6810	0.54	4.12	4.5388	4.6055	1.49	7.12	4.5963	4.5401	-1.22	10.11	4.5497	4.5908	0.97
	1.18	4.6814	4.6315	-1.06	4.19	4.6020	4.6496	0.96	7.19	4.5401	4.5266	-0.30	10.18	4.5892	4.542	-1.06
	1.25	4.6360	4.6177	-0.30	4.26	4.6479	4.6636	0.30	7.26	4.5266	4.5257	-0.02	10.25	4.5397	4.51	-0.70
	2.01	4.6155	4.6150	-0.06	5.03	4.6614	4.6733	0.21	8.02	4.5279	4.4840	-0.92	11.01	4.5078	4.4702	-0.88
	2.08	4.6114	4.6047	-0.22	5.10	4.6759	4.6993	0.56	8.09	4.4867	4.5438	1.33	11.08	4.4698	4.4758	0.13
	2.15	4.6060	4.5978	-0.15	5.17	4.7008	4.6376	-1.31	8.16	4.5434	4.5367	-0.16	11.15	4.4765	4.5187	0.96
	2.22	4.5975	4.6007	0.06	5.24	4.6343	4.5992	-0.83	8.23	4.5370	4.5343	-0.05	11.22	4.5172	4.524	0.12
	3.01	4.6006	4.5461	-1.19	5.31	4.6015	4.5686	-0.67	8.30	4.5346	4.4619	-1.60	11.29	4.5254	4.58	1.24
	3.08	4.5475	4.4947	-1.13	6.07	4.5663	4.6198	1.12	9.06	4.4642	4.5140	1.17	12.06	4.5809	4.5685	-0.25
	3.15	4.4957	4.5003	0.12	6.14	4.6208	4.6524	0.71	9.13	4.5144	4.5468	0.73	12.13	4.5688	4.5877	0.42
	3.22	4.5041	4.5381	0.84	6.21	4.6498	4.6002	-1.12	9.20	4.5442	4.4719	-1.65	12.20	4.5862	4.6095	0.48
	3.29	4.5373	4.5873	1.08	6.28	4.5904	4.6112	0.24	9.27	4.4718	4.4366	-0.79	12.27	4.6070	4.5796	-0.65
2016	1.03	4.5811	4.5721	-0.16	4.03	4.8014	4.7922	-0.08	7.03	4.9470	4.9716	0.51	10.02	4.8938	4.8582	-0.76
	1.10	4.5708	4.5713	-0.02	4.10	4.7877	4.7695	-0.47	7.10	4.9724	4.9629	-0.17	10.09	4.8533	4.8397	-0.38
	1.17	4.5703	4.6012	0.65	4.17	4.7684	4.7992	0.62	7.17	4.9646	4.9165	-0.93	10.16	4.8377	4.854	0.30
	1.24	4.6014	4.6174	0.35	4.24	4.7979	4.8163	0.36	7.24	4.9158	4.9542	0.77	10.23	4.8559	4.8698	0.33
	1.31	4.6172	4.6723	1.19	5.01	4.8201	4.7749	-0.86	7.31	4.9534	4.9421	-0.24	10.30	4.8689	4.8841	0.29
	2.07	4.6749	4.7024	0.64	5.08	4.7759	4.7595	-0.32	8.07	4.9439	4.9315	-0.21	11.06	4.8829	4.8225	-1.26
	2.14	4.7028	4.6413	-1.30	5.15	4.7550	4.7404	-0.40	8.14	4.9311	4.9398	0.17	11.13	4.8242	4.8315	0.19
	2.21	4.6411	4.6476	0.14	5.22	4.7418	4.7577	0.36	8.21	4.9452	4.9091	-0.62	11.20	4.8316	4.8418	0.21
	2.28	4.6466	4.7338	1.85	5.29	4.7538	4.8377	1.68	8.28	4.9081	4.9117	0.05	11.27	4.8453	4.8514	0.20
	3.06	4.7350	4.7298	-0.08	6.05	4.8383	4.8240	-0.28	9.04	4.9123	4.9136	0.04	12.04	4.8521	4.8284	-0.47
	3.13	4.7362	4.7637	0.72	6.12	4.8258	4.8832	1.23	9.11	4.9149	4.8777	-0.73	12.11	4.8255	4.8153	-0.27
	3.20	4.7667	4.7484	-0.32	6.19	4.8857	4.8971	0.28	9.18	4.8758	4.9070	0.60	12.18	4.8158	4.8038	-0.24
	3.27	4.7518	4.7961	1.00	6.26	4.8983	4.9464	1.01	9.25	4.9114	4.8955	-0.23	12.25	4.8087	4.7953	-0.18

续表

年份	日期	开盘价	收盘价	变化率	日期	开盘价	收盘价	变化率	日期	开盘价	收盘价	变化率	日期	开盘价	收盘价	变化率
2017	1.01	4.7949	4.8075	0.25	4.02	4.9269	4.9120	-0.34	7.02	4.9264	4.9243	-0.04	10.01	4.9013	4.8755	-0.53
	1.08	4.8090	4.8360	0.59	4.09	4.9124	4.9261	0.29	7.09	4.9243	4.9406	0.33	10.08	4.8735	4.8769	0.03
	1.15	4.8377	4.8243	-0.24	4.16	4.9279	4.9292	0.06	7.16	4.9413	4.9671	0.54	10.15	4.8768	4.8632	-0.28
	1.22	4.8273	4.8065	-0.37	4.23	4.9415	4.9345	0.11	7.23	4.9628	4.9662	-0.02	10.22	4.8621	4.8712	0.16
	1.29	4.8076	4.8807	1.54	4.30	4.9329	4.9138	-0.42	7.30	4.9648	4.9447	-0.43	10.29	4.8715	4.8639	-0.15
	2.05	4.8775	4.8372	-0.89	5.07	4.9146	4.9135	-0.01	8.06	4.9470	4.8982	-0.94	11.05	4.8632	4.8822	0.38
	2.12	4.8425	4.8398	0.05	5.14	4.9128	4.9709	1.17	8.13	4.8966	4.8944	-0.08	11.12	4.8838	4.8893	0.15
	2.19	4.8419	4.8890	1.02	5.21	4.9667	4.9615	-0.19	8.20	4.8960	4.9058	0.23	11.19	4.8895	4.9074	0.37
	2.26	4.8865	4.8918	0.06	5.28	4.9601	4.9333	-0.57	8.27	4.9067	4.8316	-1.51	11.26	4.9071	4.9134	0.12
	3.05	4.8937	4.8929	0.02	6.04	4.9322	4.9102	-0.47	9.03	4.8319	4.8293	-0.05	12.03	4.9115	4.8964	-0.35
	3.12	4.8928	4.9238	0.63	6.11	4.9102	4.9226	0.25	9.10	4.8312	4.8709	0.86	12.10	4.8944	4.9014	0.10
	3.19	4.9241	4.9206	-0.06	6.18	4.9252	4.9275	0.10	9.17	4.8700	4.8975	0.55	12.17	4.9024	4.8941	-0.15
	3.26	4.9195	4.9288	0.17	6.25	4.9303	4.9264	-0.02	9.24	4.8962	4.9014	0.08	12.24	4.8917	4.8648	-0.60
	—	—	—	—	—	—	—	—	—	—	—	—	12.31	4.8668	4.8911	0.0054
2018	1.07	4.8883	4.8747	-0.34	4.01	4.7854	4.7924	0.11	7.01	4.8579	4.8945	0.75	10.07	4.9702	5.0239	1.14
	1.14	4.8866	4.8480	-0.55	4.08	4.7942	4.7823	-0.21	7.08	4.8895	4.9000	0.11	10.14	5.0210	5.0301	0.12
	1.21	4.8475	4.8328	-0.31	4.15	4.7822	4.7847	0.05	7.15	4.9035	4.9696	1.42	10.21	5.0314	5.0317	0.03
	1.28	4.8377	4.7756	-1.18	4.22	4.7824	4.7843	-0.01	7.22	4.9706	5.0031	0.67	10.28	5.0323	5.0116	-0.40
	2.04	4.7730	4.7357	-0.84	4.29	4.7876	4.7703	-0.29	7.29	5.0024	5.0003	-0.06	11.04	5.0117	5.0442	0.65
	2.11	4.7344	4.8385	2.17	5.06	4.7690	4.7401	-0.63	8.05	4.9980	4.9855	-0.30	11.11	5.0465	5.0557	0.23
	2.18	4.8387	4.8019	-0.76	5.13	4.7438	4.7511	0.23	8.12	4.9884	5.0166	0.62	11.18	5.0548	5.0536	-0.04
	2.25	4.8013	4.8084	0.14	5.20	4.7456	4.7641	0.27	8.19	5.0153	4.9847	-0.64	11.25	5.0564	5.0727	0.38
	3.04	4.8102	4.8092	0.02	5.27	4.7596	4.7970	0.69	8.26	4.9852	4.9783	-0.13	12.02	5.0773	5.0182	-1.07
	3.11	4.8125	4.8078	-0.03	6.03	4.7949	4.7980	0.02	9.02	4.9790	4.9634	-0.30	12.09	5.0191	5.0163	-0.04
	3.18	4.8082	4.8014	-0.13	6.10	4.7965	4.7668	-0.65	9.09	4.9634	4.9985	0.71	12.16	5.0164	5.0239	0.15
	3.25	4.8037	4.7869	-0.30	6.17	4.7681	4.7899	0.48	9.16	4.9984	5.0263	0.56	12.23	5.0285	5.0339	0.20
	—	—	—	—	6.24	4.7905	4.8582	1.43	9.23	5.0245	5.0264	0.00	12.30	5.0338	5.0537	0.39
	—	—	—	—	—	—	—	—	9.30	5.0264	4.9672	-1.18	—	—	—	—
2019	1.06	5.0531	4.9977	-1.11	—	—	—	—	—	—	—	—	—	—	—	—
	1.13	4.9977	4.9894	-0.17	—	—	—	—	—	—	—	—	—	—	—	—
	1.20	4.9909	4.9837	-0.11	—	—	—	—	—	—	—	—	—	—	—	—
	1.27	4.9844	4.9959	0.24	—	—	—	—	—	—	—	—	—	—	—	—
	2.03	4.9970	4.9721	-0.48	—	—	—	—	—	—	—	—	—	—	—	—
	2.10	4.9754	4.9919	0.40	—	—	—	—	—	—	—	—	—	—	—	—
	2.17	4.9906	4.9692	-0.45	—	—	—	—	—	—	—	—	—	—	—	—
	2.24	4.9682	4.9488	-0.41	—	—	—	—	—	—	—	—	—	—	—	—
	3.03	4.9487	4.9458	-0.06	—	—	—	—	—	—	—	—	—	—	—	—
	3.10	4.9468	4.9638	0.36	—	—	—	—	—	—	—	—	—	—	—	—
	3.17	4.9646	4.9671	0.07	—	—	—	—	—	—	—	—	—	—	—	—
	3.24	4.9665	4.9508	-0.33	—	—	—	—	—	—	—	—	—	—	—	—
	3.31	4.9522	4.9592	0.17	—	—	—	—	—	—	—	—	—	—	—	—

数据来源：英为财情网。

由表 7-27 可见，自新加坡加入人民币离岸市场以来，人民币对新加坡元汇率稳定提升，说明新加坡经营人民币业务对中国整体经济是有利的，能够进一步彰显和发挥中国的经济实力，新加坡经营离岸人民币业务是一种双赢的行为。

五、借鉴新加坡模式发展广西离岸金融业的对策建议

（一）借鉴新加坡 ACU 监管模式的成熟范本

可借鉴 ACU 监管模式发展我国离岸金融市场。新加坡从会计要求、规模管理、业务监管等方面对 ACU 进行监管，取得了明显的成效，离岸市场发展迅速，为促进新加坡成为国际金融中心发挥了重要作用。ACU 的成功经验为发展外币离岸市场提供了相对成熟的范本，可为我国在特定区域建设外币离岸市场提供有益参考。

（二）发展离岸金融的同时推进离岸市场和在岸市场的融合

从新加坡的经验来看，随着近年来全球各国金融自由化的不断推进，东盟地区中如马来西亚、泰国和印度尼西亚等国同样也采取了开放和自由化金融政策，对新加坡离岸金融业带来了一定的影响与冲击。为应对挑战，新加坡目前正在大幅扩大在岸金融的开放力度，对 DBU 在币种、业务、税收等方面的监管大幅放松，使在岸业务自由度日益趋近于离岸业务。甚至在币种等方面，在岸业务的经营范围超过了离岸业务。另外，从新加坡的经验来看，离岸业务风险较在岸业务高一些，毕竟监管部门对发生在国内的业务的风险更容易监控和采取应对措施。

可见，单一发展离岸金融业并不是最终的发展目标，发展离岸金融应当只是提升我国及广西国际金融地位或推动人民币国际化的手段。只有把离岸与在岸金融市场都做大做强，拓展深度和广度，提高市场主体的竞争力，才能更好地服务于我国及广西的实体经济，使我国真正成为国际金融强国、广西成为中国—东盟自贸区国际金融强地。

（三）以周边区域为基础逐步辐射到更广阔区域

从新加坡的经验来看，近十年来，新加坡银行的离岸金融业务的最主要来源地区是东亚，一直保持着接近 50% 的占比，可见新加坡金融中心地位的保持主要的根基在于与自身邻近的亚洲区域。广西离岸金融业务的发展应当以此为鉴，在以面向东盟为发展目标的同时优先与中南半岛（越南、泰国、缅甸、柬埔寨）国家开展业务，并对接粤港澳大湾区，以依托全国的经济与金融实力及国家政策来发展自身的离岸金融业务。

（四）优先在离岸金融业务中发展跨境保险业务

一是充分认识到发展跨境保险的重要性，将其提升到优先发展、先行先试的地位。跨境保险可以在民生、贸易、资本三个维度上促进中国—东盟区域的安全稳定。发展跨

境保险是《总体方案》中的基础性任务,对其优先发展能促进其他任务加快完成,并且也是九大任务中较易实现的,需要调配的资金及占用的资源是最少的。二是培育更多经营主体。目前广西共有财产保险公司23家(不含线上虚拟公司)、寿险公司17家,而开展跨境保险业务的公司不足5家,且只成立了1家专业跨境保险支公司。经营风险的不确定性,导致公司对跨境保险业务兴趣不足。可以对开展业务的新晋企业给予一定的补贴奖励或税收减免等政策支持。不仅引导参与,还要有保证持续经营的能力。三是逐步增加覆盖率以实现口岸全覆盖。应当首先实现跨境保险服务点对广西所有一类口岸的覆盖,对于二类口岸也应当逐步覆盖,同时要对一些重点边民互市点进行有针对性的布局,做好提前谋划加快布局,以维护好广西作为中国通往东盟最便捷陆路大通道的作用。监管部门要合理协调各家公司的参与比例,避免"一家独大",导致其他公司丧失对业务的积极性。四是统一各险种的承保及服务标准。探索将跨境保险统一的条款从机动车辆保险发展至所有险种门类,标准的建立可以从两国双边谈判出发,进而扩展到多边,最终实现与整个东盟的对接。要构建和发挥我国的话语权,以使"通用标准"更接近"中国标准"。五是加强与东盟国家的行业内合作。应当与东盟国家共享跨境保险经营数据,完善资金结算及汇兑,将理赔流程服务统一化,实现在境外出险可由当地合作的外资保险公司提供查勘、救援、理赔等后续服务。尝试建立中国—东盟保险联合体,加强共保和国际转分保合作,以保险业的一体化为最高层次的合作目标。六是创新业务种类。跨境保险的创新要坚持"保险姓保"原则,即要以提升保障内容和程度为产品创新的核心。鼓励开发能够提供一揽子保险计划的"统筹保单"。尤其加大对中国—东盟重点合作领域,即文化旅游、农业、交通、信息通信、能源、教育、康养、气象领域的跨境保险产品开发设计。

(五)充分发挥离岸保险业务在航运产业链发展中的作用

新加坡离岸保险市场的崛起在一定程度上依赖于其优越的地理位置,繁荣的航运业务增加了离岸保险的需求。作为与东盟国家唯——个在陆路、海路上相邻的省份,广西的口岸资源丰富,拥有空运口岸3个(桂林两江、南宁吴圩、北海福成)、公路口岸6个(友谊关、东兴、水口、龙邦、平孟、爱店)、铁路口岸1个(凭祥)、海港口岸6个(防城港、北海、石头埠、钦州、江山、企沙)、河港口岸3个(梧州、贵港、柳州),共计18个国家一类口岸和一系列边境开放合作平台,是全国唯一一个同时拥有五类口岸资源的沿边省份,且边境贸易规模居全国前列。目前,广西正在积极发展壮大口岸级运输建设,保险公司应该同口岸部门加强合作,要让口岸部门了解到,航运险等跨境离岸保险业务是航运产业链中的重要利益环节,做好跨境保险业务能反作用于航运业的发展。保险公司要与口岸部门共同促进航运产业链的发展壮大,保险公司可为广西航运业的发展,实现与东盟国家的"互联互通"贡献保险业智慧。

(六)协同利用新加坡和粤港澳大湾区的离岸人民币业务资源

广西的外贸及国际金融业务要做大做强,必不可少的是与一些人民币国际离岸中心合作，以发挥人民币国际化的优势。目前，广西主要是与我国香港合作，与新加坡合作较少。

应当充分分析粤港澳大湾区和新加坡两地人民币离岸业务的特点，协同利用新加坡和粤港澳大湾区的离岸人民币业务资源。在粤港澳大湾区中，香港一直是人民币跨境贸易结算的重要中心，截至2018年7月底，香港人民币存款总额达6076亿元，稳居全球各人民币离岸市场首位，香港能提供有关个人银行、企业银行、人民币资本市场、人民币货币及外汇市场的多元化服务。同时，澳门也建设了"葡语系国家人民币清算中心"，2017年人民币清算量达3788亿元，其中为葡语系国家银行办理业务量36亿元，主要依靠当前不断完善的人民币清算基础设施以及中国银行澳门分行与葡萄牙等葡语系国家金融机构的合作，推动中葡贸易人民币结算。目前粤港澳大湾区内人民币跨境流通机制已经能全面覆盖居民与企业基本的金融需求。粤港澳大湾区离岸人民币业务发达，2017年广东全省跨境人民币业务居全国第一位，达23.4%，其中粤港、粤澳跨境人民币累计结算总额达9.93万亿元，占全省广东跨境人民币结算总量的71.6%。粤港澳大湾区在金融业务特别是离岸人民币业务上，定位为"连接中国与世界的枢纽"，即是"一带一路"沿线国家与内地之间的"超级联系人"。粤港澳大湾区已通过沪港通、深港通、债券通等制度设计积累了成熟的经验，并逐步探索形成了境内外两套金融体系调和、沟通的模式。其中香港拥有庞大的人民币资金池和国际投资者群、在人民币产品方面全球领先的交易所以及以人民币结算所自动转账系统（人民币RTGS）为代表的高效结算系统，香港一直是全球领先的离岸人民币产品交易与风险管理中心，在强化人民币于国际投融资与衍生金融交易领域中的地位方面发挥着很大的作用。

新加坡发展离岸人民币业务有硬件和软件上的优势，目前已超越伦敦，成为排名在我国香港之后的全球第二大人民币离岸中心，某种程度上而言与我国香港有着竞争关系。新加坡人民币结算金额已占全球的10%左右，香港处理人民币支付量占全球的70%左右。尽管新加坡与港澳地区都是人民币离岸中心，但两者已互补合作、确立了不同的发展定位，新加坡离岸人民币业务主要的服务范围是中国—东盟区域，即打造人民币面向东盟的门户，香港则是"中国（内地）与全球"。

综上所述，广西金融发展不能仅仅依靠香港这一传统路径。由于人民币全球国际化进程中会在东盟取得先机，并且当前中国资本进入西方存在多种政治阻碍，广西更应当尝试更多地与新加坡合作，特别是面向东盟的业务，以协同利用新加坡和粤港澳大湾区的离岸人民币业务资源。

参考文献

[1] 叶安照，刘金林. 新形势下构建南宁区域性保险服务中心研究 [J]. 宏观经济研究，2010（5）：89-95.

[2] 郝演苏，张文峰，杨雪君. 影响外资保险公司境外发展的国家主权个性因素研

究[J]. 保险研究, 2013 (5): 3-13.

[3] 王锦霞. 充满机遇的新加坡离岸保险业务[J]. 中国保险, 2014 (6): 57-60.

[4] 曹红钢, 朴雅琳. 新加坡亚洲货币单位的新进展及其对我国发展人民币离岸市场的启示[J]. 中国货币市场, 2014 (6): 32-34.

[5] 陆峰. 基于聚类分析的我国寿险公司拓展东盟市场策略[J]. 保险研究, 2015 (2): 39-49.

[6] 陆峰. 论保险地理学的学科创建[J]. 新经济, 2016 (3): 3-5.

[7] 汪红萍. "一带一路"倡议背景下云南沿边跨境保险问题研究[J]. 时代金融, 2016 (8): 48-49.

[8] 陆峰. "一带一路"下中国—东盟自贸区保险业的发展目标定位[J]. 当代经济管理, 2016 (10): 89-97.

[9] 陶永谊. 互利经济学[M]. 北京: 中国财政经济出版社, 2016: 3-120.

[10] 唐金成. CAFTA框架下的保险国际化问题研究——以广西为例[M]. 北京: 中国市场出版社, 2016: 4-52.

[11] 李博方. 新加坡离岸再保险市场的发展及启示[J]. 保险理论与实践, 2017 (3): 85-99.

[12] 姜国富, 陈晓峰, 邓谡. 广西跨境保险发展研究[J]. 区域金融研究, 2017 (7): 21-26.

[13] 贲圣林, 俞洁芳, 景麟德等. 扬帆起航: 走向国际的中资保险公司[M]. 杭州: 浙江大学出版社, 2017: 32-35.

[14] 寇业富. 2018中国保险公司竞争力评价研究报告[M]. 北京: 中国财政经济出版社, 2018: 59-61.

[15] 孙天琦, 刘宏玉, 刘旭, 袁静文. "离岸金融"研究[J]. 上海金融, 2018 (11): 14-18.

（执笔人：陆峰）

广西—东盟金融前沿报告2019

第三部分　附　录

(1) 全球实际 GDP 增长率

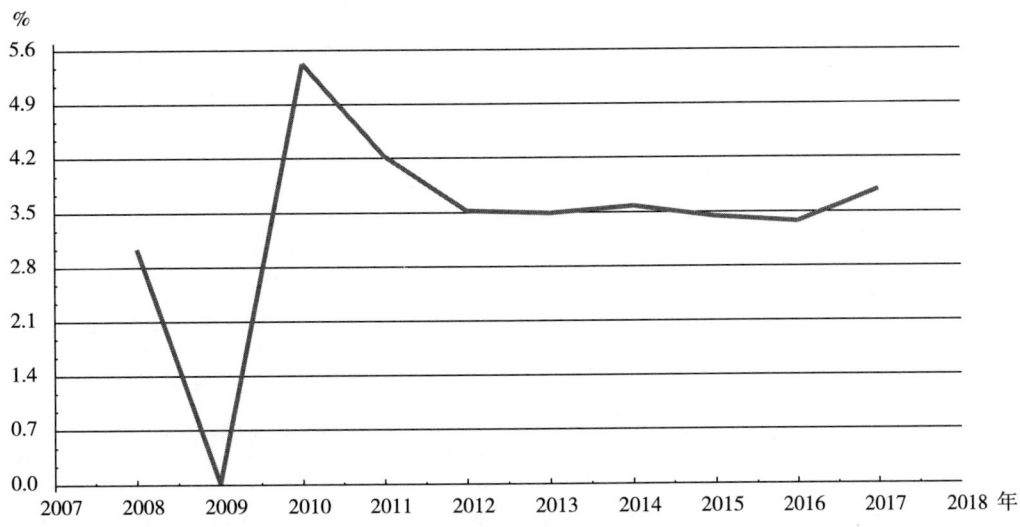

数据来源：Wind。

(2) 亚洲实际 GDP 指数

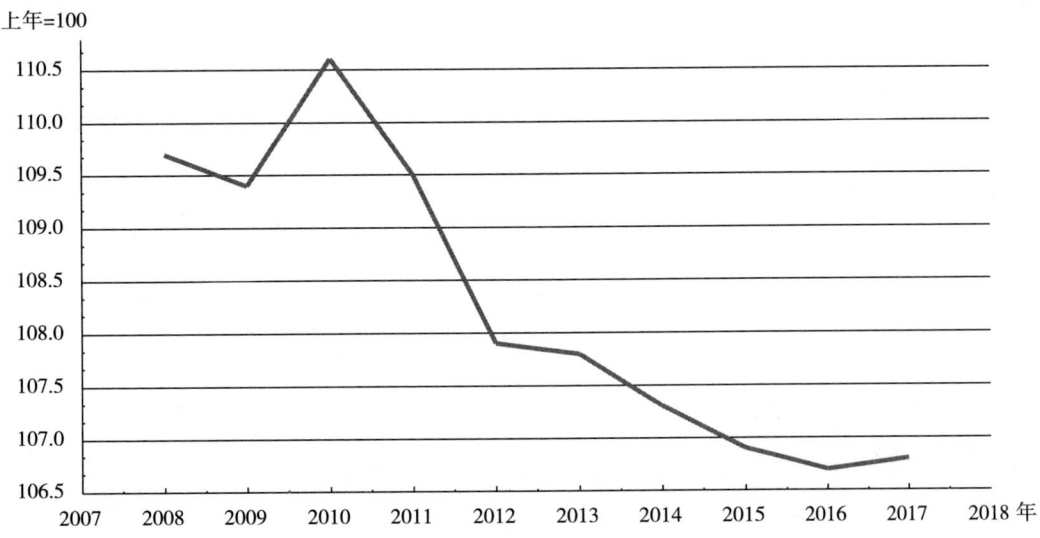

数据来源：Wind。

（3）中国 GDP 指数

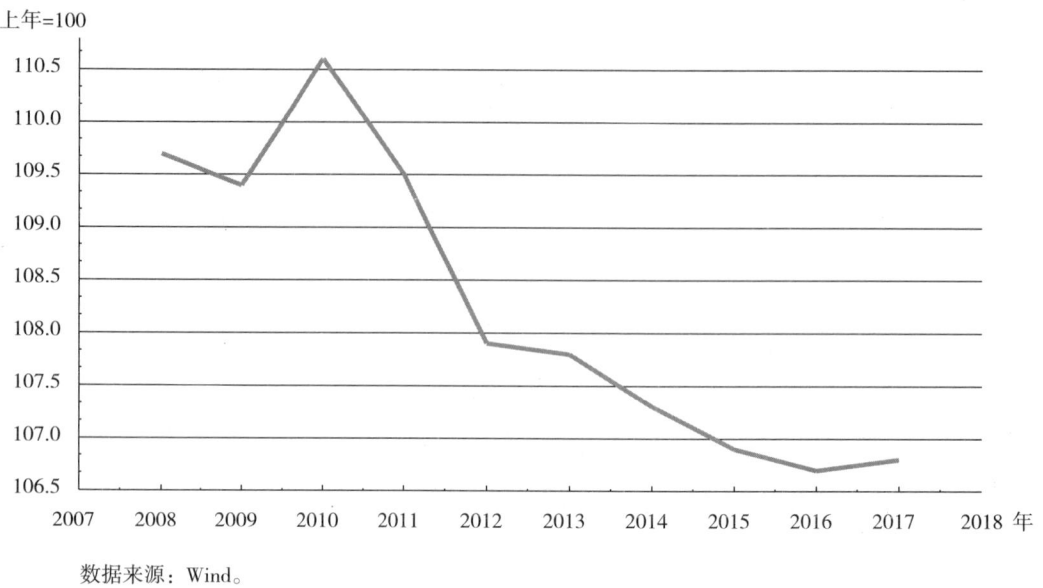

数据来源：Wind。

（4）东亚人均国民总收入（GNI）

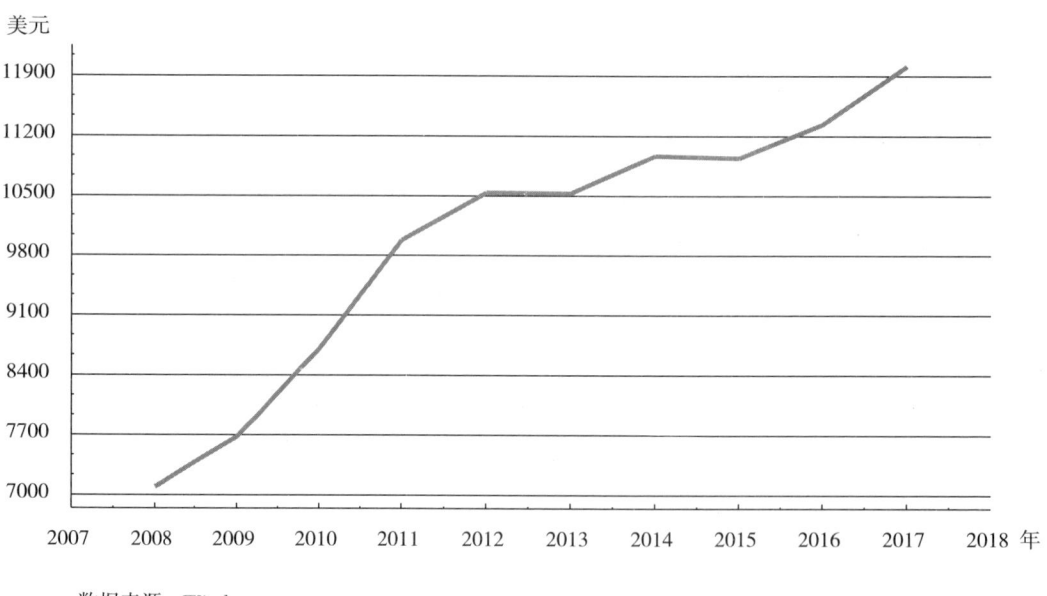

数据来源：Wind。

(5) 东南亚 GDP 增长率

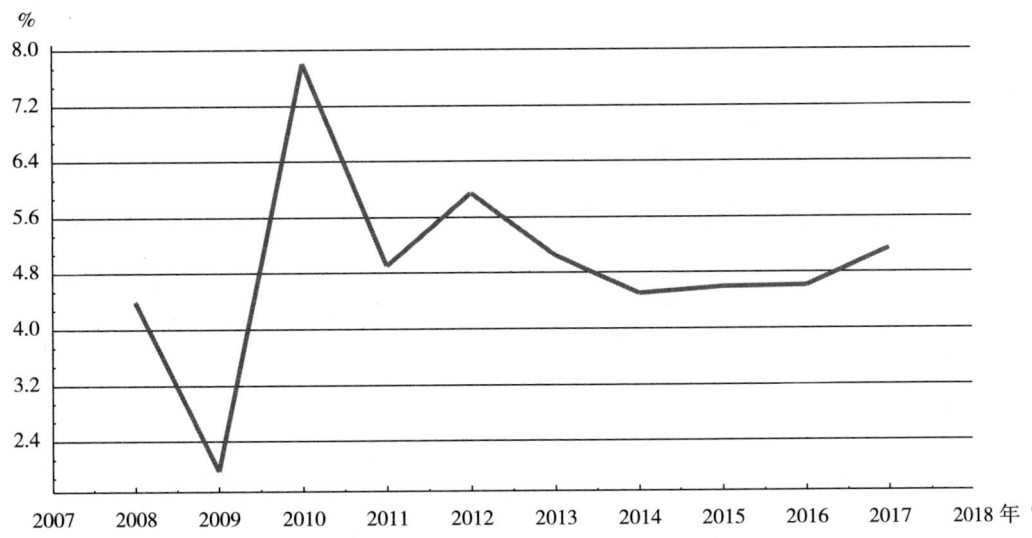

数据来源：Wind。

(6) 中国人均 GDP

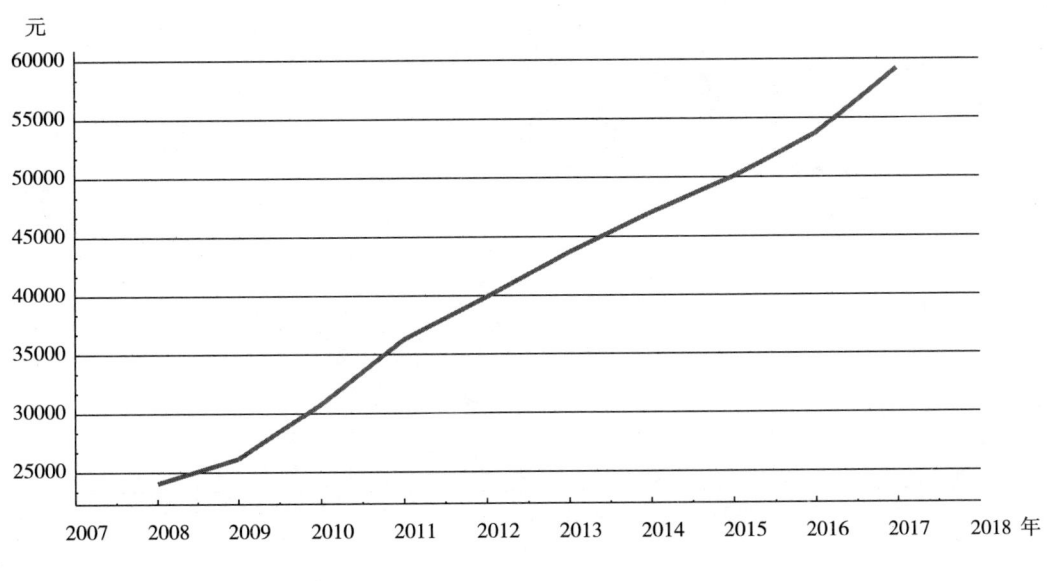

数据来源：Wind。

（7）新加坡外汇储备

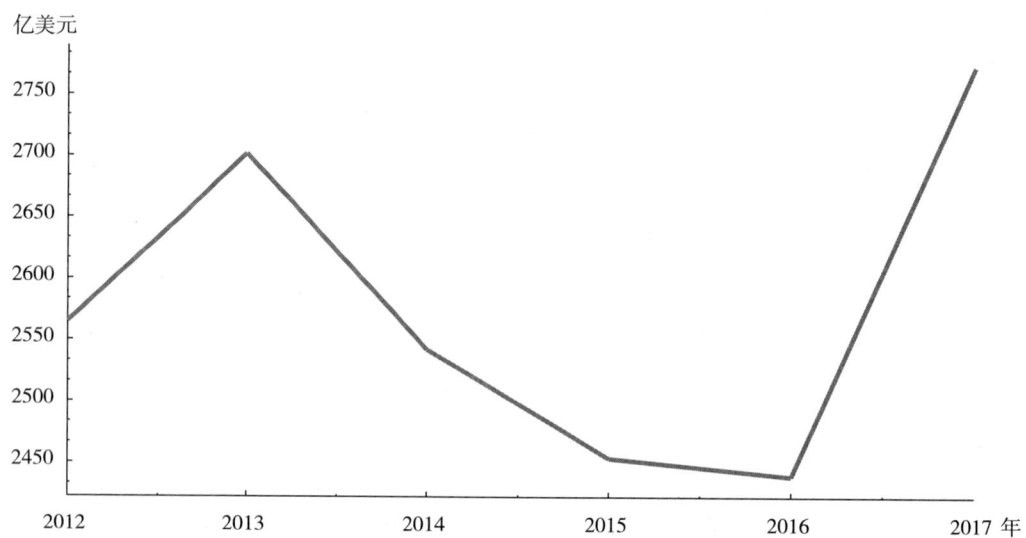

数据来源：Wind。

（8）吉隆坡指数

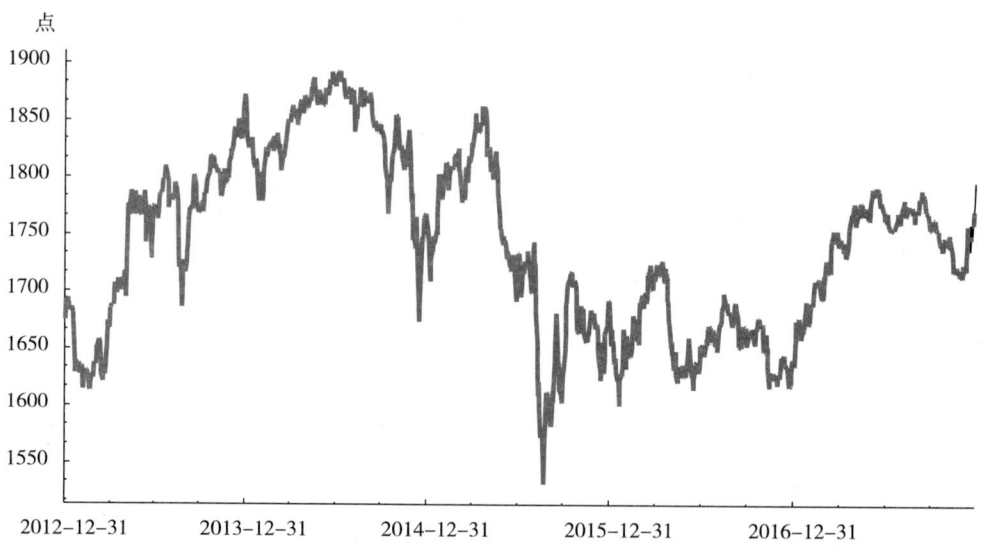

数据来源：Wind。

（9）新加坡海峡指数

数据来源：Wind。

（10）菲律宾证券交易所上市公司总数

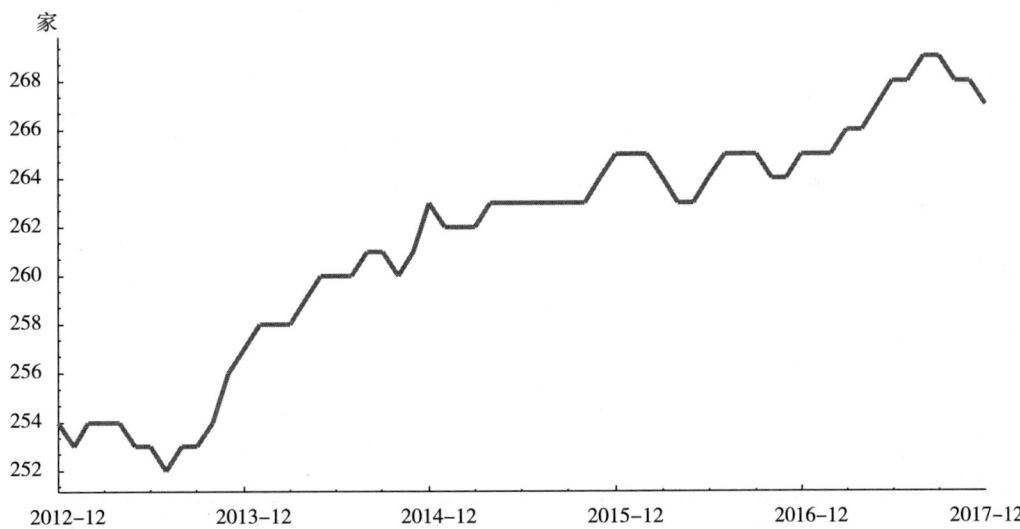

数据来源：Wind。

（11）全球存贷利差

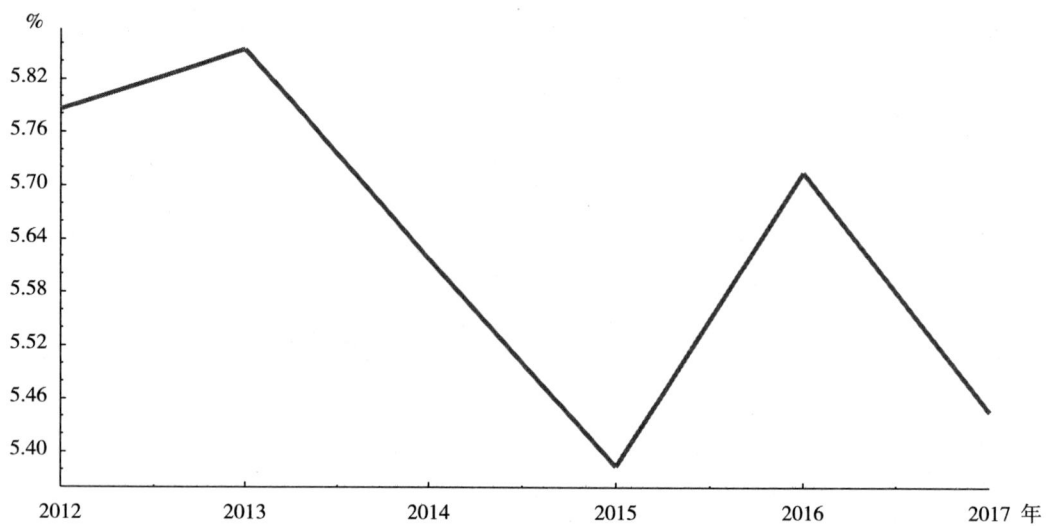

数据来源：Wind。

（12）中等收入国家的偿债率

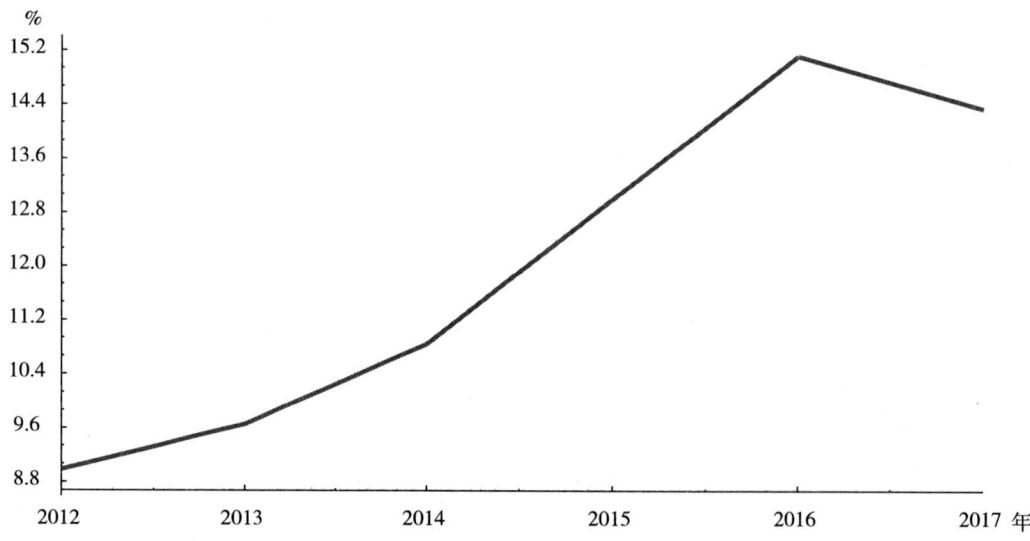

数据来源：Wind。

(13) 特别提款权兑换率（RMB/SDU）

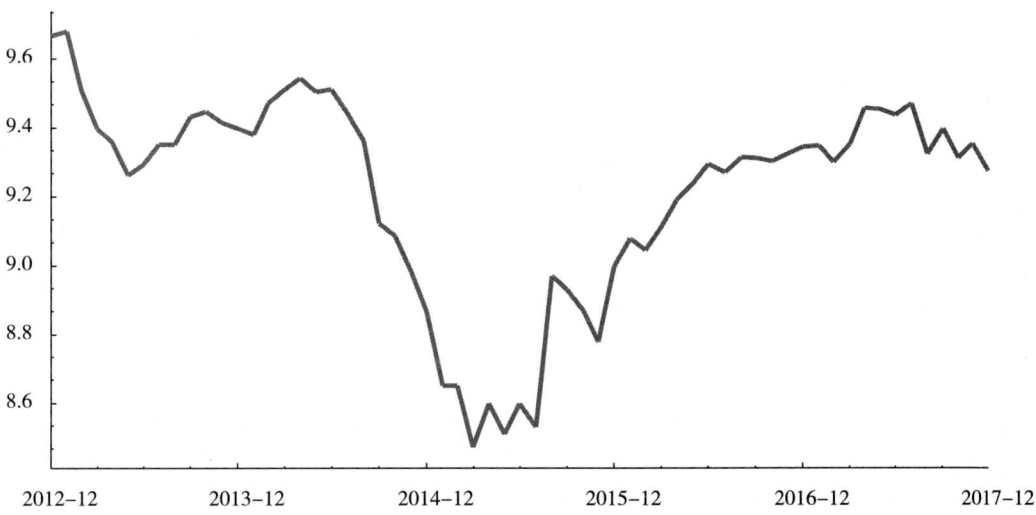

数据来源：Wind。

(14) 全球总财富

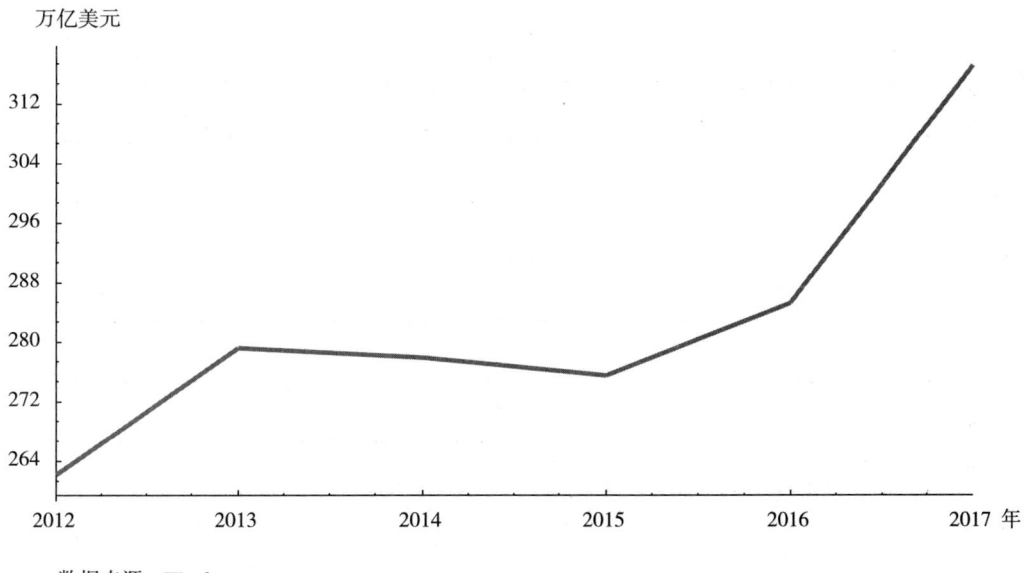

数据来源：Wind。

(15) 全球农村人口增长率

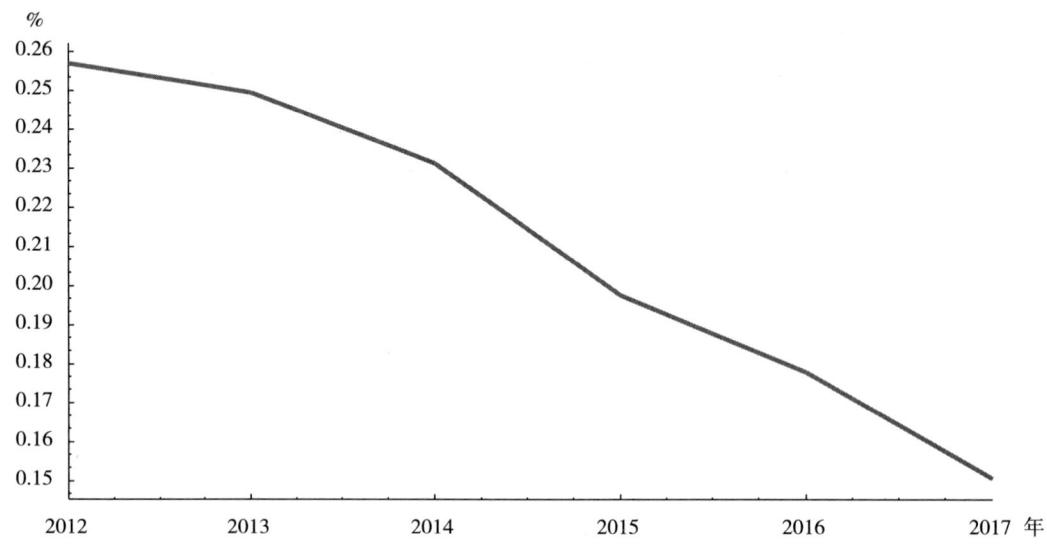

数据来源：Wind。

(16) 中国城市化率

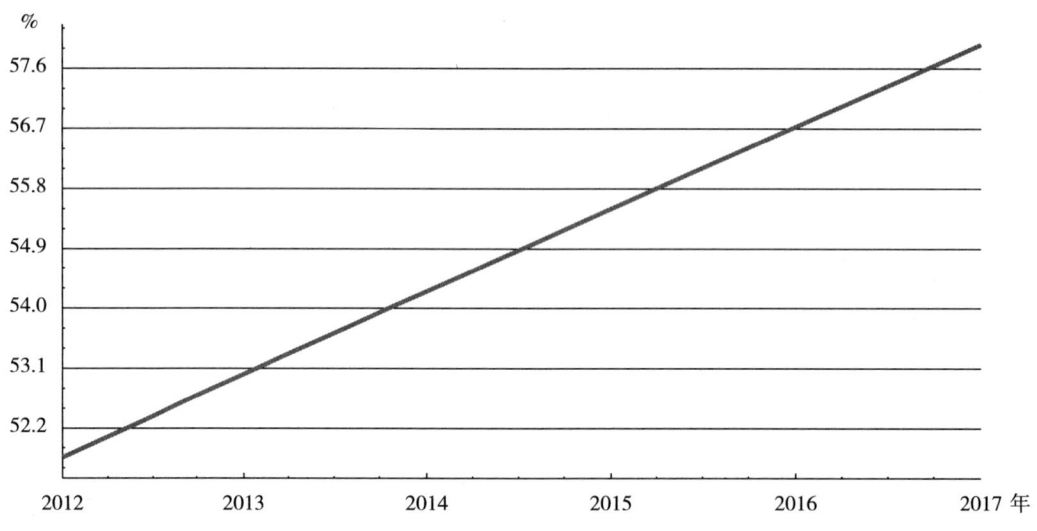

数据来源：Wind。

(17) 全球国际旅游支出占进口总额的比重

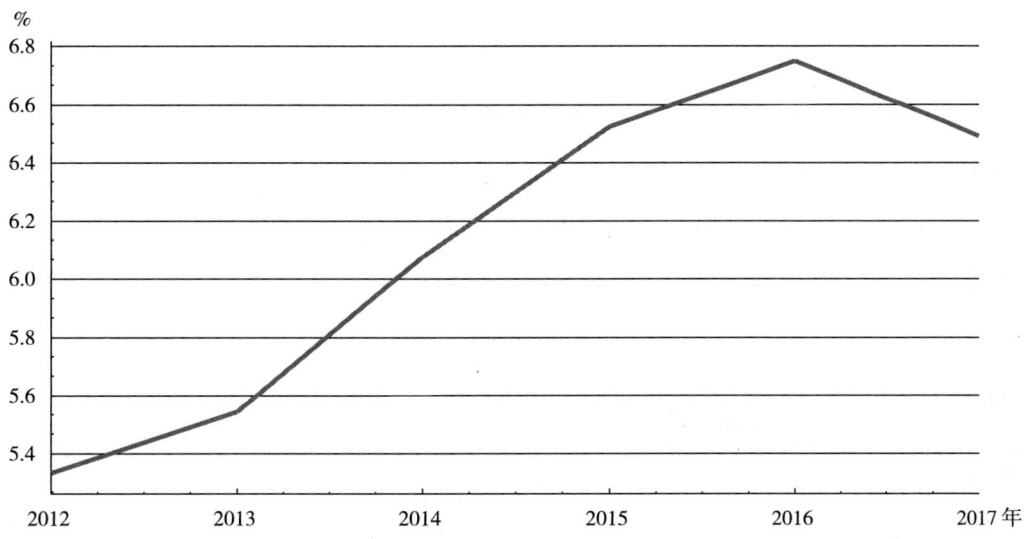

数据来源：Wind。

(18) 全球航空运输货运周转量

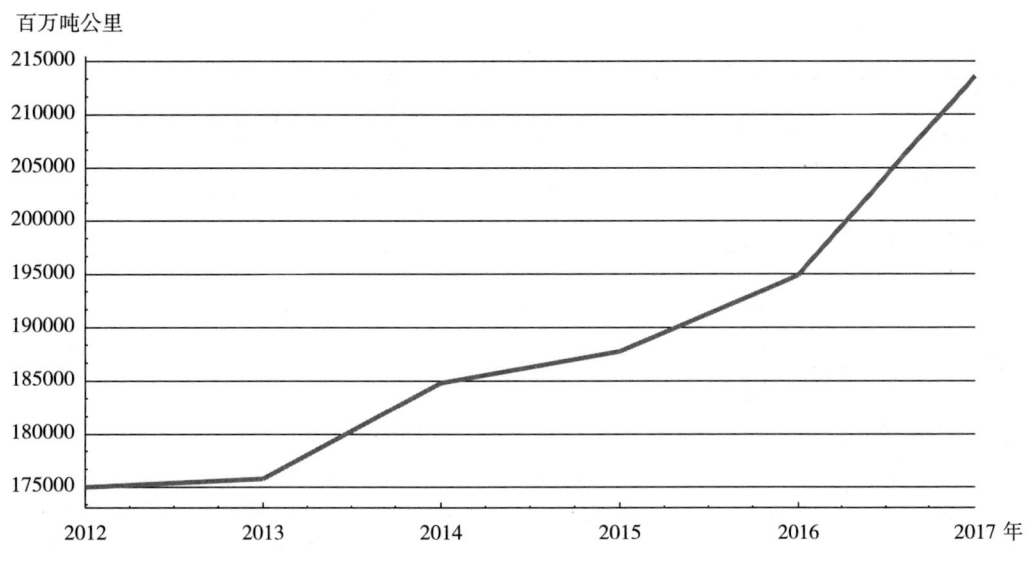

数据来源：Wind。

(19) 全球每百人宽带用户人数

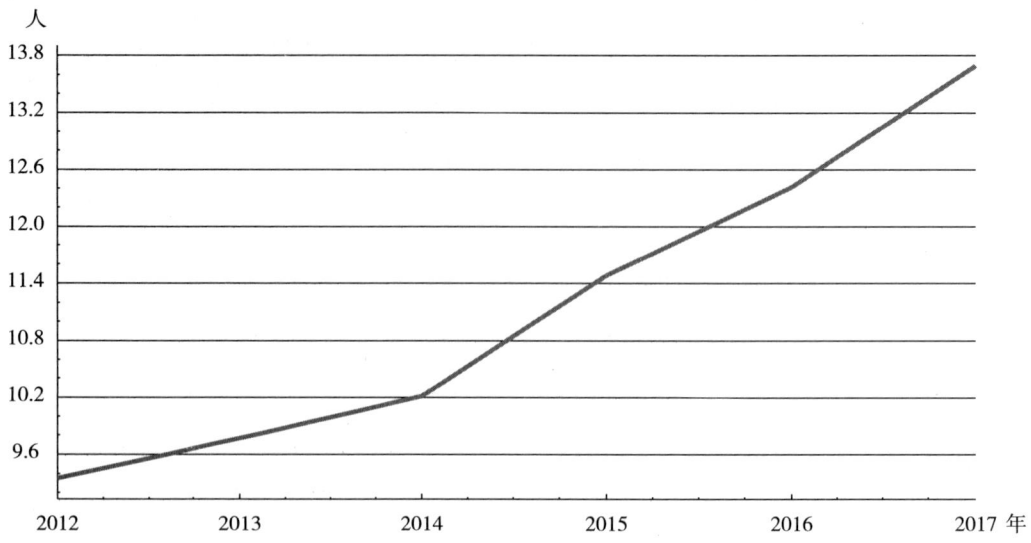

数据来源：Wind。

(20) 马来西亚非金融企业部门的杠杆率

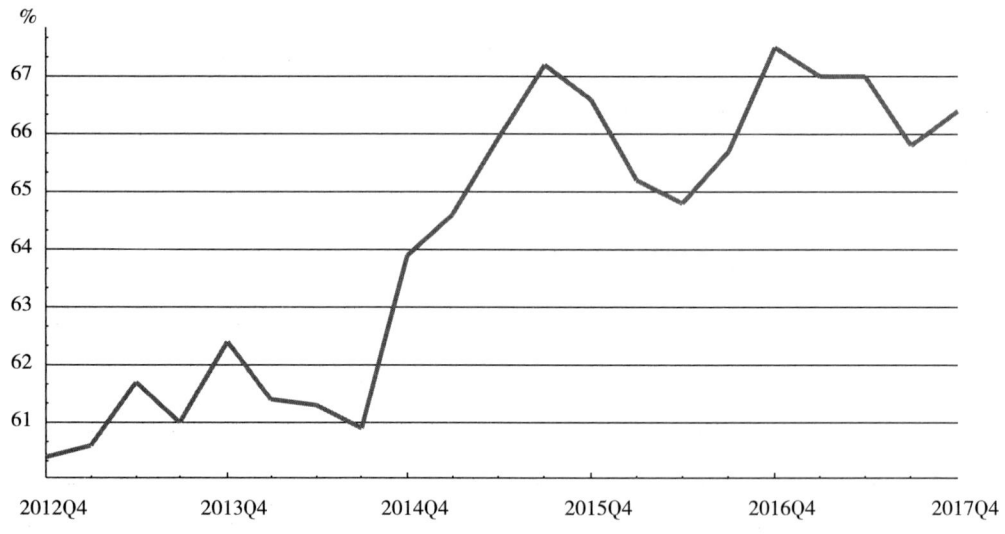

数据来源：Wind。